Ein Vademecum für Reisende auf der Suche nach der reinen Gabe: in einer Welt, die man, der besseren Orientierung wegen, nach erster, zweiter, dritter und gar vierter Welt durchnumeriert. Wo auch die Beschwörung der *einen* Welt die vielleicht einzige Möglichkeit ist, den alltäglichen Skandal von Not und Elend zur Sprache zu bringen.
Ausgehend von Derridas Denken der Schrift, der Kultur und der Gabe wird in diesem Buch untersucht, ob und wie es gelingen könnte, einen gerechteren Zugang zu fremden Kulturen, zum Neuen, zum Offensichtlichen zu finden. Denn die Bedingungen, unter denen wir uns dem Fremden stellen, scheinen alles in sich zu begreifen, Schuld und Schulden, Trauer und Hoffnung, Verbrechen und Wiedergutmachung, Denken und Poesie. Wie anders denn im Tausch wäre solidarisches Handeln möglich? Das Tauschsystem haben wir Menschen wohl nicht erfunden, wir spielen es, oder wir müssen es mit großer Leidenschaft spielen. Ist es eines, bei dem unsere Partner nie die Chance besitzen zu gewinnen oder ist es ein im Grunde faires Spiel, bei dem die Schlaueren gewinnen, oder einfach die, die besser betrügen? Selbst im schlimmsten aller Fälle scheint doch eines sicher zu sein: wir sind nicht gezwungen, immer zu betrügen.
Welche Perspektiven eröffnen sich somit für eine Politik, die man einst Entwicklungspolitik nannte?

Gerhard J. Hammerschmied ist Lehrbeauftragter für Ontologie und Metaphysik an der Universität Klagenfurt.

„MILDE GABE“

PASSAGEN PHILOSOPHIE

Klagenfurter Beiträge zur Philosophie und Kulturwissenschaft
Herausgegeben von Helmut Stockhammer und Christof Šubik

Gerhard J. Hammerschmied

„Milde Gabe“

Bruchstücke einer Philosophie der Spender

Passagen Verlag

Deutsche Erstausgabe

Gedruckt mit Förderung
des Bundesministeriums für Wissenschaft und Verkehr in Wien,
der Forschungskommission der Universität Klagenfurt
und des Kärntner Universitätsbundes

Die Deutsche Bibliothek – CIP-Einheitsaufnahme

Hammerschmied, Gerhard J.:
„Milde Gabe“ : Bruchstücke einer Philosophie der
Spender / Gerhard J. Hammerschmied. [Hrsg. von
Helmut Stockhammer und Christoph Šubik].
– Dt. Erstausg. – Wien : Passagen-Verl., 1998
(Passagen Philosophie) (Klagenfurter Beiträge zur
Philosophie und Kulturwissenschaft)
ISBN 3-85165-287-8

ISBN 3-85165-287-8

Graphisches Konzept: Ecke Bonk
Druck: Manz, Wien

Inhalt

1. Vor(w)ort 11
Philosophie und Solidarität – Schuld und Schulden: Latein-Amerika – Fremdes – Tauschen – Durchsetzen – Wiederholen

2. Die Gabe der Armut 35
Franziskus in Rom – römischer Franziskus

3. Das nackte Gedächtnis 39
Nachfolge Christi – Die Kutte – Der Orden – Die Reliquie

4. Der dritte Ort Jacques Le Goff und die Vernunft des Fegefeuers 53

5. Gespensterfragen
Macht und Ohnmacht der Vertreter – Orte der Trauer: eine Unterbrechung – Milderung der Schrecken – Zaun und Stacheldraht – Eine Familie 61

6. Vorgaben
Die Gabe, Derrida, Heidegger, die Zeit, der Tod, der Kreis – Bei Zeiten geben – Ziffernleuchten: Die Toten zählen – Aporien 89

7. Grenzen
Der Schuldschein: Reisepaß der Gespenster – Préjugés: Ach, sagte die Maus, die Welt wird enger mit jedem Tag – Zentren und/oder Peripherie – Gelobtes Land – Stimmungen: Heidegger – Das Erbe der Väter 117

8. In God we trust 145
Gerechtigkeit und verdammte Pflicht – Das Ächzen der Maschinen: Kant, die Freiheit, die Marionette – Kein Spiel ohne Spieler – Die Gabe der Entgröbung

9. Meine Spende lebt
Phantasmen, Werbung, double bind – Vorhaltungen: Mitarbeiter 175
der Schöpfung und des Schreckens – Frieden vor Krieg – Das Opfern des Opfers: Derrida und Abraham

Bibliographie 197

1. Vor(w)ort

Dieses Buch ist Einsatz einer Wette, bei der die Philosophie nichts zu verlieren hat. Ihre Kraft, Hoffnung, Trost und Klarheit zu geben ist so groß, daß es nichts ausmacht, wenn einige Gedankensplitter für kurze Zeit im Staub – einer Straße, die durch die Hütten zu den Wolkenkratzern einer Stadt des Südens führt, einer Dorfstraße, in der reges Treiben herrscht, die Kinder spielen – zu liegen kommen. Versuchen wir, sie dort wieder aufzuspüren, hat das höchstens einige periphere Erkenntnisse zur Folge. Es verhält sich dann mit der Philosophie beinahe ebenso wie mit jeder Spende. Ihre Gabe ist eine milde. Vor allem deshalb, weil sie dem Spender nicht schadet. Und auch nicht der Rechtfertigung derer, die sich in Sicherheit wähnen vor unmittelbarer Bedrohung ihrer Existenz.

In *Väter. Sonne. Kapital. Philosophische Variationen über Armut, Herrschaft und Entwicklung*[1] habe ich bereits versucht, meine philosophischen Interessen – der Titel weist ja deutlich genug auf Derrida hin, wenn da nicht zwei zerstreute Punkte auf dem a wären . . . – mit meinen entwicklungspolitischen Anliegen zu verknüpfen. Als festes Gewebe, Textur war es geplant, das ein Besuch „vor Ort", obwohl er doch etliche Jahre zurücklag, beträchtlich veränderte. Medizinisch, technisch gesagt war es ein Schock, der sich erst im nachhinein als solcher manifestierte. Eine Migration der blinden Flecken, die selbst lange Zeit verborgen blieb. Darum wurde es ein unruhiges Buch, das nicht passende Ränder aneinanderfügte. Keines über, noch für, sondern mit einigen Lebenswelten Nicaraguas. Ein wenig Collage, ein wenig konstruiert wie ein Film von Buñuel oder Godard (wie Christof Šubik, einer der Herausgeber der *Klagenfurter Beiträge zur Philosophie und Kulturwissenschaft*, freundlich bemerkte). Eine Rahmenhandlung, eher ein zittriges Gerüst, ein Gespräch von etwas Betrunkenen an irgendeinem der vielen Pazifikstrände wurde vielfach unterbrochen

1 Gerhard J. HAMMERSCHMIED, Väter. Sonne. Kapital. Philosophische Variationen über Armut, Herrschaft und Entwicklung, Wien 1996.

von kurzen Abhandlungen (aus der/in der Sprache der Psychoanalyse, der Literaturtheorie, der Religionsgeschichte, der Postmoderne . . .), die unvermittelt auftauchten wie Strandgut, das beinahe willkürlich angeschwemmt wurde. Altgediente Solidaritätsaktivisten haben natürlich recht, wenn sie behaupten, es handle sich um philosophisch artikulierte Seelenverstauchungen eines blassen, angekränkelten Europäers, der das geliebte Nicaragua, ja das Unrecht, das in der Dritten Welt herrscht, als Dekoration für weltfernes und unpolitisches Selbstgespräch des Unbehagens mißbraucht. Dem ist in der Tat so, und gerade eben dieses galt es in seiner Ineffizienz (Wenn es nur jemals damit sein Bewenden gehabt hätte!) darzustellen und zu zeigen, wie zentrale Geschichten unserer Tradition, hermeneutische Modelle ins Leere greifen und zwar – falls das Unternehmen gelungen ist – innerhalb ihrer selbst. Die Produktion produktionsloser Mißverständnisse als Alternative zur Produktion der Gewalt? (Nicht nur die Polizei macht das Verbrechen offenkundig, es tut dies auch der Verbrecher selbst, wenn diese Grenze zwischen Gesetz und Gesetzesbruch eindeutig ist[2]; welche Kriterien gelten aber, wenn die Proklamateure der Menschenrechte selbst mit den Rechtsbrechern kollaborieren? Die systemimmanente Kritik ist oft auch das Rechtfertigungsinstrument der Kollaborateure, der fachkundige Kommentar der Zuschauer, aber bisweilen ebenso Projektion der Verzweiflung und Streit um das Gütesiegel der Authentizität im Einsatz für politische Veränderung.) Nicht deshalb, weil unsere Sinnmaschinen völlig anders funktionierten, auch nicht weil es unmöglich wäre, seinen Blick und sein Gehör für andere Kulturen zu schulen, sondern weil die Entfernung vieles klarer zutagetreten läßt, als uns lieb ist. Auch die vielstrapazierte Methode, das Fremde in uns und das Fremde anderer Kulturen einem Fremden, einer fremden Instanz unterzuordnen erfährt eine nicht unbeträchtliche Veränderung. Zur Erinnerung: das Verstehen hat, wie in politischen Gazetten zu lesen steht, manchmal ein Nahverhältnis zur Zerstörung. (Cortez hat, wie Tzvetan Todorov bemerkt, ein besseres Verständnis der aztekischen Kultur als die Azteken es der spanischen gegenüber haben. Nur so war deren Zerstörung möglich.[3])

---

2 So es Menschen gibt, die eindeutig im Gefängnis sitzen. Was die Anerkennung des Verbrechers betrifft, siehe auch Slavoj ŽIŽEK, Tout ce que vous avez toujours voulu savoir sur Lacan sans jamais oser le demander à Hitchcock, Paris 1988, 104. Ein Mord als Liebesgabe an den Herrn Professor in *Rope*, als Pflichterfüllung, um des Genießens des Anderen willen. Von diesem Opfer wird im Schlußkapitel die Rede sein.

3 Vgl. Tzvetan TODOROV, La conquête de l'Amérique. La question de l'autre, Paris 1982, 163.

Die Kontaminationen dieses Buches, die der Entwicklungspolitik und die der Philosophie jedoch sind harmlos, führten allerhöchstens zu kurzfristigen milden Verschnupfungen.

Das nunmehr vorliegende Buch ist nicht einfach der zweite Teil, das Heilmittel eines Unbehagens, das es ohne es nicht gegeben hätte. Es führt zwar einige Linien weiter, aber es bleibt eine *europäische* Geschichte der Rezeption, diese allerdings nicht nur als freundliche Aufnahme, sondern als Empfang der Güter, der Beute eines gnadenlosen Krieges. Die „Milde Gabe“ erscheint so als Teil einer für allmächtig gehaltenen Ökonomie, als gemeinsame Währung völlig verschieden geglaubter Welten, die sich gegenseitig ihres Glaubens, ihrer Kreditwürdigkeit versichern, die sich im Verhältnis von Schuld und Schulden artikuliert, wo sich das Almosen als Linderung im Grunde für unveränderbar gehaltene Verhältnisse versteht, wo man gibt und sich nichts vergibt. Wo die Schuld sich schadlos hält an einem/für einen Mangel, den sie selbst produziert.

Schuld und Schulden[4]

Allzuviele Wissenschaften haben ihren Anteil daran, die Wirtschaftswissenschaften, die Theologie, die Geschichtswissenschaften und nicht zuletzt die Philosophie. Und da man, wenn man ein Buch vorbereitet, nie genau weiß, mit welchem Publikum man zu rechnen hat, will ich mir die Arbeit insofern erleichtern, als ich mit Ihnen, lieber Leser, von Mensch zu Mensch „reden“ werde. Nichts ist leichter als das, diese Redensart wird getragen vom grundsätzlichen Vermögen unserer Spezies, miteinander zu kommunizieren. Manche gehen sogar so weit zu behaupten, sie müsse das sogar.[5] Doch freuen Sie sich nicht zu früh. Natürlich, so es in der Natur der Hoffnung liegt, immer ist es möglich, einander die Hand zu reichen, ein klärendes Gespräch zu führen, ohne einander zu belügen, zu übervorteilen, zu bevormunden. Das muß so sein, sonst könnten wir einander nichteinmal

---

4 Mit dem folgenden Abschnitt verbinde ich angenehme Erinnerungen, da ich große Teile daraus in der freundlichen Atmosphäre eines interkulturellen Symposiums halten durfte. („Utopie der Entschuldung. Literarische Annäherungen und Perspektiven“, Frühjahr 1997. Veranstalter: Diözesankommission für Weltkirche und Entwicklungsförderung Graz-Seckau.)

5 Zu dieser Problematik siehe besonders Jacques DERRIDA, Comment ne pas parler, in: Psyché, Inventions de l'autre. Paris 1987.

mißverstehen, wir alle, aus verschiedenen Lebensbereichen, verschiedenen Kontinenten.

Spätestens seit Sigmund Freud wissen wir um die enge, aber alles andere als vertraute Beziehung zwischen den sogenannten Redensarten und den Mechanismen des Unbewußten. Wie sie in Träumen, Symptomen und Witzen auftauchen und das Material bilden für allerhand Umbildungen des Alltäglichen, Banalen – aber auch das Material für die Arbeit an das, was man so schnell das „Psychische" nennt. Erinnern, Wiederholen, Durcharbeiten. Materie, das Wort hat etwas mit Mutter zu tun. Es dreht sich also auch hier um eine Familiengeschichte, auch wenn man niemals König in Theben sein wird.

Von Mensch zu Mensch, das heißt aber auch, daß man versucht, von der sexuellen Differenz abzusehen, etwas schamhaft vielleicht eine Ordnung des Verstehens sucht, die diesem existentiellen Unterschied vorgeordnet oder übergeordnet ist, den Frieden sucht, die Versöhnung, eine Pause im Krieg der Geschlechter. Das Dasein Heideggers trägt ebenfalls diesen Zug der Neutralisierung der Differenz, das jedoch immer schon der Zerstreuung ausgesetzt ist, die aber, das macht ja ein Nachdenken Heideggers so ereignisreich, einerseits keine Abwertung bedeutet, andererseits durchaus dem „Man" angehört, diesem Modus des Uneigentlichen.[6]

Von Mensch zu Mensch, das zu sagen bedeutet, daß man sich in Widersprüche verwickelt, die um so gravierender werden, je tiefer man sich in diese Problematik eingräbt. Wir begegnen Unterschieden, die sich weder beschwichtigen lassen, noch von letzter Gültigkeit sind. Das gilt für logische Oppositionen ebenso wie für das Reden von Mann-Frau-Kugelwesen und das Beschwören der einen großen Menschheitsfamilie. Wer unbedacht[7] vom Menschen spricht, reißt und wird zerrissen. Der Mensch ist

---

6 Vgl. Jacques DERRIDA, Geschlecht, Wien 1988, 41.

7 Das Bedachte bezöge sich auf den Pflichtenkatalog des *anderen Kaps*: „Le *même devoir* dicte de cultiver la vertu de cette *critique, de l'idée critique, de la tradition critique*, mais aussi de la soumettre, au-delà de la critique et de la question, à une généalogie déconstructice qui la pense et la déborde sans la compromettre ... Le *même devoir* dicte de respecter la différence, l'idiome, la minorité, la singularité, mais aussi l'universalité du droit formel, le désir de traduction, l'accord et l'univocité, la loi de la majorité, l'opposition au racisme, au nationalisme, à la xénophobie. Le *même devoir* commande de tolérer et de respecter tout ce qui ne se place pas sous l'autorité de la raison ... " Solange diese Glaubens weisen allerdings dem Ideal der Aufklärung treu bleiben. (Jacques DERRIDA, L'autre cap, Paris 1991, 76 f.)

dem Menschen ein Wolf. (In Anbetracht des Umgehens der Kulturen miteinander ist das ja vielleicht noch ein Kompliment.) Wer unbedacht vom Menschen spricht, hat den Geschmack nach Eroberung.

Der Humanismus, auch in den verschiedensten Formen seiner Ablehnung – wie zum Beispiel Heideggers Fundamentalontologie – ist geprägt von Messianismus, von einem Denken, das mit allen Salben geschmiert ist, mit allen Ölen, die Maschinen brauchen, um reibungslos zu funktionieren. Aber auch getragen von einer Sehnsucht zu verstehen und verstanden zu werden, von einer Sehnsucht nach einem unerschütterlichen Fundament des Glaubens und des Sinns, nach Gesetzen, die uns orientieren, bevor wir imstande sind, sie zu hinterfragen, und das nicht ohne Gewalt.

Unser Verstehen untersteht auch nicht den Gesetzen, die in Ameisenhaufen herrschen. Warum das so ist, ist ein Problem, das in der philosophischen Disziplin der Anthropologie ein Leitmotiv darstellt. Wir sind also keine Tiere, weil wir lachen, reflektieren, sprechen, weinen können, unsere Zeichen einer symbolischen, einer logischen Ordnung angehören, die vom Tod des Menschen künden, weil wir einander Namen geben, theologisch formuliert, Gottes Ebenbild sind.

Ich sage es kurz und herzlos, die Eroberung der Logik ist auch eine Logik der Eroberung. Der Logos ist nicht nur die Rede, das Wort Gottes, sondern bedeutet auch Rechnung, Rechenschaft und Kalkül. Mit dem Griechischwörterbuch läßt sich ja beinahe jedes philosophische Theorem begründen, was sich dann ja gut und gelehrt und nach klassischer Bildung anhört. Aber der innere Zusammenhang von Schuld und Schulden, von moralischen und ökonomischen Begriffen ist deshalb nicht weniger evident, nur weil ihn die alten Griechen schon kannten. Wenn in der Genesis geschrieben steht, daß wir uns die Erde untertan machen sollen, so ist das keine Aufforderung, sondern eine nachträgliche Rechtfertigung und Rechenschaft über unsere menschliche Eigenart. Alles unterwirft sich diese logische Ordnung, auch diejenigen, die sich in ihrem Besitz glauben. Doch, so fragen wir unverdrossen, verhält es sich in allen Kulturen so, gibt es eine Logik der Sanftheit und Geschwisterlichkeit, hat der Logos selbst sein letztes Wort schon gesprochen?[8] Die Geschichte der europäischen

8 Michelle NAJLIS, eine der großen Damen unter den Dichterinnen Nicaraguas, schreibt in ihrem Gedichtband *Cantos de Ifigenia*, Klagenfurt 1997, 55 folgendes:
„Diese Gabe des Wortes: ist sie mit mir entstanden
im warmen Leib meiner Mutter?

Eroberungen zeigt ein drastisches Bild unserer Geschäftspraktiken in allen religiösen, moralischen, philosophischen und ökonomischen Schattierungen. Gewiß sind wir Europäer die Proklamateure der universal gültigen Menschenrechte. Doch wer Mensch ist, und wer Anspruch auf diese Rechte hat, bestimmen nur einige wenige von uns.

Und eben gerade weil viele Missionare in die Neue Welt strömten, als beschwichtigende Förderer und Rechtfertiger der Eroberung, sollte dieses The ma eine große Rolle spielen. Um den Verdacht des Unchristlichen angesichts der blutigen Ereignisse von sich zu weisen, verfolgte man zwei Strategien, die, nur dem Anschein nach widersprüchlich, einander vor-

---

Ein Geschenk von Göttern oder Dämonen?
Vielleicht erwarb ich sie als kleines Mädchen
spielend
mit der zähen Einsamkeit?
Wo entstanden meine Worte?
Aus dem nie gebändigten Herzen Evas?
Aus einer Schlangenzunge, unvermeidlich kriechend
inmitten des Paradieses. Aus den Händen Gottes?
Vom Baum des Lebens? Entstanden sie etwa im Belag
eines verlassenen Spiegels?
Woher diese Worte, die mich verbrennen?
Woher diese Laute, die mich dauernd umgeben?
Woher der Rhythmus? Die geflügelte Melodie, woher?
Dieser schreckliche Anfall von Licht: aus welcher Quelle?
Diese Mittagsdüsternis, dieses Nordlicht,
wo entspringt es?
Dieses wilde Schwindelgefühl: welche Welle löst es aus?
Welcher Wind bewegt die Segel meiner Schiffe,
der tausendmal verbrannten und tausendmal wiedererstandenen
an den Küsten meines unbezwingbaren Troja?
Wer führt mir die Hände wenn ich schreibe?
Wer läßt mich die Einsamkeit der Worte erleiden?"

Poesie sollte niemals als Beiwerk für philosophische Rechtfertigungsprobleme mißbraucht werden, aber auch nicht als Illustration dessen, was Philosophie „eigentlich" zu sagen beabsichtigt. Ihre Rechnung geht niemals auf. Ist der Logos der Zärtlichkeit weiblich, welche Beziehung unterhält dann der männliche Logos mit ihm, geht er der Geschlechtlichkeit voraus? Eine Familiengeschichte der Geschwisterlichkeit, der Trinität, des ödipalen Dreiecks, der konstitutionellen Bisexualität nach Freud, nach Fließ; des Inzestverbots, sein Bruch, seine Aufhebung im absoluten Wissen . . .

trefflich ergänzen. Man sprach den Bewohnern der Neuen Welt (für wen war sie denn neu) entweder das Menschsein einfach ab, oder man setzte alles daran, die Urbevölkerung (Die auch in Europa bestens bekannte Frage: Wer war zuerst da, wenn doch im Namen Gottes alles uns gehört?) zu christianisieren, sie dazu zu bewegen, von ihren manchmal kannibalischen Kulten abzulassen. Aber Christianisierung bedeutete hier und dort – auch[9] – Eingliederung in eine ökonomische und ökumenische Hierarchie, Sklaverei und Ausbeutung. Für die Unterdrückten und Armen der expandierenden Länder war das eine willkommene Gelegenheit, sich ebenfalls als Herren zu fühlen, weit entfernt davon, Zuwanderer und Fremde als Konkurrenten im Kampf um Arbeitsplätze zu betrachten.[10]

Das alles sind große Worte, eher schlechte Luft der Bibliotheken und Denkerstuben als Geist, der über den Wassern schwebt. Ein großer Geldschein, den niemand wechselt.

Schuld und Schulden, das ist fürwahr ein beliebtes Thema unseres philosophischen Unternehmens oder unserer Unternehmensphilosophie. Und Philosophen werden ja schließlich dafür bezahlt, für alles eine schnelle

---

9 Dieses *auch* trägt alle logischen Probleme, die sich angesichts der Rede von Gerechtigkeit, Schuld, Mitschuld, Kollektivschuld, Einzelschuld und Verantwortung ergeben. Es ist eines der Redlichkeit des Bartolomeo de Las Casas, der einen Kompromiß suchte zwischen den wirtschaftlichen Interessen einer Großmacht und dem christlichen Ideal. Wenn er – nicht als einziger – den Vorschlag macht, statt Indios, die die harte Arbeit in den Sklavenlagern der spanischen Großgrundbesitzer nicht durchhalten können, robustere Schwarzafrikaner als Sklaven zu importieren. Er versuchte also, das Christentum als die langfristig gesehen wirtschaftlich günstigste ökonomische Strategie zu verkaufen. Unter dem Motto: Gebt Gott und dem Kaiser, was Gott und dem Kaiser gehört.

Es ist auch das des Sozialarbeiters, des Entwicklungshelfers, der auch das System stabilisiert.

Müssen wir aber nicht an die Möglichkeit denken, das *auch* als nichtdialektisch, als ein ausweichliches zu begreifen, das nicht die Beziehungen der Elemente eines totalisierenden Systems regelt? Ist dieses auch denkbar als Beziehung zu einer Heterogenität? Dieses auch kann man nicht erläutern, läutern, es ist niemals rein. Wir werden darauf noch zurückkommen.

10 Man wird den Verdacht nicht los, daß die sogenannte Entwicklungspolitik sich in einem Gleichgewicht der ökonomischen Schrecken befindet, nämlich einerseits dem Bestreben unterliegt, neue Absatzmärkte zu erschließen oder bestehende auszubauen, und andererseits der Befürchtung, daß, wenn man Menschen in Entwicklungsländern ausbildet, diese als Konkurrenten im Kampf um Arbeitsplätze auftauchen.

Antwort zu haben, in einer Zeit, in der alles schnell gehen muß, in der die Denkprozesse rationalisiert werden. Wir können uns daher kurz halten.

Die Psychoanalyse konzentriert sich seit ihren Anfängen auf das Geschehen der Triebe, besser gesagt auf den ihnen zugrundeliegenden Kampf zwischen Eros und Thanatos und ihrem Schauplatz, den psychischen Apparat, in dem sich deren Schicksal entscheidet, wo es in einem Wechselspiel von Bahnungen, Hemmungen und Umformungen zum Niederschlag dessen kommt, was man Persönlichkeit nennt. Wir alle sind mittlerweile mit der Tatsache vertraut, daß unsere Sexualität Erbin einer frühkindlichen Entwicklung ist, die sich in großen Teilen unserem Bewußtsein entzieht. Am bedeutendsten für unser Thema scheint jedoch die anale Phase zu sein. Der Zusammenhang zwischen Geld und Kot, Moral und Sauberkeit, Besitz und Macht, Zurückhalten und Geben, Strafe und Vergebung ist so offensichtlich, daß selbst Freud den Unterschied zwischen Zwangsneurose und Zwangscharakter oder eigentlich Charakter überhaupt nicht mehr deutlich zu sehen vermag. Gewiß ist es so, daß seine Analysen Ausdruck eines tiefen Kulturpessimismus sind (dem wir uns nicht unbedingt anschließen wollen), wenn man den Eindruck nicht loswird, daß selbst der mächtige Eros, auch wenn er sich mächtig anstrengt, kein richtiger Widerpart des Todestriebes zu sein vermag, sondern vielmehr nur den Umweg zu einem Nullpunkt darstellt, den man Leben nennt. So sind wir zwischen unseren Gefühlen hin- und hergerissen, wie Schopenhauers Stachelschweine, dem Winter ausgesetzt, der Ananke unterworfen, nicht allzusehr getrennt und nicht zu nahe beieinander sein dürfen. Die Kultur verlangt den Menschen wahrlich einen großen Triebverzicht ab, der, so will es die unbarmherzige Logik der Triebhydraulik, sich in todbringenden Schüben entlädt. Und je größer die Gefahr ist, die uns bedroht, desto feierlicher wird die Begleitmusik, desto hehrer die Anrufungen an den einen Geist der großen Menschheitsfamilie, desto archaischer auch die Feindbilder, die beschworen werden. Sie geben auch erst so richtig Anlaß für große Gefühle und Gesten, wenn nur mehr ein Weg bleibt zur Rettung, einer, der über Leichen führt.

Es wird immer schwieriger, Freud eines Besseren zu belehren, hat er doch auch mächtige Geister im Rücken, die ihn rechtfertigen.[11] Eines je-

---

11 Nur ein Beispiel möge genügen: HEGELS Dialektik von Herr und Knecht, der LACAN, der „älteste Sohn" der Psychoanalyse, ein ganzes Seminar widmet (L'envers de la psychanalyse. Le séminaire Livre XVII, Paris 1991.), in dem er gerade auch auf das Zyklische

denfalls scheint mir unverkennbar zu sein. Wenn ich soeben von archaischen Feindbildern gesprochen habe, die in Krisenzeiten beschworen werden, heißt das auch, daß es einen Ursprung geben muß, der unser Heil ausmacht? Diesen Ursprung, diese *arché,* gilt es jedoch auch als Legitimation und Ausweis von Herrschaft zu verstehen. Er ist unwiederbringlich. Und das hat sein Gutes und sein Neues.

Der Freudsche Pessimismus hat einer Euphorie Platz gemacht, der wir allzu gern Glauben schenken: Arbeiter werden freigesetzt, Konflikte werden bereinigt, Kampfhandlungen erreichen ein – gottlob, weil fern unserer Vorstellungskraft – unvorstellbares Ausmaß, die Entlassung staatlicher Institutionen und der Steuerzahler aus der sozialen Verantwortung heißt nun Übernahme von mehr Verantwortung durch den einzelnen Bürger. Wir alle kennen dieses Phänomen nur allzugut, denunzieren es auch, wie es sich für kritische Menschen gehört.

Hat der Freudsche Pessimismus nicht seine Rechtfertigung verloren, wenn sich doch die gesellschaftlichen Bedingungen so grundlegend geändert haben? Das ist in der Tat so, jedoch habe ich den Eindruck, daß sich nur die Methoden verändert haben, diesen gesellschaftlich auferlegten Triebverzicht und den damit verbundenen Aggressionsstau zu domestizie-

---

dessen verweist, was wir so allgemein Revolution nennen, eine Revolution die dem Diskurs des Herren untersteht, wenn ihn nicht gerade der psychoanalytische subvertiert. Siehe besonders die Episode aus dem *Analyticon.* (227) Was FREUD selbst anlangt, genügt ein Blick in seine Vorlesung *Über eine Weltanschauung,* in: Studienausgabe I, Frankfurt am Main 1982, 606 (Im folgenden nur mit der Bandzahl zitiert.): „Mit der neugewonnenen Einsicht in die weitreichende Bedeutung ökonomischer Verhältnisse ergab sich die Versuchung, deren Abänderung nicht der historischen Entwicklung zu überlassen, sondern sie durch revolutionären Eingriff selbst durchzusetzen. In seiner Verwirklichung im russischen Bolschewismus hat nun der theoretische Marxismus die Energie, Geschlossenheit und Ausschließlichkeit einer Weltanschauung gewonnen, gleichzeitig aber auch eine unheimliche Ähnlichkeit mit dem, was er bekämpft. Ursprünglich selbst ein Stück Wissenschaft, in seiner Durchführung auf Wissenschaft und Technik aufgebaut, hat er doch ein Denkverbot geschaffen, das ebenso unerbittlich ist wie seinerzeit das der Religion . . . " FREUDS Zweifel sind „naturbedingte": „Er hofft, im Laufe weniger Generationen die menschliche Natur so zu verändern, daß sich ein fast reibungsloses Zusammenleben der Menschen in der neuen Gesellschaftsordnung ergibt und daß sie die Aufgaben der Arbeit zwangsfrei auf sich nehmen. Unterdes verlegt er die in der Gesellschaft unerläßlichen Triebeinschränkungen an andere Stellen und lenkt die aggressiven Neigungen, die jede menschliche Gemeinschaft bedrohen, nach außen ab, stürzt sich auf die Feindseligkeit der Armen gegen die Reichen, der bisher Ohnmächtigen gegen die frühen Machthaber."

ren. Die Zeit strukturiert sich nicht mehr in Triebstau und einigen intensiven Phasen der Entladung, sondern man ist zu altbewährten Modellen der Teil- und Ratenzahlung zurückgekehrt, um die Schulden zu tilgen, die uns das Menschsein auferlegt.[12] Aus den rhythmischen Entladungen und Sturzbächen kollektiver Gewalt (sie geschehen an einem anderen „Schauplatz", der in bedrohliche Nähe gerückt ist, sagen die Nicht-Arbeitslosen, die betroffenen Nicht-Betroffenen) mit abwechselndem Humanitätsgeschluchze entsteht ein Ozean und mit ihm ein narzißtisch-aggressives ozeanisches Gefühl der Ohnmacht angesichts der anonymen strukturellen Gewalt. Daß es diese strukturelle Gewalt gibt, und mit ihr die dazugehörigen Narkotika der Informations- und Konsumindustrie, das ist wahrlich nicht zu leugnen. Doch dies alles, diese scharfsichtigen Analysen, werden durchgeführt von jenen, von uns, die sich gerade nicht im Schußfeld der unzähligen Stellvertreterkriege befinden, die sich nach dem Zweiten Weltkrieg an allen Ecken und Enden der Welt entzündet haben. Doch, tappt man nicht in die Globalisierungsfalle, sieht man die Opfer des neoliberalen Wirtschaftskriegs allerorten, hört man das Credo der Sozialdarwinisten, du schaffst es, du mußt nur fest an dich glauben. Vielleicht schaffen es einige, wenn sie gute Fußballer sind, Hungerkünstler oder Tellerwäscher mit Killerinstinkt.

---

12 Hier sei besonders auf Martin HEIDEGGER, Sein und Zeit, Tübingen 1967, §§ 58–60 verwiesen. So steht dort zu lesen: „So wenig das ‚gute' Gewissen sich in den Dienst eines ‚Pharisäismus' stellen läßt, so wenig darf die Funktion des ‚schlechten' Gewissens herabgedrückt werden auf ein Anzeigen vorhandener oder ein Abdrängen möglicher Verschuldungen. Gleich als wäre das Dasein ein ‚Haushalt', dessen Verschuldungen nur ordentlich ausgeglichen zu werden brauchen, damit das Selbst als unbeteiligter Zuschauer ‚neben' diesen Erlebnisabläufen stehen kann."(293) „Das Faktum der *Gewissensangst* ist eine phänomenale Bewährung dafür, daß das Dasein im Rufverstehen vor die Unheimlichkeit seiner selbst gebracht ist. Das Gewissenhabenwollen wird Bereitschaft zur Angst." Dieses Rufen des Gewissens ist eigentlich ein Schweigen im Lärm des Man. „Die im Gewissenhaben-wollen liegende Erschlossenheit des Daseins wird demnach konstituiert durch die Befindlichkeit der Angst, durch das Verstehen als Sichentwerfen auf das eigenste Schuldigsein und durch die Rede als Verschwiegenheit. Diese ausgezeichnete, im Dasein selbst durch sein Gewissen bezeugte Erschlossenheit – *das verschwiegene, angstbereitete Sichentwerfen auf das eigenste Schuldigsein – nennen wir die Entschlossenheit.*"(296f.) Das Gewissen und mit ihm die Entschlossenheit, eine dem Tod ins Auge blickende, die Einsamkeit und mit ihm das Mitsein ertragende, ist eine vorlaufende, hat also Anteil am Geschehen oder Geschehen-Lassen des Thanatos und somit auch am Genießen. LACAN würde sagen, der Gentleman schweigt und genießt.

Befinden wir uns, wie Umberto Eco[13] meint, an der Schwelle zu einem neuen Mittelalter? Gibt es Parallelen zu der mittelalterlichen Heilsökonomie? Wo stehen heute die durch den Ablaß finanzierten Kathedralen? Martin Luther hat es erkannt, der Schuldenberg ist durch die gängigen Buß- und Rückzahlungspraktiken nicht zu bewältigen. Er ist einfach zu groß. Und Abraham ist ihm großes Vorbild, der Wahnwitz des Glaubens entläßt ihn aus allen Verträgen, aus allen ererbten und freiwillig übernommenen, aus allen dunklen Geschäften, die mit unseren Ängsten gemacht werden. Nicht daß ich die Errungenschaften und das wirklich Neue der Reformation geringschätze, aber die Freiheit der Kinder Gottes schreibt sich nach wie vor ein in politische Register und wird zum Wasser auf die Mühlen der nationalstaatlichen Entwicklung. Welcher Kategorie wir den Hauptanteil an den historischen Veränderungen zuschreiben, der religiösen oder der wirtschaftlichen, der Schuld oder der Schulden, ihr innerer Zusammenhang ist nicht von der Hand zu weisen.

Gelingt es uns jemals, dem Zyklus von Geben und Nehmen zu entrinnen? Muß jede Gabe eine Opfergabe sein?[14] Einstweilen will ich den Versuch einer Beantwortung dieser Frage noch zurückschieben.

Latein-Amerika

In der Geschichtswissenschaft als theologischer Disziplin läßt sich der Zusammenhang – oder ist es vielmehr ein Verhängnis? – von Schuld und Schulden ja weit problemloser nachweisen. Es geht doch um Fakten, Tatsachen und Ereignisse dieser Welt, der *basileia tou kosmou.* Sie werden nicht so sehr geplagt von psychischen Widerständen, Schamgefühlen und anderen Peinlichkeiten, von der Insistenz der Erlebnisse der frühkindlichen Sexualität. Diese Welt ist ohnehin verloren, so sehr sich auch manche Heilige bemühen, sie ins Reich Gottes heimzuholen, laut Schöpfungsauftrag dem menschlichen Eroberungsdrang unterworfen. Und doch ist sie uns, biblisch betrachtet, nur von Gott zu unserem täglichen Gebrauch überlassen.

---

13 Umberto ECO, Auf dem Wege zu einem Neuen Mittelalter, in: Über Gott und die Welt, München 1987.

14 Die Untersuchungen DERRIDAS in: Falschgeld. Zeit geben I, München 1993 sind in dieser Hinsicht unverzichtbar.

Und seine Stellvertreter sollten sich als ebenso großzügig erweisen. Im Jahr 1493 erläßt Papst Alexander VI. sein Edikt *Inter Caetera*, wo unter anderem geschrieben steht:

Unter den anderen der göttlichen Majestät wohlgefälligen und Unserem Herzen erwünschten Werken ist es das wichtigste, daß der katholische Glaube und die christliche Religion gerade in Unserer Zeit verherrlicht und überall verbreitet, das Heil der Seelen gefördert und die barbarischen Nationen gedemütigt und zum Glauben zurückgeführt werden. Nachdem Wir, ohne angemessenes Verdienst, durch Gottes Gnade auf diesen heiligen Stuhl Petri erhoben worden sind und Euch als wahre katholische Könige und Fürsten kennen, von welcher Eigenschaft Eure schon fast dem ganzen Erdkreis bekannten Taten Zeugnis ablegen, namentlich die Befreiung des Königreichs Granada, so haben Wir es Euch als unverlangten Gunsterweis das zu gewähren, wodurch Ihr das heilige, löbliche und Gott wohlgefällige Vorhaben mit immer größerer Begeisterung zur Ehre Gottes und zur Ausbreitung des christlichen Reiches fortzusetzen vermöget.

Und dann starb Alexander VI., das war das Beste, was er für die Kirche tun konnte, meint man aus den Papstgeschichten herauszulesen. Man, das heißt viele von uns in Europa, hat inzwischen gelernt, mit diesem Ärgernis zu leben. Nicht daß die Schmerzensschreie der Opfer dieses löblichen und gottgefälligen Vorhabens uns nicht erreichen, es sind namentlich die vielgeschmähten staatlichen Rundfunk- und Fernsehanstalten, die sich noch um die Schaffung einer besseren und gerechteren Welt (vorwiegend nach 23 Uhr) verdient machen, und es sind noch viele, die sich noch die Wut aus dem Bauch schreien. Es scheint fast so, daß es sich mit diesen Botschaften so verhält wie in manchen Agentenfilmen, wo sich das Dokument, das zur Kenntnis gebracht werden soll, alsbald selbst zerstört. Nichts geht jedoch verloren, alles ist und bleibt verzeichnet, wie auf Freuds Wunderblock.[15] Haben wir es hier mit einem wissenden Unwissen zu tun, ei-

---

15 . . . und entzieht sich gerade dadurch der restlosen Dechiffrierbarkeit. Siehe hier be sonders die Auseinandersetzung zwischen LACAN und DERRIDA in: Jacques DERRIDA, La Carte postale. Le facteur de la vérité, Paris 1980. Doch geht es gar nicht mehr so sehr darum, ob ein Brief immer seinen Empfänger erreicht, sondern eher darum, ob er nicht ungelesen im Altpapiercontainer verschwindet, oder ob er einfach zur *Unkenntnis* genommen wird. Die logische Qualität der Verneinung dieses „Un-" drängt sich besonders in DERRIDAS *Comment ne pas parler* (siehe oben) auf. Nach wie vor maßgebend ist Jean HYPPOLITE, Figures de la pensée philosophique. Commentaire parlé sur la *Verneinung* de Freud, Paris, 1991. Dieser Kommentar ist Teil des Seminars bei LACAN, Ecrits. La lettre

nem Abwehrmechanismus, der die angemessene Empörung ableitet auf Sportplätze, auf das Mobbing am Arbeitsplatz oder auf die Mißhandlung von Haustieren? Seien wir etwas vorsichtiger. Die Last, die auf uns Mitteleuropäern ruht, scheint immens zu sein angesichts des Gleichmuts und der Unbekümmertheit der Menschen der Länder der sogenannten Dritten Welt. Wir sind also die eigentlich Armen, die uns selbst Entfremdeten, alle Hiobsbotschaften, die uns erreichen, benutzen die selbe Mitteilungsfrequenz wie unser Weltschmerz. Sie schlagen auf die Stimmung, in das Gestimmtsein. Worin aber liegt letztendlich dieses Defizit an Solidarität begründet? Wir werden darauf noch zurückkommen.

Auch der Zusammenhang von Schuld und Schulden ist zu offensichtlich, um politische Veränderungen so mir nichts dir nichts herbeizuführen.

Von Zeit zu Zeit ist jedoch ein Echo zu hören auf das Edikt Alexander VI, diesen großen Deal, diesen interkontinentalen Leasingvertrag, wie zum Beispiel dieses von seinem Amtsbruder auf dem Stuhl Petri, das mich fast glauben macht, daß es Brüderlichkeit nur im Amt gibt.

Papst Johannes Paul II. meinte bereits bei seiner ersten Lateinamerikareise, die ihn, dem Weg der ersten Glaubensbrüder folgend, in die Dominikanische Republik führte, folgendes: „Hier wurde unter Schwierigkeiten und Opfern Schönes erreicht, wenn auch nicht frei von Schatten.“[16] Es gibt sie

---

volée, Paris, 1966. Die Autobahn unserer Abduktionen führt jedenfalls an den Schauplätzen der Ungerechtigkeit vorbei.

16 Zur fünfhundertsten Wiederkehr des erstmaligen Eindringens von Spaniern in „Amerika“(?) erschien eine Unzahl von Publikationen, worunter mir Mariano DELGADOS Textsammlung: Gott in Lateinamerika. Texte aus fünf Jahrhunderten, Düsseldorf, 1991 als die bedeutsamste erscheint. Man beachte besonders seine Einleitung *Vom Gott Josuas zum Gott Jesu*. Auch seine Thesen zentrieren sich um eine Hermeneutik der Schuld, was ich an einigen seiner Leitsätze kurz dartun will. „Liebe Indios und Afroamerikaner, nicht das Christentum und wir, seine kirchlichen Amtsträger, sondern die bösen *Conquistadores* und *Encomenderos* waren schuld!“(14) Und wenn es darum geht, die iberisch-katholische Kriminalgeschichte zu denunzieren: „Liebe Indios und Afroamerikaner, nicht wir oder unsere Väter waren es, sondern das Christentum und seine bösen europäischen – vor allem iberischen – Anhänger, die uns alle auch heute noch mir Hilfe der (nord-)amerikanischen Imperialisten unterdrücken!“(15) Und, um schließlich die Reinheit der Theologie und der Philosophie in einer mächtigen Anstrengung zur Rückeroberung des eigentlichen Europa mit einem Schlag zu retten, um den reinen Wilden und edlen Opfern solidarisch gegenüberzutreten: „Liebe Lateinamerikaner insgesamt, wir Europäer waren es zwar, aber nicht die biblische Gottesrede war daran schuld, sondern die griechische Metaphysik.“(16) Weil ich

noch, die Schatten, daß sie leben, das wäre zuviel gesagt. Manchmal hat man den Eindruck, daß, was die Eroberung Nordamerikas betrifft, deren Opfer in zahlreichen Science-Fictions wieder aus dem „Vergessen“ emportauchen, als Außerirdische, als das Unheimliche, das durchkreuzt wird vom Raumschiff Enterprise.

Kehren wir jedoch auf die Erde zurück, zu einem Mann, mit dessen Händedruck sich Johannes Paul II. nicht beflecken wollte. Wie sieht Ernesto Cardenal und seine Gemeinde von Solentiname diesen unseren Zusammenhang von Schuld und Schulden?

Es ist Mitternacht, und wir feiern in der kleinen Kirche von Solentiname die Weihnachts messe. Am Vortag wurde Managua durch ein Erdbeben zerstört. Ich sage, daß dort der größte Reichtum des Landes angehäuft war, neben dem größten Elend des Landes. Und daß die Weihnacht, auf die sie sich dort vorbereiteten, gewiß nicht die Weihnacht Christi war, sondern die Weihnacht des Götzen Geld . . .
Ein anderer: So ein Erdbeben rüttelt die Gewissen wach und führt uns näher zu Gott. Wir Menschen sind nämlich sehr dickköpfig und brauchen einen großen Schock, um uns zu ändern.
Pedro Rafael Gutiérrez, ein Journalist aus Managua, der seit zwei Monaten bei uns lebt, sagt: . . . Gebe Gott, daß dieser große Schmerz Managuas wie eine Geburt sei. In Managua starben Unschuldige, wie auch Unschuldige starben, als Christus geboren wurde. Aber Christus blieb am Leben, und das ist es, was zählt. Möge aus dieser schrecklichen Weihnacht eine *totale* Umkehr erwachsen . . . Der Schmerz hat uns alle gleich gemacht. Zum erstenmal in der Geschichte Nicaraguas teilen Arme und Reiche den Schmerz, den vorher nur die Armen spürten.
Alejandro: Ich möchte etwas klarstellen. Wir wollen uns doch nicht freuen, weil alle gleich leiden. Das beste ist, wenn keiner leidet, wenn alle genug haben, um an Weihnachten fröhlich zu sein . . .
Felix: Ich glaube, das Erdbeben war unvermeidlich, wegen der Sünden.
Olivia, Alejandros Mutter: Ich glaube, das Erdbeben geschah nicht wegen der Sünden. Die Folgen, die daraus entstehen, die ja, die kommen aus der Sünde, denn die Sünde ist der Egoismus.
Julio: Die Leiden sind keine Strafe Gottes, denn es sind immer die Armen, die am meisten leiden . . . [17]

---

meinen Zynismus nicht beherrschen kann, ergänze ich: Der Gott Josuas ist ein lebendiger, laß nicht nur die Mauern Jerichos einstürzen, sondern uns auch am Wiederaufbau verdienen, denn Deine Liebe gilt den Tüchtigen!

17 Ernesto CARDENAL, Das Evangelium der Bauern von Solentiname 1, Gütersloh 1980, 39–42.

Man könnte natürlich eine hermeneutische Tiefenbohrung unternehmen, aber vielleicht geht der Erdkugel die Luft aus wie einem Luftballon. Ihre Wahrheiten sind billig zu haben, es gibt sie im Sonderangebot, im Weltschmerz der Philosophen, in manchen Sonntagspredigten und im Kitsch. Ich will diesen Disziplinen nicht die Daseinsberechtigung absprechen, mit welchem Recht auch? Es ist, so verstehen es zumindest wir Abendländer, als ob Voltaire, und mit ihm Candide, Leibniz sich im Disput befänden mit Flagellanten und anderen Pestpredigern auf dieser kleinen Insel mitten im Nicaraguasee. Die Fülle, der Mangel, das Maß – sind das nicht alle Kulturen tragende Säulen des menschlichen Verstehens, das immer zu spät, zu früh oder gar nicht kommt? Sind wir nicht alle Fremde, ausgesetzt auf den Bergen des Herzens, wie Rilke sagen würde, dem Zwang unterworfen, zu verstehen, immer schon eingegliedert in eine Ordnung, eine symbolische, eine ökonomische, eine politische? Was zwingt den Schrecken, die Zerstörung ins System, oder was erzeugt den immer bleibenden Rest, der sich diesen Ordnungen entzieht, das Fremde? Ist es das berühmte Mauseloch, die Pforte zur Freiheit? Welche Eintrittsgebühr gilt es hier zu erlegen? Ist es die Tür zum Gesetz? Die erste wohlgemerkt, und wenn, dann nur für einen Einzelnen bestimmt, meint Kafka in seiner berühmten Parabel.

Fremdes

Das Fremde ist nur ein Fremdes, eines Fremden.[18] Dieser Satz entzieht sich der Ökonomie und ist somit auch nichts wert.

Das Fremde ist jedoch der Glanz der baren Münze. Wenn es uns im Sommer in den Süden zieht, zu den von lieblichen Meereswellen umspülten Betonsilos und doch auf der Suche nach dem letzten unberührten Strand. Verlassen wir jedoch die touristischen Zonen unseres Gastlandes, das vielleicht im Bürgerkrieg (gleich ob militärisch oder wirtschaftlich) liegt wie Sri Lanka, oder Peru, oder Kuba, die Liste ist lang, dann begegnen wir auch Straßenkindern, drücken ihnen eine Münze in die Hand. Ja, wir Europäer, wenn wir spenden, wollen wir auch geliebt werden. Suchen

18 Um es in aller wurzelloser Radikalität zu sagen, DERRIDA und LEVINAS ernstgenommen: Das Fremde, Fremdes Fremder. Das hört sich zwar unmöglich an, es geriete aber nicht einmal in den Bannkreis philosophischer Neologismen und hätte den Vorzug, die Diskussion um das „ein", das „ist" – als das der Adäquation, oder als fundamentalontologisches transitives Verb – und um den doppelten Genitiv aufzuschieben. Das Kleingedruckte ist, so wie in Verträgen, auch in solchen Textsorten das Hinterhältigste.

eine dankbare Geste, einen erstaunt emporeilenden Kinderblick, wie ihn hierzulande nur treue Haustiere bieten können.

Ein Fremdes aber, es zwänge uns, das Offensichtliche zu sehen[19], die Grimassen des Realen[20] wie auch die kostenlosen Freuden, die unsere Selbstbestrafungstendenzen und deren moralisches Gleichgewichtsorgan empfindlich stören, Fremdes in anderen Kulturen, das auch neue Solidarität ermöglicht. Und vielleicht auch eine andere Qualität der wirtschaftlichen Beziehungen. Was bedeutete dies aber für eine Spendenmoral, diesen wackeren Erben der mittelalterlichen Ablaßhändel? Einmal die Bitte, daß man nicht aufhören mögen, zu spenden, auch wenn dieses Buch den letzten Platz einnimmt im Prämienstreit um die effektivste Spendenkeilerei. Das Helfersyndrom gehört zu den edelsten Krankheiten, von denen Menschen befallen werden können, unter der Voraussetzung allerdings, daß wir bereit sind, den Krankheitsgewinn zu teilen.

Wie könnte es uns gelingen, die Technik eines neuen Sehens zu erwerben? Wieviele Bücher sind diesem Fremden doch schon angeschrieben worden! Ist sie erlernbar, ist sie einer Initiation zu verdanken, einer neuen dunklen Bruderschaft? Was besagt der – dennoch meist gutgemeinte – alltagssprachliche Ausdruck „Kulturaustausch“?

Tauschen

Welche Taktik wir auch verfolgen mögen, wir können den Kreislauf von Gabe und Gegengabe nicht durchbrechen. Denn nicht einmal die schäbigste Spende könnte ihr Ziel erreichen, und oft wäre es auch besser so. Wir können es uns also weiterhin bequem machen, die Revolution wird abgesagt wegen Mangel an Teilnehmern. Dieses Ja zu den bestehenden Unrechtsverhältnissen ist dennoch keines der Billigung. Dieser Kreislauf ist ja einer, der, was unsere Geschäftspraktiken mit dem Süden, dem Osten betrifft, meist einer, der nicht einmal auf den primitivsten Regeln der wirtschaftlichen Fairness beruht. Der Kreislauf hat nichts Zirkuläres an sich, er

---

19 Nicht so wie es Michel FOUCAULT, Überwachen und Strafen, Frankfurt 1976, 221, meint: „. . . jeder Blick ist ein Element im Gesamtgetriebe der Macht.“ Und wiederum doch, denn jeder Blick ist Absehen von . . . Es wäre interessant, Foucaults Thesen auf die Konstitution der Gefängnisse der Armut anzuwenden. Der Blick des Spenders wäre auch mit Lacans Konzeption des Blickes als Objekt a zu konfrontieren.
20 Vgl. Slavoj ŽIŽEKS gleichnamiges Buch, Köln, 1993.

ist die Präsentationstrategie eines Wettlaufs mit dem Tod, den, vornehm ausgedrückt, viele vor der Zeit verlieren. Auch der Kulturaustausch bleibt nicht rein und unangetastet von diesen *ökonomischen* Kontaminationen, und gerade deshalb scheint mir Derridas Denken der *Gabe* ein Weg zu sein, der die Alterität uns fremder Kulturen respektiert, ohne sie der Assimilation und der Xenophobie auszuliefern.

Geoffrey Bennington schreibt in seinem Buch über Derrida folgendes: „Eine reine, eine von jedem Tauschverhältnis unberührte Gabe gäbe es einzig dann, wenn sie von ihrem Empfänger unbemerkt bliebe . . . Die Gabe ist immer schon in ein Verhältnis zum Tausch eingelassen, sie muß immer schon mit einem Tausch rechnen, dem es dennoch niemals gelingen wird, sich mit der ihm ‚vorhergehenden' Gabe zu messen."[21] Das sind wohl unvordenkliche Spitzfindigkeiten, doch so fern sind sie unserer Lebenswelt doch nicht, wie man zu vermuten geneigt ist. Wie folgende Sätze zu untermauern versuchen: Kinder, die du erziehst, sind dir keinen Dank schuldig. Oder denken Sie an die Geschichte, die so manche Ethnologen erzählen: Wenn du zu einer Gruppe von Eingeborenen gelangst, mußt du sie beschenken. Wenn das Geschenk zu klein ist, gerätst du in Gefahr, ist es zu groß, dann riskierst du dein Leben. Das schönste Geschenk allerdings ist, zur richtigen Zeit zu verschwinden.

Das Tauschsystem haben wir Menschen wohl nicht erfunden, wir spielen es, oder wir müssen es mit großer Leidenschaft spielen. Ist es eines, bei dem unsere Partner nie die Chance besitzen zu gewinnen, oder ist es ein im Grunde faires Spiel, bei dem die Schlaueren gewinnen, oder einfach die, die besser betrügen. Und wenn auch der schlimmste aller Fälle eintreten sollte, eines scheint mir doch sicher zu sein: Wir sind nicht gezwungen, immer zu betrügen.

Dieses Argument hat mich immer fasziniert, es scheint Bestandteil des Fundamentes unserer Freiheit und unserer Wahrheit zu sein. Doch auch hier ist Vorsicht geboten. Ich will niemanden ins Dickicht der Begriffe führen, der vielen Wegweiser zum rechten Leben. Ob die Tränen der Mafiabosse, die sie am Grab ihrer Opfer weinen, wahre Tränen sind, mag sein, sie kommen erstens zu spät, und zweitens werden es nicht die letzten sein.

---

21 Geoffrey BENNINGTON, Jacques Derrida, Frankfurt 1994, 197.

Das Tauschsystem agiert anonym[22], nur manchmal wird es unterbrochen von den Sonntagsreden unserer Politiker. Als Philosoph und Nichtexperte in Wirtschaftsfragen soll man sich da erst gar nicht einmischen, aber vielleicht kann hier die Philosophie zur traditionsgestärkten Mitstreiterin der Laien werden. Wenn sie mehr ist als die gelehrte Nabelschau derer, die ihren Blick abwenden vom täglichen Skandal, von Hunger, Not und Verzweiflung.

Das System, es läßt nicht viele Möglichkeiten offen, vielleicht nur die, zwischen zwei Produkten von mindestens zwei Großkonzernen eine Wahl zu treffen[23]. Aber der Zynismus hilft uns hier auch nicht weiter. Die Großkonzerne sind unbestritten eine Macht, der auch staatliche Institutionen ausgesetzt sind. Dieses Problem scheint auch auf die Diskussion über Entschuldung und Zinsnachlaß für sogenannte Entwicklungshilfekredite (Diese sind meistens absatzfördernde Maßnahmen für Produkte aus reichen Ländern.) Einfluß zu nehmen. Wir alle kennen diesen circulus vitiosus: Kredite, die an Entwicklungsländer vergeben werden, erreichen die Armen in viel zu geringem Ausmaß, in ihren Genuß kommen fast nur Reiche hier und dort, die Zinsenlast trägt der Staat, dieser reduziert – oder wird gezwungen dazu – die Ausgaben für Bildung, Gesundheit und Soziales. Und unsere Regierung, die vermeintlich gezwungen ist, an allen Ecken und Enden des Sozialstaates zu sparen, wird da noch aufgefordert, Geld herzuschenken, das ohnehin wiederum nur den Reichen dort zugute kommt.[24]

Durchsetzen

Doch nichts und niemand kann uns dazu zwingen, in der Resignation zu verharren. Die Philosophie und mit ihr die Psychoanalyse und auch die Semiotik muß sich zur Aufgabe machen, Strategien zu entwickeln, nicht

22 Der gefährlichste Versuch, diese Anonymität zu hintergehen, ist sowohl die Anklage der Schuldigen, die Nennung der Namenlosen, als auch die Anklage des großen Systems in der Paranoia. Doch die Form des Wahns ereignet sich nicht nur in einer Gestalt, schon gar nicht in einer totalisierenden. Ein Grund zur Hoffnung, wenn hier die Identifizierung mit dem Aggressor zerbricht, und nicht der, der die Identifizierung durchführt. Siehe auch hier M.FOUCAULTS Werke über den Wahn und seine Wahrheit.

23 Der Buridansche Esel müßte hier angesichts der identischen, genmanipulierten Kraftfutterhaufen verhungern.

24 DERRIDA zieht, was diese Kapitalisierung anlangt, Parallelen zum hermeneutischen Zirkel (Falschgeld, 19.) Und doch herrscht hier auch ein Telos vor, eine Akzeleration der Kapitalbewegung von Arm zu Reich.

um Betroffenheit zu erzeugen, die ja ihrerseits bereits das Schweigen vieler verursacht, sondern die Betroffenheit zu Wort kommen zu lassen.[25] Eine Strategie, sich von den Diffamierungen der Ministranten der Sachlichkeit, der Realpolitiker nicht aus der Ruhe, oder eben auch nicht aus der Unruhe bringen zu lassen, die alle konstruktiven Vorschläge zu einem Umdenken in der Entwicklungspolitik als „unrealistisch", „unobjektiv", oder gar „romantisch" bezeichnen.

Es müßte doch in einer Demokratie zweierlei durchsetzbar sein: Erstens, daß Schulden, die erlassen werden, zur Gänze in einen sogenannten Gegenwertfonds gelangen, der wirklich den ärmsten Bevölkerungsgruppen zugute kommt. Daß auch dadurch sich die Schuldnerländer einiges an Sozial- und Bildungsausgaben ersparen, wird sich nicht vermeiden lassen. Dieses Dilemma, ein Tribut an die herrschenden Zustände, ist ja gerade die Ursache für Resignation, Schweigen – so geschwätzig es auch sein mag – und die abnehmende Bereitschaft zur Solidarität.

Ist somit die Philosophie eine Einübung in den Schrecken? Oder in die Scheinheiligkeit, wenn man sagt, jeder müsse an dem Ort, an dem er lebt, versuchen, Unrecht zu verhindern, Strukturen zu verändern. Und damit im Genuß der vielgeliebten Annehmlichkeiten hierzulande bleibt. Denn was ließe sich denn schnell und kurzfristig ändern?

Der unschätzbare Vorteil, den die Philosophie und ihre Tradition, die Auseinandersetzung mit ihr vorzuweisen hat, ist zumindest der, daß sie fast alle Fluchtorte, die Schutz vor diesen Schrecken zu bieten vorgegeben haben, heimgesucht hat. Ihr postmodernes Hasenherz, ihre nomadische Existenz weiß vielleicht eher was Heimat heißt, und kennt die zerstörerische Resignation, die sich ebenfalls Heimat nennt.

Zweitens: Bedenklich stimmt die Unverschämtheit, mit der Investitionen, die mit Entwicklungshilfe wenig bis gar nichts zu tun haben, als humanitäre Großtat gefeiert werden. Manchmal habe ich allerdings den Eindruck, daß diese Parade der Großzügigkeit eher einer Zurückhaltung weichen muß, bei der man meint, Rücksicht nehmen zu müssen, auf die sozial Schwachen, auf die Angst vor Fremden, auf ihre Geiselnehmer. Und sollte Kritik laut werden, kann man ja noch immer darauf verweisen, daß ja hei-

25 Ansonsten, würde ich meinen, könnte man die damit befaßten Universitätsinstitute gleich den Wirtschaftsfakultäten unterstellen. Werbepsychologie, Unternehmensphilosophie als Geisterwissenschaften.

mische Arbeitsplätze mit diesen Krediten gesichert werden. Von einem angesehenen Politiker war gar zu hören, daß man ja den Armen helfen müsse, bevor sie alle zu uns kommen. Die Bettler werden künftig, wie es in vergangenen Zeiten ja schon üblich war, nicht mehr am Hauptportal empfangen, sondern an der Hintertüre.

Noch versucht man, es allen recht zu machen. Noch gibt es konkrete, partnerschaftliche Projekte, Solidarität und Engagement. Und die Gelder fließen reichlich, wenn man die richtigen Leute in Brüssel kennt. (. . . was die „kleinen" Spender und Spendensammler gehörig demotivieren kann!)

Was denn, so meinte ich, sollte denn nun diesbezüglich in einer Demokratie durchsetzbar sein? Und zwar folgendes: Ich greife hier auf ein altbekanntes und vielbemühtes Argument der christlichen Soziallehre[26] zurück. Es ist das Prinzip der Subsidiarität. Konkret heißt das folgendes:

Warum sollten Teile des Enwicklungshilfebudgets nicht in Gemeindekompetenz übertragen werden? Warum sollten nur die Länder und nicht auch die Gemeinden einen Entwicklungspolitischen Beirat ins Leben rufen.

Das heißt selbstverständlich, daß sich diese vielen Organismen einem größeren Projekt anschließen können und sollen, das aber in der Mitverantwortung derer verbleiben muß, die es mitfinanzieren. Damit verbunden ist, dessen bin ich mir sehr wohl bewußt, ein immenses Ausmaß an entwicklungspolitischer Bildungsarbeit, das allen Beteiligten viel Geduld abverlangt.

Vielleicht bin ich zu optimistisch, woher sollen denn plötzlich all die Leute kommen, die diese Partnerschaften tragen sollen? Doch als ersten Schritt sollte man erreichen, daß diesen, die bereits in der Solidaritätsarbeit tätig sind, die Arbeit nicht unnötig erschwert wird. Abbau der bürokratischen Hindernisse bei Projektanträgen, Förderung der Kontakte zwischen Kleingruppen und Vereinen, die das notwendige Fachwissen bei der Abwicklung von Projekten besitzen . . .

Die Verteilung von staatlichen Geldern, die der Entwicklungszusammenarbeit dienen, wird immer ein Politikum bleiben, doch das geduldige Warten in den Vorkammern der Politikerherzen müßte doch irgendwann einmal ein Ende haben.

---

26 Erschreckend, was die Effizienz der Theorien der Soziallehre betrifft, finde ich den breiten Konsens, den sie quer durch alle politischen Gruppierungen hindurch findet. Eine Salbe für die politische Neurodermitis?

„Wie lange noch, Herr?" Nicht nur Theologen und gläubige Menschen stellen sich diese Frage – eine *knechtische Frage?* –, niemand kennt die Stunde. „Was sollen wir tun, Herr?" Das Verhältnis von Theorie und Praxis werde ich keiner Synthese zuführen, ziemlich unberechenbar werden mir die Sprünge zwischen einem Denken der Gabe und sogenannten realpolitischen Sichtweisen der entwicklungspolitischen Probleme geraten. Die Philosophie hat einiges gemeinsam mit dem solidarischen Handeln, sei es nur das, daß sie sich gezwungen sieht, Fragen immer wieder zu stellen, deren skandalöser Beweggrund ohnehin offen vorliegt. Niemand von uns kann behaupten, auch die am offiziell politischen Leben Desinteressierten nicht, er hätte von all dem nichts gewußt, von Konzentrationslagern, von Genoziden, von Hungerkatastrophen und ökonomischen Strukturen der Gewalt. Gemeinsam ist auch das Bestreben, eine Unruhe zu erzeugen, vom Prinzip Hoffnung getragen, um auch gleich wieder zur Vorsicht zu mahnen, den langen Atem zu haben, während vielen, allzuvielen keine Zeit bleibt, noch länger zu warten. Es gehört schon ein „gesundes" Ausmaß an Wahnsinn dazu, diesen Widerspruch auszuhalten.

Die Entschuldung muß stattfinden, mit all den Begleitmaßnahmen, die zu einem gerechteren Handel zwischen dem Norden und dem Süden führen. In einer Plattform, die alle Solidaritätsgruppen, alle international tätigen Gewerkschafter, Gläubige aller Religionsgemeinschaften, Politiker verschiedenster Schattierungen, Lehrer etc. umfaßt, sollte es doch möglich sein . . .

Gemeinsam mit der Philosophie, so sieht man, ist auch die Beherztheit, mit der Imperative aufgestellt werden. Doch wer wollte behaupten, Forderungen könnten nicht erfüllt werden, nur weil sie Forderungen sind? Der eigentliche Frevel besteht darin, sie erst überhaupt nicht aufzustellen, und zu ihrem Gehör nichts beizutragen.

Den Wissenschaftlern könnte man das sagen, was Albert Camus anläßlich der Verleihung des Nobelpreises den Künstlern sagt:

Die Zeit der verantwortungslosen Künstler ist vorbei. Unserer kleinen Annehmlichkeiten wegen tut uns das leid. Aber wir werden anzuerkennen wissen, daß diese Prüfung gleichzeitig unserer Aussicht auf Echtheit zugute kommt, und werden die Herausforderung annehmen. Die Freiheit der Kunst ist nicht viel wert, wenn sie keinen anderen Sinn hat, als die Behaglichkeit des Künstlers zu sichern. Soll ein Wert oder eine Tugend in einer Gesellschaft Wurzel fassen, gehört es sich, sie nicht mit Lügen zu umgeben, das heißt jedesmal, da man es kann, dafür zu zahlen. Wenn die Freiheit gefährlich geworden ist, dann ist sie im

Begriff, nicht mehr prostituiert zu werden. Und ich kann zum Beispiel den Leuten nicht beipflichten, die sich heute über den Niedergang der Lebensweisheit beklagen. Augenscheinlich haben sie recht. Aber in Wirklichkeit hat die Lebensweisheit nie einen so gründlichen Niedergang erlebt als zur Zeit, da sie das gefahrlose Vergnügen ein paar bücherstöbernder Humanisten bildete. Heute, da sie endlich wahren Gefahren begegnen muß, besteht im Gegenteil Aussicht, daß sie von neuem auf sicheren Füßen stehen, von neuem geachtet werden kann.[27]

Die Welt mußte also warten, bis sie verantwortungsvolle Künstler fand, vor allem ihn, Albert Camus, die der Lebensweisheit zu politischer Verantwortung verhelfen. Er allerdings hat, wie viele seiner Zeitgenossen, in der Résistance wirklich sein Leben riskiert. Und sein prophetisches Gehabe ist mir jedenfalls lieber als das Untergangslamento, das folgendes zum Inhalt haben könnte: Das Abendland ist müde, das rettende Ufer ist weit, und wenn es uns gelingt, es zu erreichen, wird es ein ölverpesteter Strand sein, und in vielen bunten Farben glitzert das Petroleum in der Sonne.

Es bedürfte schon einer gewaltigen Anstrengung, einer gemeinsamen Trauerarbeit, um sich, da wir nun schon einmal Albert Camus bemüht haben, der Absurdität des Leidens und Verbrechens zu stellen. Das verlangt allerdings einen klaren, poetischen Kopf. Auch in der Trauerarbeit geht es um Schuld und deren Verteilung, aber auch darum, . . . ich will den vielzähligen ethischen und moralischen Appellen nicht noch einen hinzufügen, sie werden nicht wirksamer, wenn man vermeint, man habe nur die richtige Sprache noch nicht gefunden, um wirklich solidarisches Handeln zu provozieren, und man glaubt, man müsse ihnen einen vollkommen neuen hinzufügen.

Wiederholen

Dieses Neue hält sich irgendwo an den Rändern, im Innersten des Inneren der Wiederholung auf, an altbekannten Horizonten, in Erlebnissen, von denen sogar Husserl behaupten muß, sie seien niemals vollständig wahrgenommen[28] (Es sei denn in der Retention, diesem Staudamm des Erlebnisflusses, den Derrida[29] dekonstruieren wird und gleichzeitig nach einem

---

27 Albert CAMUS, Kleine Prosa, Paris 1955, 27f.

28 Edmund HUSSERL, Ideen zu einer reinen Phänomenologie (Ideen I), Tübingen 1980, 82.

29 Jacques DERRIDA, Die Stimme und das Phänomen, Frankfurt am Main 1978.

rettenden Ast Ausschau hält.), der Wiederholung nicht nur der tödlichen Langeweile moralischer Appelle, sondern der mystischen Nacht, wo ersteinmal viele Licht quellen reduziert werden, um nicht an die Schwarzmalerei gehen zu müssen, die oft begleitet wird von peinlichem Nachstammeln des Unaussprechlichen.
Vidaluz Meneses schreibt in ihrem Gedicht *Im neuen Land* folgendes:

Der Schmerz war Herausforderung
und die Zukunft Hoffnung,
bauen wir so wie wir ein Gedicht schreiben,
es *schaffen*, es *verwerfen* und es *nochmals schreiben*.[30]

Es ist die Poesie allein, die es uns erlaubt, von der Gabe vor der Gabe zu sprechen oder darüber zu schweigen. Dies setzt natürlich nicht alle andere Mitteilungsformen außer Kraft, auch wenn ich ein Poet wäre, bliebe genug Zeit vor diesem *nochmals* des Gedichts.

Ich unternehme keine sozialgeschichtliche Studie, nicht weil es schon unzählige, in ihren Analysen unerbittliche Untersuchungen gibt, es kann nie genug davon geben, sondern weil ich der Überzeugung bin, daß es sich lohnt, die verstreuten Hinweise, die Derrida gerade in zentralen Texten seines Werkes über diese Unkenntnis des Offensichtlichen, der Alltäglichkeit und fernen Nachbarschaft des Elends gibt, aufzunehmen und sie im (meist blickabweisenden) Rahmen einiger Themen der Entwicklungspolitik zu *wiederholen*. Der unmögliche Anspruch, zu so etwas wie zu einer Kur beizutragen läßt sich nicht leugnen, wo die Wiederholung – psychoanalytisch gesprochen – Anteil hat nicht nur am Todestrieb, an der Zerstörung, sondern auch an der Übertragung, die eine Kur überhaupt erst ermöglicht.

Nach einer kurzen franziskanischen Episode und einem Blick in das Fegefeuer wende ich mich dann den derridaschen Texten zu, den Aporien, den

---

30 Vidaluz MENESES, En el nuevo país, in: Unter dem Flammenbaum. Gedichte aus Nicaragua, Wien 1986, 143:
„El dolor ha sido reto
y el porvenir esperanza
construímos como escribiendo un poema
creando, borrando y volviendo a escribir.“

Stimmungen und den Strukturen. Nicht alles geht dabei ohne Pathos ab und auch nicht ohne belehrenden Unterton und seinen Ermüdungserscheinungen, den Zynismus. Er wird sich meist im „Wir“ halten, einem manchmal lehrmeisterlichen, podesthaften, aber auch auf dem Rücken so mancher Meister schlecht und recht sitzend. Es ist auch ein „Wir“, das Solidarität sucht, das sich aber auch dessen Ausschließungsverfahren bewußt ist. Für die Solidarität aber, die mir erwiesen wurde, ist zu danken – sie blieb nicht unbemerkt –, meiner Gattin Radegund, meinem Sohn Benedikt, meinen Freunden in Österreich und Nicaragua (Sigmund Kripp, Vidaluz Meneses, Michèle Najlis, Jorge Alvarado, Artur Boelderl) und nicht zuletzt den Herausgebern unter ihnen, Helmut Stockhammer und Christof Šubik.[31]

31 Editorische Hinweise: Eckige Klammern beziehen sich, wenn nicht eigens vermerkt, auf Einschübe des Autors in Originalzitate. Der Asterix (*) steht, wie in den meisten Übersetzungen der Werke DERRIDAS, für „Deutsch im Original“.

2. Die Gabe der Armut

„Wie der heilige Franziskus und Bruder Masseo das Brot, das sie erbettelt hatten, auf einen Stein neben einer Quelle niederlegten und der Heilige die Armut pries. Wie er dann Gott und die Heiligen Petrus und Paulus bat, die heilige Armut ihm lieb werden zu lassen; und wie ihm Petrus und Paulus erschienen.

Der wunderbare Knecht und Nachfolger Christi, St. Franziskus, suchte in allen Stücken die möglichste Übereinstimmung mit Christus, der nach den Worten des Evangeliums seine Jünger zu zwein nach allen Städten und Flecken entsandte, wohin ihn selbst sein Weg führte. So schickte er auch, nachdem er nach Christi Beispiel zwölf Jünger um sich vereinigt hatte, diese zu zwei und zwei in die Welt hinaus, Gottes Wort zu predigen. Und um ihnen ein Beispiel wahren Gehorsams zu geben, begann er vor allen zuerst zu wandern nach Christi Vorbild, wie dieser zuerst handelte und danach lehrte. Nachdem er nun seinen Genossen die anderen Gegenden der Erde angewiesen hatte, behielt er sich selbst Bruder Masseo zum Gefährten und nahm seinen Weg nach der Provinz Frankreich.

Als sie eines Tages recht hungrig in einem Dörflein angelangt waren, gingen sie, wie es die Regel vorschreibt, nach Brot zu betteln, um Gottes Liebe willen; St. Franziskus ging durch eine Straße und Bruder Masseo durch eine andere.

Weil aber der heilige Franziskus unscheinbar und klein von Wuchs war und daher von jedem, der ihn nicht kannte, als ein armseliger Bettler angesehen wurde, heimste er nur einige Bissen und Brocken trockenes Brot ein; dem Bruder Masseo aber, da er groß und gut gewachsen war, gab man reichlich, gute und große Stücke vom ganzen Brotlaib geschnitten. Als sie ihren Bettelgang beendet hatten, trafen sie vor der Stadt an einem Platz zum Essen zusammen, wo eine schöne Quelle sprang, und daneben war ein breiter schöner Stein, der ihnen sehr gefiel. Auf den legte jeder alles, was er an Almosen erbettelt hatte. Wie nun St. Franziskus sah, daß die Brotstücke des Bruders Masseo reichlicher, größer und schöner waren als seine, versetzte ihn dies in die größte Fröhlichkeit, und er sagte: ‚O Bruder Masseo, wir sind eines so großen Schatzes gar nicht wert‘; und diese Worte wiederholte er mehrere Male. Da erwiderte Bruder Masseo: ‚Vater, wie kann man da von einem Schatz reden, wo so viel Armut ist und es an den nötigsten Dingen fehlt? Hier ist kein Tischtuch, kein Messer, kein Fleischbrett, keine Schüssel, keine Hütte, kein Tisch, kein Diener, keine Magd.‘ Da sprach St. Franziskus: ‚Das gerade ist es, was ich für einen großen Schatz halte: daß hier nichts ist, was von Menschenhand hergerichtet ist; sondern was hier ist, ist durch Gottes Vorsehung bereitet, wie offenbar zu sehn ist am Brot, das erbettelt, am Steintisch, der so herrlich, an der Quelle, die so klar ist. Und darum will ich, daß wir Gott bitten, er wolle uns diesen köstlichen Schatz der heiligen Armut, den er selbst verwaltet, liebgewinnen lassen von ganzem Herzen.‘

Nach diesen Worten, Gebet und Erlabung ihres Leibes an den Brotstücken und dem Quell erhoben sie sich, um nach Frankreich zu wandern. Als sie zu einer Kirche gelangten, sagte der heilige Franz zu seinem Gefährten: ‚Wir wollen hineingehen und beten.‘ Und St. Franziskus trat hinter den Altar und versank im Gebet; aber während desselben wurde er durch göttliche Heimsuchung in solch inbrünstige Glut versetzt, die seine Seele so stark für die Liebe zur heiligen Armut entzündete, daß von seinem erregten Antlitz und seinem Munde bei jedem Öffnen desselben Flammen der Liebe auszugehen schienen.

So entflammt kam er zu seinem Gefährten und sprach zu ihm: ‚Ah, ah, ah, Bruder Masseo ergib dich mir.‘ So rief er dreimal. Beim dritten Male aber hob der heilige Franziskus mit seinem Odem den Bruder Masseo vom Boden auf und blies ihn vor sich her wohl eine gute Speerlänge weit; worüber Bruder Masseo in großes Erstaunen geriet. Später hat er seinen Genossen erzählt, daß er in diesem Emporheben und Fortschleudern durch den Hauch, wie St. Franziskus ihm tat, eine solche Süße in seiner Seele empfunden habe, wie nie wieder in seinem Leben.

Hierauf sagte der heilige Franziskus: ‚Mein lieber Gefährte, gehen wir zu St. Peter und St. Paul und bitten sie, uns zu lehren und zu helfen, den unermeßlichen Schatz der heiligen Armut in Besitz zu nehmen. Denn sie ist ein so kostbarer und göttlicher Schatz, daß wir nicht wert sind, ihn in unsern unwürdigen Gefäßen zu besitzen: und dies um deswillen, weil sie jene himmlische Wohltat ist, durch die uns alle Dinge irdisch und vergänglich erscheinen; durch die alles Leid von unserer Seele genommen ward, daß sie sich frei mit dem ewigen Gott vereinen mag; sie ist jene Kraft, welche die Seele, ob wohl noch an die Erde gefesselt, mit den Engeln des Himmels reden läßt; sie ist es, welche Christus ans Kreuz folgte, mit Christus begraben ward, mit Christus auferstanden ist, mit Christus gen Himmel fuhr; sie auch ist es, die in diesem Leben den Seelen, welche voll sind von Liebe zu ihr, die Leichtigkeit verleiht, zum Himmel emporzufliegen: und dies darum, weil sie es ist, die die Waffen der wahren Demut und Liebe behütet. Darum wollen wir die heiligen Apostel Christi anflehen, welche vollkommen waren in der Liebe dieser Perle des Evangeliums, daß sie uns diese Gnade von unserem Herrn Jesus Christus erbitten; verleihe er uns durch seine Barmherzigkeit, daß wir es wert sind, der köstlichen, gnadenvollen Armut des Evangeliums Bekenner, Nachfolger und demütige Jünger zu sein.‘

Als sie daraufhin nach Rom gewandert waren, traten sie in die Kirche von St. Peter. Dort ließ sich der heilige Franziskus im Gebet in einem Winkel der Kirche nieder und Bruder Masseo in einem anderen. Wie lange sie so betend verharrt hatten in Andacht und Tränen, erschienen dem heiligen Franz die heiligen Apostel Petrus und Paulus in vollem Glanz und sprachen: ‚Da du dem nachzuachten trachtest und wünschest, was Christus und die Apostel lehrten, so sendet uns Jesus Christus zu dir, um dir zu künden, daß dein Gebet erhört ist. Dir aber und denen, die dir nachfolgen, ist anvertraut der Schatz der heiligen Armut. – Und weiter haben wir dir von ihm zu sagen, daß jedem, der sich nach deinem Vorbild vollkommen diesem Gelübde weiht, die Seligkeit des ewigen Lebens gewiß ist; und du und alle, die dir folgen, werden von Gott gesegnet sein.‘

Unter diesen Worten verschwanden sie und ließen den heiligen Franziskus zurück voller Trost. Er erhob sich aus seinem Gebet und suchte seinen Gefährten auf. Als er ihn fragte, ob ihm Gott nichts geoffenbart habe, verneinte er. Da erzählte ihm St. Franziskus, wie die heiligen Apostel ihm erschienen seien und was sie ihm offenbart hätten. Voller Freude darüber beschlossen sie, ins Tal von Spoleto zurückzukehren und ließen das Wandern nach Frankreich sein.“[1]

---

1 Die Blümlein des heiligen Franziskus von Assisi. Aus dem Italienischen nach der Ausgabe der Tipografia Metastasio, Assisi 1901, von Rudolf BINDING, Frankfurt am Main 1973, 44–47

3. Das nackte Gedächtnis

Würdest du etwa sagen, daß der Gaul, der Hafer von seinem Herrn erhält, damit er weiter lebt, der Eigentümer des Hafers ist?
Ha, siehst du, jetzt vergleichst du Unsern Herrn Jesus mit einem Gaul!
Nein, aber du vergleichst unseren Herrn Jesus mit einem korrupten Prälaten an deinem Hof, du Haufen Mist.
Meinst du? Und wie oft hat sich die Kurie mit Prozessen herumplagen müssen, um eure Güter zu schützen?
Die Güter der Kirche, nicht unsere! Wir haben sie nur im Gebrauch!
Jawohl, im Gebrauch, um sie aufzubrauchen und euch prächtige Kirchen zu bauen mit goldenen Statuen und so weiter, ihr Heuchler, ihr Lasterhöhlen, ihr weißgetünchten Friedhofsgespenster! Ihr wißt ganz genau, daß nicht die Armut, sondern die Barmherzigkeit das Grundprinzip des vollkommenen Lebens ist.[1]

In allen Stücken suchte er, Francesco, die möglichste Übereinstimmung mit Christus zu finden. Und wir, Jahrhunderte nach seinem Tod tragen allerhand dazu bei, wir kleiden ihn mit unseren Sehnsüchten nach vollkommenem Leben, nach Einklang mit der Natur, nach sozialer Gerechtigkeit. Und auch die Gegenbewegung läßt nicht auf sich warten, denn nur der mit dem Notwendigsten bekleidete Heilige ist einer, der sich auf die Spuren des Mannes aus Galiläa begibt. Nicht der romanische Christus, der König und Herr des Gerichts, als Prunkbild mittelalterlicher Feudalherrschaft, sondern der historische Jesus[2] ist es in seiner Einfachheit, dem Franziskus nachfolgt.

---

1 Umberto ECO, Der Name der Rose, München 1982, 461. Als Kürzestfassung einer Einleitung in die Problematik des Armutsstreits des 14. Jahrhunderts.

2 Welchen Sinn macht es hier, vom „historischen“ Jesus zu sprechen, außer den, daß die Frage nach Originalität, Ursprung und Authentizität, zumindest was die abendländische Geschichtsschreibung großteils betrifft, immer einen Zusammenhang mit Legitimät von Herrschaft und Eigentum aufweist? Der Jesus der Evangelien, besonders der Stellen, auf die sich Franziskus beruft (Mt 10,10: „Nehmt keine Vorratstasche mit auf den Weg, kein zweites Hemd, keine Schuhe, keinen Wanderstab . . .“) ist ein Interpret des Alten Testaments, besonders auch von 1 Sam 8 und erweist sich in dieser Welt als Partei des Armutsstreits, die Geschichte des Sündenfalls durchstreichend, durchstreifend.

Auch wir beteiligen uns äußerst eifrig an dieser Travestie, wir bekleiden ihn, weil wir seine Demut nicht aushalten, besser gesagt, die Nacktheit und das Ausgesetztsein der Geschöpflichkeit, die erst durch die Kutte ihre Wirklichkeit erhält.[3]

Viele Geschichten, die von Franziskus erzählt werden, haben die Kutte zum bestimmenden Thema. So erzählt Adolf Holl: „Franz hatte nämlich die Gewohnheit, Kutte oder Strick immer dann wegzuschenken, wenn jemand sich auf die Liebe Gottes berief. Wenn er diese Redewendung hörte, wurde er alsbald erregt, entflammt und ergriffen, gleich als würde eine innere Saite des Herzens durch den Anschlag eines von außen kommenden Klanges in Schwingung versetzt' – wie Celano es ausdrückt. Der Umsatz an Kutten und Stricken war dementsprechend hoch, und die Gefährten wurden durch die Betreuung von Franzens Garderobe ziemlich in Atem gehalten."

Auch die Geschichten um *Ginepro*, die so schamhaft aus vielen Ausgaben der *Fioretti* ferngehalten werden, haben die radikalste und nackte Spende zum Leitmotiv, so als ob die Berufung auf die Liebe Gottes nur vor den Unterhosen haltmacht. Oder doch nicht?

So große Barmherzigkeit für die Armen und so viel Mitgefühl hatte Bruder Ginepro, daß, wenn er einen dürftig bekleidet oder nackt sah, er sofort seine Kutte oder die Kapuze von seinem Mantel abnahm und sie einem solchen Armen gab. Und darum gebot ihm der Guardian beim Gelübde des Gehorsams, er dürfe nicht einem Armen seine ganze Kutte geben oder einen Teil seines Ordenkleides. Da begab es sich, daß er nach einigen Tagen einem Armen begegnete, der fast ganz nackt war und den Bruder Ginepro um der Liebe Gottes willen um ein Almosen anflehte. Zu dem sagte er voller Mitleid: ‚Ich habe nichts, was ich dir geben könnte, außer meiner Kutte. Und es ist mir von meinem Vorgesetzten zur Pflicht gemacht, daß ich sie niemandem geben darf, auch nicht einen Teil meines Habites. Wenn du mir sie aber hinterrücks wegnehmen willst, so will ich nichts dagegen sagen.' Das hatte er keinem Tauben gesagt; denn alsbald zog ihm jener Arme die Kutte von hinten herunter, machte sich mit ihr davon und ließ den Bruder Ginepro nackt zurück. Als er ins Kloster zurückkehrte, wurde er gefragt, wo seine Kutte sei; und er antwortete: ‚Ein Guter hat sie mir vom Rücken gezogen und ist mit ihr davongegangen.' Da aber in ihm die Tugend der Barmherzigkeit wuchs, war er nicht mehr damit zufrieden, seine Kutte wegzugeben, sondern gab Bücher, Meßgewänder und Mäntel für die Madonnenbilder; und was ihm unter die Hände kam, schenkte er den Armen. Aus diesem Grunde ließen die Brüder die Sachen niemals offen liegen; denn jegliches Ding vergab Bruder Ginepro um der Liebe Gottes willen und zu seinem Preis.[4]

---

3 Adolf HOLL, Der letzte Christ, Stuttgart 1979, 309. HOLL zitiert hier Thomas von CELANO nach Engelbert GRAU, Werl 1964.

4 Wir zitieren nach der Ausgabe von BINDING, 222 f.

Die Scham der Kinder Gottes ist die Grenze des Paradieses, an die die Legenden über die ersten Minderbrüder fortwährend stoßen. Diese Linie teilt aber auch unerbittlich die Scham hinsichtlich der nackten Armut und der nackten, weil ungeschützen Freiheit der Kinder Gottes, die das Erbarmen Gottes provozieren soll, so als ob der Sündenfall erst durch ihr Kontrastprogramm zur vollen Geltung käme. Eine Linie vielleicht, eine Schranke eher, eine Barre, auf der die ersten Minderbrüder fröhlich sitzen, als Zeugen der Schöpfung. Eine andere, historische, nicht zu verachtende Pointe der Geschichte ist das Faktum, daß Ginepro seine Brüder munter und fröhlich zur Anerkennung des Besitzes heiliger Gegenstände zwingt. Die an die eben zitierte Geschichte sich anschließende zeigt das deutlich.[5] Eine merkwürdige Parodie auf die noch in unseren Breiten vorherrschende Heiligkeit des Eigentums, dargestellt am Eigentum des Heiligen.

Der erhöhte, königliche Christus ist kaum das visionäre Angeld für ein besseres und gerechteres Leben nach den Strapazen der unteren Schichten des Mittelalters. Er erfüllt die Menschen mit Schrecken, wenn es nach dem Willen der Herrscher geht, die ihn mit diesen Attributen versehen. Es mag sein, daß ihn viele gern gegen die weltlichen Fürsten und Könige eingetauscht hätten, der Fürbitte der Himmelskönigin vertrauend, aber kaum jemand käme auf die Idee, Jesus als den Inbegriff eines zum Erfolg gelangten Handwerkerssohn darzustellen. Mag sein, daß die Gottessohnschaft als Adoptivvertrag, als Bundesschluß zu dieser Aufsteigerreligion geführt hätte, und deshalb so heftig bekämpft wurde. Aber die Freiheit Gottes zu erwählen, wen er will, hätte auf lange Sicht keine andere Sicht der Dinge geboten

5 Blümlein, 223–226, wo Ginepro kostbare silberne Glöckchen, die als Altarschmuck dienten, eine armen Frau schenkte, die um Almosen bat. Der Sakristan, nachdem er den „Diebstahl" bemerkte, begab sich sofort auf die Suche in die Stadt, allerdings vergeblich. So beschwerte er sich bei dem zufällig in Assisi weilenden Ordensgeneral, der ihm antwortete: „Das hat nicht Bruder Ginepro getan, sondern deine Dummheit hat es angerichtet. Denn du solltest doch allmählich seine Art kennen. Ich sage dir, ich wundere mich, daß er nicht auch alles übrige weggegeben hat. Nichtsdestoweniger werde ich ihn dieses Verstoßes halber gehörig verweisen. – Darauf ließ er alle Brüder zusammenrufen und Bruder Ginepro kommen, den er vor versammeltem Konvent wegen der Glocken hart anließ; und sein Zorn wuchs so, daß er immer lauter schalt und davon beinahe heißer wurde. Bruder Ginepro kümmerte sich wenig um seine Worte. Denn über Schmähungen freute er sich, wenn er nur recht schlecht dabei wegkam. Dagegen begann er zur Vergeltung auf ein Mittel gegen die Heiserkeit des Generals zu sinnen. Nach der Standrede desselben ging er daher zur Stadt und ließ einen tüchtigen Teller voll Mehlsuppe mit Butter kochen . . ." Vgl. auch HOLL, Der letzte Christ, 264 f.

als die Prädestinationslehre Calvins. Doch auch der erniedrigte Menschensohn in all seinen verschriftlichten und schriftgründenden Imitationen ist einer, den man nicht zu nahe wissen will, kündet er doch vom Herrgottswinkel vorwurfsvoll herabblickend von der Grausamkeit Gottes des Vaters. „Die Liebe Gottes wurde unter uns dadurch offenbart, daß Gott seinen einzigen Sohn in die Welt gesandt hat, damit wir durch ihn leben. Nicht darin besteht die Liebe, daß wir Gott geliebt haben, sondern daß er uns geliebt und seinen Sohn als Sühne für unsere Sünden gesandt hat.“ (1 Joh 4,9)

Auch der erniedrigte Christus, am Kreuz erhöht, an einem Kreuz unter vielen, die zur Zeit der römischen Besatzung Palästinas, Judäas die Wallfahrtswege nach Jerusalem säumten, zur Abschreckung der Freiheitskämpfer, zur Rechtfertigung der Kollaborateure, ist nicht einfach Bruder unter vielen anderen, noch ist er Anführer der durch eine politische Macht Gedemütigten. Als Nachgeborene der christlichen Erlösung ist uns seine Brüderlichkeit und Solidarität – ein einziges Mal genügte dieser strengen Logik der Un-Rechtfertigung, um die Theodizeefrage auszulösen – unwiederbringlich abhanden gekommen. Wir, auch die Minderbrüder, können die Jahrhunderte christologischen Denkens nicht ungeschehen machen. Er ist der Bruder schlechthin, er breitet seine Arme aus, umarmt die Welt, zum Himmel ausgestreckt. Das Kreuz, es wird zum Fadenkreuz göttlicher Absichten. Es bezeichnet den Kreditrahmen für eine Schuld, für eine Anleihe, die wir nicht gezeichnet haben.

Sein Leiden und sein Schmerz kann durch nichts und niemanden überboten werden, auch durch Franziskus nicht, es widersteht der Identifizierung der sich noch im Tal der Tränen befindlichen sich abmühenden Kreatur. Jeder soll sein Kreuz auf sich nehmen, nicht mein Kreuz, spricht der Jesus der Evangelien und erteilt somit eine grundsätzliche Absage an alle profitorientierten Heilsökonomien. (Die, wenn man sie historisch festmachen will, mit der hysterischen Kreuzauffindung Helenas, der Mutter Konstantins, beginnt und mit einer ungeheuren Inflation der Reliquien endet – in materialer Partizipation, repräsentiert durch die heilige Kontamination der Altäre mit beinahe mikroskopisch kleinen Kreuzpartikeln.) Und wenn der Evangelist Lukas festhält, daß man täglich die Nachfolge antreten soll, so bedeutet das, daß man nicht jeden Tag zu einer Hinrichtungsstätte hinaufeilen soll. Doch welch schrecklicher Preis ist für diese Freiheit zu bezahlen, wenn die

Identifizierung mit dem Opfer weder möglich noch erwünscht ist? Heißt das, daß den Christen nunmehr die Täterrolle zugedacht wird?[6] So tönt es noch aus den alten Kirchenliedern. *Herzliebster Jesu, was hast du verbrochen?* Mit jeder Sünde nageln wir den Hergott ans Kreuz, wir, ja wir sind es,

---

6 Horst Eberhard RICHTER, Der Gotteskomplex, Reinbek bei Hamburg 1982, sieht das so: „Offensichtlich hat sich während des Mittelalters das Gefühl kindlichen Beschütztseins zunehmend verringert, wie umgekehrt das Bedürfnis angewachsen ist, sich eigene Machtmittel anzueignen, um die Stimmung der Unheimlichkeit zu bannen. Das Mißtrauen gegenüber Gott wuchs nicht allein aus Angst, von ihm nicht genügend gehalten zu werden, sondern auch aus Sorge vor dem bösen, strafenden Gott. Durch Aufkündigung des blinden Gehorsams in Form erhöhten Anspruches auf Wissen und Selbstbestimmung geriet man verstärkt in das Dilemma, sich um so mehr den göttlichen Zorn zuzuziehen, der unter anderem das Mißtrauen begründete. So entstand zwangsläufig eine sich verstärkende kreisförmige Eigendynamik: Anwachsende Geborgenheitsunsicherheit im Verhältnis zu Gott erzwang einen Ausgleich durch narzißtische Selbstsicherung. Jede Erweiterung eigener Macht mußte indessen die Gefahr göttlicher Rache erhöhen, wodurch neue Ängste freigesetzt und wiederum zusätzlich überkompensatorische Abwehrmaßnahmen erforderlich wurden. Das heißt, der einmal eingeleitete Prozeß der Ablösung aus der vollständigen Unmündigkeit und Passivität enthielt von vornherein die Tendenz zu einem rasanten Umschlag ins Gegenteil, in die Identifizierung mit der göttlichen Allwissenheit und Allmacht."
Der Narzißmus war sicherlich ein Leitmotiv im Konzert der Psychoanalyse der Entstehungszeit dieses Buches. Doch in welcher Phase der Entwicklung der Psychoanalse, der Ontogenese, des Ablaufes historischer Ereignisse spielt er nicht eine entscheidende Rolle? Man muß auch die charakteristische Färbung der mittelalterlichen Weltsicht nicht in Abrede stellen um klar sagen zu können, daß das Aufbrechen des Unheimlichen nicht der Geborgenheitsunsicherheit gerade dieser Epoche bedurfte. Das Unheimliche stellt andererseits aber auch kein Thema der conditio humana vor, das in allen Zeitaltern und Kulturen identifizierbar wäre und nur von verschiedenen Instrumenten gespielt würde.
Das Sich-auf-Gottes-Thron-setzen ist aber auch Teil des Rechtsverfahrens der Theodizee, wie es Odo MARQUARD in *Der angeklagte und der entlastete Mensch* (in: Abschied vom Prinzipiellen, Stuttgart 1987.) darstellt. Die Rechtfertigung Gottes angesichts der Übel dieser Welt führt ein breitangelegtes Entlastungsverfahren Gottes, des Menschen, mit sich, das in einen Atheismus ad maiorem Dei gloriam mündet. Die Existenz Gottes darf so – mit gutem Recht – bezweifelt werden (Die weiteren Entlastungsversuche Gottes, des Menschen, die MARQUARD in diesem Aufsatz anführt, werden uns später noch beschäftigen.), die Prozeßkosten jedenfalls werden ohne Zögern, Zagen und fern von jeder Rechtsunsicherheit unerbittlich eingebracht.
Wir haben es jedenfalls mit einer Vater-Sohn-Geschichte zu tun, mit Erbschaft und ihren Steuerlasten, und mit Francesco, dem Sohn des Pietro Bernardone, der sich selbst verkauft, sich selbst das Siegel des Exekutors aufdrückt, den Vater Bernardone gegen den göttlichen Vater tauscht und so zur Preziose der Kirchenfürsten wird.

bis der alteingeübte Schuldverteilungsmodus in kraft tritt, und Außenseiter und Fremde den Preis für unsere Erlösung zu entrichten haben.

So geheimnisvoll die Vorgänge um die Stigmatisierung des Franziskus nach den tiefen Enttäuschungen als Augenzeuge von Damiette, als Reliquie zu Lebzeiten, als verzweifelter Reformator der Kirche seiner Zeit, als Ordensgründer auch sein mögen – sind die Wundmale Christi, die er in La Vernia erhält, nicht die Spuren der unmöglichen Nachfolge Christi, des abwesenden Gottes? Was bleibt zu tun, wenn man die Komplizenschaft mit dem Zeitgeist kündigt?

Er suchte in allem die möglichste Übereinstimmung mit Christus[7], so über setzt Binding, während das italienische Original einfach „per conformarsi perfettamente a Cristo" vorweist.[8]

Ein kleiner, moralisch wirkender, Zweifel hält Einzug in dieser Übersetzung der Hagiographie der Fioretti. Doch auch der Franziskus dieser minderbrüderlichen Legendensammlung ist geplagt von Selbstzweifeln und trotz der Stilisierungsversuche dieser allzumenschlichen Gefühlsregungen als gottgewollte Prüfung[9], die nur Heilige heimsucht, dürfte ihm das normale Bettlerschicksal doch ziemlich nahe gegangen sein. Konnte er sich in

7 BINDING, Blümlein, 44.

8 I Fioretti di San Francesco. Laudi e preghiere, Torriana 1991, 45.

9 Dies geht nicht gerade aus der Lektüre des 13.Kapitels der *Fioretti* hervor, und die dämonische Variante der Versuchung trifft in dieser Legendensammlung Franziskus meist nur über den Umweg seiner Gefährten. Folgende Beispiele seien genannt: Im 23.Kapitel sieht Franziskus durch göttliche Offenbarung, wie das ganze Kloster umgeben und umlagert war von Teufeln, wie von einem großen Heer. Und eilfertigen Psychoanalytikern sei das Kapitel 29 empfohlen, worin Franziskus dem vom Teufel heimgesuchten Rufinus folgendes rät: „Und wenn der Teufel dir wieder sagen sollte: Du bist verdammt! so antworte ihm: Sperr das Maul auf; ich werde dir Scheißdreck hineinwerfen. – Und es soll dir ein Zeichen dafür sein, daß es der Teufel war und nicht Christus; denn sobald du ihm diese Antwort gegeben hast, wird er entfliehen." Dieses Zeichen bedeutet, daß er den Scheißdreck auf keinen Fall werfen darf. In alter franziskanischer Tradition – und nicht erst seit FREUD – ist der Kot auch das Geld, das des Teufels ist, das man zwar nicht empfangen, aber ihm auch nicht zurückgeben soll. Dies ist ein Grundthema des Armutsstreits, das erstens das Geld zu einem Objekt gleich den anderen Objekten machen will, zweitens den Gebrauchswert und den Tauschwert – für die Minderbrüder als Zeichen für die weniger minderen Brüder oder noch um vieles mindere Brüder, und dies nur in Christus – auf seine paradiesische Identität zurückzwingen will und drittens, sich dieser unmöglichen Wahl bewußt, auf ein System der Barmherzigkeit zurückgreifen will, daß sich *wesentlich* von dem der anderen traditionellen Orden unterscheiden muß.

der Umgebung Assisis noch auch vom Ruhm dessen ernähren, der sich des Erbes des zu einigem Wohlstand gelangten Tuchhändlers Bernardone entledigt, um so wie viele seiner Zeit sich in die Niederungen der Armut zu begeben, so eilte er diesmal dem Ruf seiner Heiligkeit voraus.

Als er sich 1209 an den Hof Innozenz III. begab, um sich die kirchliche Erlaubnis für die Wanderpredigt, das freiwillige Leben in Armut und die Gemeindebildung zu erbitten[10], so konnte er – ohne sich der kirchenpolitischen Sachlage bewußt zu sein? – damit rechnen, daß die Kurie ihre starre Linie den Armutsbewegungen gegenüber, die vor Franziskus in Frankreich und Italien um Beglaubigung ihrer Lebensführung ersuchten, zugunsten einer wohlwollenden, die Radikalität der Kritik an den herrschenden Machtverhältnissen beschwichtigenden Haltung änderte. Die Klugheit des Papstes und einiger seiner Kardinäle rechnete wohl damit, daß sich einerseits die strenge Nachfolge Christi nicht durchhalten läßt, andererseits – wenn überhaupt – wohl nur der Initiator dieser neuen Bewegung seinen Grundsätzen treu bleiben kann. Dieser wird dann, in einer den Skandal

10 Vgl. Herbert GRUNDMANN, Religiöse Bewegungen im Mittelalter, Darmstadt 1977, 127 f.: „Als Franziskus mit seinen elf Gefährten – wahrscheinlich im selben Jahr wie Bernhard Prim – von Assisi nach Rom zog, um die päpstliche Erlaubnis und Bestätigung für ihr Wirken als arme wandernde Bußprediger zu erhalten, stand die Kurie trotz aller früheren Maßnahmen und Erfahrungen wiederum vor einer neuen Entscheidung, bei der sich nicht einfach die schon mehrfach erprobten Grundsätze auf einen neuen Fall gleicher Art anwenden ließen. Bisher hatte es Innonzenz III. immer mit Gruppen von Wanderpredigern und religiösen Gemeinschaften zu tun gehabt, die seit langem bestanden und sich betätigten, durch die frühere Politik der Kurie aber aus der Kirche ausgeschlossen und zu Ketzern erklärt worden waren. Um solche Gemeinschaften für die Kirche zurückzugewinnen und die religiöse Bewegung nicht weiterhin in einen bedrohlichen Gegensatz zur hierarchischen Kirche hineintreiben zu lassen, hatte ihnen Innozenz alle mit der Grundidee der hierarchischen Kirche irgend verträglichen Zugeständnisse gemacht. Als Franziskus und seine Genossen an die Kurie herantraten, war es die Frage, ob die gleichen Zugeständnisse: Wanderpredigt, freiwillige Armut und Gemeindebildung, auch einer neu entstandenen Genossenschaft gemacht werden sollten, die noch nicht wie die Waldenser und Humiliaten durch die frühere Politik der Kurie gegen die religiöse Bewegung betroffen worden war, noch nicht durch Ungehorsam gegen päpstliche Verbote in die Gefahr gekommen war, als Ketzerei verfolgt zu werden, und bei der es sich also nicht um Rückgewinnung für die Kirche handelte. Es mußte sich zeigen, ob Innozenz' Verhalten gegen Waldenser und Humiliaten nur eine Taktik im Kampf gegen die Ketzerei war oder aber der allgemeinen Einsicht entsprang, daß die neuen religiösen Kräfte und Ideen nicht länger aus der Kirche ausgeschlossen bleiben dürften."

neutralisierenden Weise, der Heiligsprechung nicht entgehen. Der Grundsatz, der über Billigung oder Ächtung (Leben und Tod!) entscheidet, ist letzten Endes der, ob die Gültigkeit eines Sakramentes von der konkreten Lebensweise und Würde des Spenders, des Priesters, letzten Endes der katholischen Kirche abhängt. Unterwirft sich der Antragsteller der so gefaßten Autorität der Kirche, so steht einer Imitatio Christi nichts mehr im Wege. Das offizielle Verfahren der Ordensgründung blieb einstweilen noch in Schwebe; zahlreich sind die Versuche, Franziskus dazu zu überreden, doch eine der bestehenden Ordensregeln zu akzeptieren, das heißt aber auch, sich der Kutte der sozial Entrechteten zu entledigen, um die Kutte des Gelübdes der Armut anzuziehen. Er wird sich Zeit seines Lebens weigern, eine kirchliche Uniform (Besser gesagt, wird er nur bereit sein, sie in Form einer Reduktion zu akzeptieren: Seht her, das ist keine Mönchskutte! Die Tonsur allerdings, akzeptiert er ebenso wie das Diakonat.) zu tragen, sich in irgendeiner Form investieren zu lassen. Das Kleid der Armen freiwillig zu tragen, die Armut selbst als Geschenk Gottes zu erhalten macht ihn nicht nur zum Bettler der Versöhnung zwischen Natur und Mensch, Arm und Reich, Gott und den Menschen, sondern auch selbst zur Gabe, so es sie gibt. Deutlich und – zumindest für die, die Franziskus nachfolgen – spürbar wird hier die Kluft zwischen der Stellvertretung Gottes auf Erden, der Spender und Empfänger der Hauptesgnade, wie sie auf die paulinische Ekklesiologie zurückgeht[11] und der Gottesebenbildlichkeit, die, zuschanden gekommen, eines neuen Bundes bedarf. Deutlich auch verschieden sind die Positionen, die hinsichtlich des Namens des Vaters bezogen werden. Ist es der Gehorsam Francescos, der ihn so subversiv macht, die Unterwerfung unter die Autorität, die Würde, auf die sich die kirchlichen Amtsträger berufen, der die Träger der liturgischen Gewänder als nackt erscheinen läßt? Begibt er sich nicht in die väterliche Obhut derer, die nie Väter sein wollen, sondern Priester der väterlichen Insignien? Wir können also zwei miteinander konkurrierende Repräsentationssysteme ausmachen, einmal den methodischen Verzicht auf die Ursprünglichkeit der Schöpfungsordnung als Verwaltung[12], und dann dieses, das wir das nackte Gedächtnis nennen wollen.[13]

---

11 Vgl. Röm 12; 1 Kor 12; Kol 1, 18. Verwiesen sei auch besonders auf den *Katechismus der Katholischen Kirche*, München 1993, Artikel 874 f.

12 Man müßte hier das semantische Feld von walten, Gewalt, und auch verwalten, mit allen Freudschen Anklängen der Abkömmlinge des Unbewußten wie es das Vergessen, Verdrängen etc. kennzeichnet, miteinbeziehen. Als Arbeitshypothese lassen wir in dieser Vorstellung des franziskanischen Abenteuers die kirchliche Hierarchie als *die*

Die Verwalter der Liebe, die Gesandten des zu seinem Vater heimgekehrten Christus, versammeln sich um das leere Grab des Auferstandenen, das inzwischen mit Schätzen gefüllt wurde, die, wenn es voll ist, zur Konjunkturbelebung wieder in den ökonomischen Kreislauf eintreten müssen. Niemand weiß, wo sich das Grab Christi befindet, die Schatzkammern des Mittelalters sind jedoch lokalisierbar, sie sind erbaut über den Gräbern der Märtyrer[14], und das Verwunderlichste an einer Pilgerfahrt ins Gelobte Land sind die Verdoppelungen der heiligen Stätten, Orte der verzweifelten Zuordnung von historischen Ereignissen zu sinnlichen Qualitäten. Noch heute gibt es in den meisten Kirchen einen Altar, in dem sich ein mikroskopisch kleiner Leichenteil eines Heiligen oder ein anderes, von heiligen Ereignissen kündendes Bruchstück befindet, sozusagen als Signifikanten der Heilsgeschichte. So, als wäre eine reale Beziehung zum Heil nur über die Zerstückelung zu haben, die erst die heilige Ordnung entläßt/erläßt.[15] Die

---

Metaphysik auftreten, Franziskus als einen Apostel der Différance, als Spurensucher der reinen Gabe.

13 Wie DERRIDA, Psyché, Paris 1987, 140, betont, geht es, was die Repräsentation an langt, nicht nur um die Problematik des Aufweisens eines Unrepräsentierbaren als Grund eines Repräsentanten, sondern auch um das, was zwar repräsentiert werden kann, aber nicht repräsentiert werden soll.
Wer das behutsame und bedächtige Vorgehen der Dekonstruktion ernst nimmt, wird jedoch die Anwendung dieses Verfahrens auf mittelalterliche Machtverhältnisse nicht ohne Berücksichtigung der Auseinandersetzung DERRIDAS mit der negativen Theologie akzeptieren können. Wie zum Beispiel in *Wie nicht sprechen. Verneinungen*, Wien 1989 und in *Psyché*, 535; *Sauf le nom*, Paris 1993.
Das nackte Gedächtnis ist auch ein geschlechtliches, von der Geschlechterdifferenz nicht absehendes, ein dem spezifisch geschlechtlichen Absehen vorgeordnetes, die jeweils vorsorglich deponierte Scheidungsurkunde der Vermählung von Himmel und Erde. Die letzte Hülle? Ein Randphänomen jedenfalls, ein Archiv, das schmerzt, diesseits der ökonomischen Probleme des Masochismus. Ein Phantasma der Heiligsprecher.

14 Das Markante am Katholizismus ist vielleicht die Relation zwischen den Bemühungen, erstens, was das Grab Christi betrifft, aufzuzeigen, zu überzeugen, immer wieder als Zentrum des Christozentrischen darzustellen, daß das Grab leer ist, zweitens aber auch historisch zu belegen, daß sich das Grab Petri wirklich in Rom befindet und nicht leer ist.

15 Wir sollten nicht nur den doppelten Genitiv als Aushöhlung des Ursprungs, so wie er sich im Werk Derridas präsentiert, in Erinnerung behalten, (*was einfach unmöglich ist,*) sondern auch den Gegenverkehr des Akkusativs, *als* Kreislauf (eingebettet in die umfangreiche Problematik von Differenz und Wiederholung) von Klage, Anklage und Gegenklage, von Gabe und Schuld, der erst den Zusammenprall ermöglicht. Warum sollte man sich einer Metaphorologie des Straßenverkehrs verschließen? Vor allem LACAN bedient sich ihrer schon seit seinem *Livre III* seines Seminars (Les Psychoses,

apostolische Sukzession, auf die sich die kirchlichen Amts träger berufen, ist eine Nachfolge im Amt, die doch immer wieder auf die ekstatische, mystische, die lange Kette der Übertragungsformalitäten überspringende Nachfolge der Imitation des Franziskus verweist.[16]

Paris 1981, 326–331.) um den Signifikanten zu beschreiben, der die Felder der Bedeutungen schafft und ausrichtet. Nicht nach Rom zu gehen, und nicht aus Rom so schnell wie möglich wieder weg zu gehen, in einen Unterschlupf, in einen Ort, wo man sich versenken kann, hätte die Psychose zur Folge – gleiches gilt für jene, die, wenn sie gehen, nur nach Rom gehen können, ohne sich zu verirren. Wir sollen nicht so tun wie jene, die sich darüber wundern, daß durch die meisten großen Städte ein großer Fluß fließt.

Eine andere Form des Gegenverkehrs finden wir in Jacques DERRIDA, La religion. Séminaire de Capri sous la direction de Jacques DERRIDA et Gianni VATTIMO, Paris 1996, 61: „Le mot déferlement s'impose à nous pour suggérer ce redoublement d'une vague qui s'appropie cela même à quoi s'enroulant elle semble s'opposer – et simultanément s'emporte, parfois dans la terreur et le terrorisme, contre cela même qui la protège, contre ses propres ‚anticorps'".

16 Das ist natürlich ein Versuch, am 13. Kapitel der *Blümlein* auch den Gottesbegriff OCKHAMS abzulesen. Zu diesem äußerst komplexen Themenbereich sei auf die überarbeitete Fassung der *Legitimität der Neuzeit* von Hans BLUMENBERG verwiesen. Säkularisierung und Selbstbehauptung, Frankfurt am Main 1983, 177f.: „Diese Konzeption der Schöpfung ist kein beiläufiges Lehrstück der nominalistischen Schule, sondern steht in Beziehung zu ihrem philosophischen Zentrum, zu der Leugnung der Universalien und zur Behauptung der Nachträglichkeit des Begriffs gegenüber der Wirklichkeit. Das ist leicht einsichtig zu machen: der Realismus von Begriffen, die sich auf eine vor den Dingen bestehende exemplarische Verbindlichkeit beziehen, erweist sich als unvereinbar mit dem strikten Begriff der *creatio ex nihilo*. Das *universale ante rem* als das im Konkreten beliebig Wiederholbare und Wiederholte hat nur einen Sinn, solange das Universum einen endlichen Inbegriff von Möglichkeiten darstellt. Im Begriff der *potentia absoluta* ist aber die Unendlichkeit des Möglichen impliziert, und das macht die Deutung des Individuellen als Wiederholung eines Universellen sinnlos. Schöpfung soll nun bedeuten, jedes Seiende entstehe so aus dem Nichts, daß es auch hinsichtlich seiner begrifflichen Bestimmtheit noch nicht da war. Nur so wird ausgeschlossen, wie Wilhelm von Ockham argumentiert, daß Gott durch die Erschaffung eines bestimmten Seienden seine Macht einschränkt, indem das mit ihm spezifisch Identische anderer konkreter Geschöpfe nur noch Nachahmung, nicht aber Schöpfung zuließe. Die absolute Macht ist in jedem ihrer Geschöpfe originär. Sie kennt die aristotelische Unterscheidung von definierter Wesensform und Individualität nicht, sie produziert nur wesenhafte Einzigartigkeit. Aber gerade dieser Reichtum der schöpferischen *Abundanz* versetzt die menschliche Vernunft in die Verlegenheit, ihre *Ökonomie* der klassifizierenden Begriffe gegen die authentische Wirklichkeit als ebenso notwendige wie unangemessene Hilfskonstruktion setzen zu müssen, und das heißt: ihre theoretische Bewältigung der Realität von vornherein nur als Selbstbehauptung begreifen zu können. Die Leugnung der Universalien schließt also geradezu aus, daß die Selbstbe-

Zwischen Himmel und Erde ereignet sich also die Spurensuche, die Festlegung der Grenzen, die Ausgrenzung als natürlicher Vorgang bei künstlichen Massen, so wie sie Freud beschreibt.[17] In verschiedenen Gewändern erfolgt sie, doch die franziskanische Kutte sollte bald zum Kampfanzug des Fra Dolcino und seiner Gefährten werden. Denn wer legt den Wechselkurs fest zwischen den Schätzen des Himmels und den Schätzen der Erde? Denn wenn die irdischen Güter doch Gottes sind und allen Menschen zur gemeinsamen Nutzung dienen, die sich in den Schutz einer natürlichen, weil kreatürlichen und gottgewollten Ordnung begeben, wie erklärt man sich dann die grausame Natur der Menschen, die in ihrer Sündhaftigkeit diese ungerechte Gesellschaftsordnung herbeiführen und davon profitieren. Wie erklärt man sich die Sinnhaftigkeit der großen Seuche des 14. Jahrhunderts, ohne zu gnostischen Modellen Zuflucht zu nehmen? Ist dann das kirchliche Machtgefüge nicht die große Klammer, die Himmel und Erde verbindet, das humane Geschäft mit dem Bösen?

Sigmund Freud gesteht Franziskus zu, es auf dem Weg der Liebe am weitesten gebracht zu haben:

Einer geringen Minderzahl wird es durch ihre Konstitution ermöglicht, das Glück doch auf

---

schränkung Gottes auf seine *potentia ordinata* auch in der Natur zugunsten des Menschen und seiner Vernunft faßbar werden könnte. Göttlicher und menschlicher Geist, schöpferisches und erkennendes Prinzip verfahren gleichsam ohne Rücksicht aufeinander. Die Gratuität der Schöpfung bedingt, daß sich der Anspruch ihrer Angemessenheit an die Bedürfnisse der Vernunft nicht mehr stellen läßt. Das Ökonomieprinzip, Ockhams Rasiermesser, verhilft nicht zum Nachvollzug einer in der Natur *gegebenen* Ordnung, sondern zur gewaltsamen Reduktion auf eine vom Menschen *unterstellte* Ordnung. Gott ist nicht ökonomisch; er tut vieles aufwendig, was sich auch einfach und sparsam bewirken ließe . . ."
Die *potentia ordinata* ist, so Blumenberg, nur für den Heilsweg von verläßlicher Gültigkeit und nicht für den Erkenntnisweg.
Müssen wir somit den Schluß ziehen, daß die Fortsetzung des franziskanischen Weges, die mystische Versenkung in die Kreatürlichkeit, in eine ursprüngliche, konfliktfreie Sohnschaft zur Gnosis führt, die nur einigen wenigen Auserwählten vorbehalten bleibt? Zur Verdoppelung des Vaters, die, wenn man ihm bedingungslos gehorcht, zur Nacktheit führt, zum schutzlosen Körper, der mit den Wundmalen Christi beschrieben wird? Zu einer Re-Signation, die, wie es der franziskanische Armutsstreit zeigen wird, zu einer Teilung der Gewalten führt, die die Autorität des Papstes gegen die des Kaisers ausspielt, um einen Ort für die Trauer zu finden, von dem man nicht vertrieben werden kann?

17 Sigmund FREUD, Massenpsychologie und Ich-Analyse, IX, 92 f.

dem Wege der Liebe zu finden, wobei aber weitgehende seelische Abänderungen der Liebesfunktion unerläßlich sind. Diese Personen machen sich von der Zustimmung des Objekts unabhängig, indem sie den Hauptwerden vom Geliebtwerden auf das eigene Lieben verschieben, sie schützen sich gegen dessen Verlust, indem sie ihre Liebe nicht auf einzelne Objekte, sondern in gleichem Maße auf alle Menschen richten, und sie vermeiden die Schwankungen und Enttäuschungen der genitalen Liebe dadurch, daß sie von deren Sexualziel ablenken, den Trieb in eine *zielgehemmte* Regung verwandeln. Was sie auf diese Art bei sich zustande bringen, der Zustand eines gleichschwebenden, unbeirrbaren, zärtlichen Empfindens, hat mit dem stürmisch bewegten, genitalen Liebesleben, von dem es doch abgeleitet ist, nicht mehr viel äußere Ähnlichkeit. Der heilige Franciscus von Assisi mag es in dieser Ausnützung der Liebe für das innere Glücksgefühl am weitesten gebracht haben; was wir als eine der Techniken der Erfüllung des Lustprinzips erkennen, ist auch vielfach in Beziehung zur Religion gebracht worden, mit der es in jenen entlegenen Regionen zusammenhängen mag, wo die Unterscheidung des Ichs von den Objekten und dieser voneinander vernachlässigt wird. Eine ethische Betrachtung, deren tiefere Motivierung uns noch offenbar werden wird, will in dieser Bereitschaft zur allgemeinen Menschen- und Weltliebe die höchste Einstellung sehen, zu der sich der Mensch erheben kann. Wir möchten schon hier unsere zwei hauptsächlichen Bedenken nicht zurückhalten. Eine Liebe, die nicht auswählt, scheint uns einen Teil ihres eigenen Werts einzubüßen, indem sie an dem Objekt ein Unrecht tut. Und weiter: es sind nicht alle Menschen liebenswert.[18]

Das gleichschwebende, zärtliche Empfinden wurde gleichwohl durch die größeren Brotstücke Masseos – durch den größeren Gnadenerweis, den er aber als solchen nicht annehmen durfte – gestört (weil er sich der Gnade als nicht würdig erweisen wollte, sie aber nicht erhielt), und die letzteren erfahren eine Stilisierung als durch Gottes Vorhersehung bereitete Gabe.[19] Es kommt sogar noch schlimmer, er wird die Gabe nicht los, sein Versuch, von der Zustimmung des Objekts unabhängig zu sein, die mühsam erlernte Unterscheidung des Ichs von den Objekten in eine göttliche Ordnung zu verschieben, macht die Almosen zu einem Schatz der heiligen Armut, den Gott selbst verwaltet. Mit einem Hauch der Liebe schafft er sich Masseo vom Leibe, als ob der göttliche Eros selbst ihn in Brand gesetzt hätte. All das geschieht aus Liebe zur Armut, so als ob die Gabe keine Intimität duldete.

Francesco ist nicht einfach naiv, sondern mit allen Taufwassern gewaschen. Wen wundert es also, daß er diesen Schatz so schnell wie möglich Petrus und Paulus anvertrauen will? Was sich anhört als Erflehen der Gnade und

---

18 Sigmund FREUD, Das Unbehagen in der Kultur, IX, 231 f.

19 Sind das die Objekte a, die mit dem Sündenbock in die Wüste marschieren? (Jacques LACAN, D'un Autre à l'autre. Le Séminaire Livre XVI, 4. Juni 1969.

der Fürbitte der beiden Erzapostel um die Zustimmung Jesu Christi, den Schatz der Armut anvertraut zu bekommen, was klingt als Vorspiel zum Armutsstreit, ist die Voraussetzung für das Sichtbarbleiben des Skandals der Armut, wenn auch nur in der Gestalt der Korrumpierbarkeit:

„Der Bischof von Assisi, den Franz öfter um Rat fragte, nahm ihn stets gütig auf. Doch sagte er gerne: ‚Euer Leben erscheint mir hart, und nichts Irdisches zu besitzen, ist schwer!' Darauf Franz: ‚Herr, wollten wir etwas besitzen, dann müßten wir auch Waffen zu unserer Verteidigung haben. Daher kommen ja die Streitigkeiten und Kämpfe alle, und verhindern die Liebe. Aus diesem Grund wollen wir nichts besitzen.'"[20]

Francesco sagt, daß er nichts besitzen will und nicht, daß er nichts besitzt.

20 Adolf HOLL, Der letzte Christ, 138

4. Der dritte Ort

„Die Nuance, Gerechtigkeit und Richtigkeit, das Maß in jedem Sinne des Wortes, die Vernunft (O du vernünftiges Fegefeuer!) und die Hoffnung werden jedoch, so hoffe ich wenigstens, in den Träumen der Menschen immer einen Platz finden. Ich wünsche mir, daß man nicht so bald sagen kann, das Fegefeuer habe sein Leben gelebt.“[1]

So beendet Jacques Le Goff sein Werk über die Geburtsstunde des Fegefeuers. In einer äußerst detailreichen Untersuchung geht dieses Standardwerk der Mediävistik der Sorge der Lebenden um ihre Toten nach. So zumindest bezeichnet es heutzutage die Kirche in ihren offiziellen Dokumenten, die den dritten Ort, zwischen Himmel und Hölle, zum Inhalt haben.[2] Doch ihm geht es nicht nur um diesen seelsorglichen Aspekt, sondern auch um die sozialpolitischen und ökonomischen Rahmenbedingungen der Machtentfaltung der katholischen Kirche des 13. Jahrhunderts. Er sieht das Purgatorium ebenso als Element einer Strategie, die schrecklichen Höllenqualen und lodernden Feuer einem Aggiornamento zu unterziehen. Was in einer Zeit, in der viele uns heute als selbstverständlich vorkommenden Mechanismen des Handels entstanden sind, bedeutete, daß sich die Kirche, die in ihrer politischen Praxis stets eine innovative Rolle innehatte[3], sich auch in ihren dogmatischen Äußerungen

---

1 Jacques LE GOFF, Die Geburt des Fegefeuers, Darmstadt 1981, 440.

2 Wir verweisen wiederum auf den KATECHISMUS, Artikel 1030–1032.

3 So zum Beispiel Bertolt BRECHT, Leben des Galilei, in: Band 3 der Gesammelten Werke in 20 Bänden, Frankfurt am Main 1990, 1323 f.:
„DER INQUISITOR: Er verhetzt die einen und besticht die anderen. Die oberitalienischen Seestädte fordern immer dringender für ihre Schiffe die Sternkarten des Herrn Galilei. Man wird ihnen nachgeben müssen, es sind materielle Interessen.
DER PAPST: Aber diese Sternkarten beruhen auf seinen ketzerischen Behauptungen. Es handelt sich gerade um die Bewegungen dieser gewissen Gestirne, die nicht stattfinden können, wenn man seine Lehre ablehnt. Man kann nicht die Lehre verdammen und die Sternkarten nehmen.
DER INQUISITOR: Warum nicht? Man kann nichts anderes.“

veranlaßt sah, den veränderten gesellschaftlichen Bedingungen Rechnung zu tragen. Wenn also die Gefahr bestand, daß sich der Großteil der Menschen des Mittelalters angesichts der großen Wahrscheinlichkeit, das ewige Leben – es sei denn, man führte ein heiligmäßiges Leben – in der Verdammnis zu verbringen, von der Kirche und ihren Tröstungen abwandte.

Die Aufforderung, für seine verstorbenen Verwandten zu beten, die Versicherung, daß diese Gebete selbst zur Linderung infernalischer Pein beitragen können, reicht zurück in die Zeit der Kirchenväter, vornehmlich die Augustins, und unter anderen unterweltlichen Bedingungen bis in die des Alten Testaments.[4]

Le Goff sieht das Entscheidende in der Geburt des Wortes Purgatorium als Substantiv:

Es ist bezeichnend, daß das Erscheinen des Wortes *purgatorium*, also sozusagen die Geburtsurkunde des Fegefeuers, in der sich sein Eindringen ins allgemeine Bewußtsein ausdrückt, von Geschichtswissenschaftlern bisher kaum beachtet wurde. Offenbar messen Historiker *Wörtern* immer noch zu wenig Bedeutung bei. Die Kleriker des Mittelalters, ob *Nominalisten* oder *Realisten*, wußten dagegen sehr wohl, daß zwischen Wörtern und Dingen eine ebenso große Beziehung besteht wie zwischen Körper und Seele. Für den Historiker, der sich mit Ideen und Mentalitäten, mit Langzeitphänomenen beschäftigt, die allmählich an der Oberfläche erscheinen, haben Wörter – bestimmte Wörter – den Vorteil, daß sie sichtbar sind, daß sie geboren werden und dadurch chronologische Elemente beitragen, ohne die es keine Geschichte gäbe.[5]

Das sind altbekannte Tatsachen, für die sich die Kirche einige Jahre später – besonders für das Herzeigen hochnotpeinlicher Instrumente – am Ende des 20. Jahrhunderts entschuldigen sollte. Doch nicht allein um das Faktum der machtbewußten Kirche, deren höfischen Glanz, deren Kunst der Intrige, deren hochmotorisierte Pilgerschaft geht es, sondern um die Zähigkeit und Überlebensstrategie von Macht überhaupt. Um die Produktion von Zeugen, denen exemplarisch eine Lehre zugewiesen wird, von Opfern, deren Gräber sie zu gastlichen Pilgerstationen umfunktionieren. Es scheint so zu abzulaufen wie in jenem bayrischen Volksstück (*Der Brandner Kasper schaut in den Himmel*), wo ein Wanderer das Unglück hatte, in ein Dorf zu kommen, wo es noch keinen Schutzpatron gab. Wäre das eine alpine Variante von *Totem und Tabu*?
Was den wirtschaftlichen Aspekt anlangt, siehe besonders Jacques LE GOFF, Wucherzins und Höllenqualen, Stuttgart 1988.

4 Zu AUGUSTINUS siehe LE GOFF, Fegefeuer, 2. Kapitel. Die vielbemühte Stelle des Alten Testaments ist 2 Makk 12,41–46. LE GOFF teilt seine Zweifel über die Bedeutung dieses Textes mit in: Fegefeuer, 59 f.

5 Ebenda, 12.

Beinahe hat man den Eindruck, daß sich die namenlosen Seelen selbst aus der Anonymität der Unterwelt befreien. Lesen wir die Geschichte des Fegefeuers als ein Kapitel europäischer Trauerarbeit, dann liegt der Gedanke nicht fern, daß die – neuerliche – Benennung der Gespenster diese einigermaßen in Bann hält, sie in einem symbolischen Akt beschwört, ihnen einen festen Raum zuordnet. Ein Ort des Trostes, zwischen Hoffnung und Schrecken für die Lebenden, der die Hölle nur den abgrundtief schlechten Bösewichten vorbehält, ein Ort, der die Toten der Lebenden, in den Lebenden fernhält, ohne die Solidarität durch die Fürbitte zu zerstören. Diese Wohltat des Gebets kommt auch den Lebenden zugute, werden sich doch die Verstorbenen, sind sie einmal in die himmlischen Gefielde eingegangen, als dankbar erweisen. Durch die Heilsgarantie der Auferstehung von den Toten, aller Toten, kommt es in diesem Reich, wo Gott alles in allem ist, zu einer Differenzierung, zu vielen Wohnungen im Hause des Vaters Jesu, die zu einer Organisierung eines wie immer gearteten Raumes führt.[6]

Die Schatzmeister und Statthalter kamen als Nachfolger Petri diesen Pflichten erst zögernd, dann immer überzeugender nach, diesen neuen Handelsraum zu verwalten, die Geschäftsbedingungen zwischen Toten und Lebenden zu formalisieren.

Kirchenkritiker aller Zeiten wurden nicht müde, auf die ökonomische Relevanz dieses Intermediären zwischen Himmel und Hölle hinzuweisen, wie zunächst auch Le Goff:

> Als logische und mathematische Wirklichkeit ist das Konzept des Intermediären an einen tiefgreifenden Wandel der sozialen und geistigen Wirklichkeit des Mittelalters gebunden. In dem Bestreben, Mächtige und Arme, Klerus und Laien nicht mehr direkt einander gegenüberzustellen, sondern eine Mittelklasse oder einen Dritten Stand zu suchen, wird der gleiche Vorgang sichtbar, und er vollzieht sich in einer verändernden Gesellschaft. Der Übergang von

6 So auch LE GOFF, Fegefeuer, 12 f.: „Wenn man die Wiederauferstehung der Toten erwartet, ist die Geographie des Jenseits nicht von zweitrangiger Bedeutung, und man kann annehmen, daß zwischen der Organisation des Raumes in dieser und in der anderen Welt ein Zusammenhang besteht. Denn die beiden Welten sind durch Beziehungen verbunden, die die Gesellschaft der Toten mit der der Leben vereint. Zwischen 1150 und 1300 unternahm die Christenheit eine große kartographische Umgestaltung des Jenseits und dieser Welt. Für eine christliche Gesellschaft wie die des mittelalterlichen Abendlandes lebt und wirkt alles im Himmel und auf Erden, im Diesseits und im Jenseits gleichzeitig."

binären zu ternären Schemata ist, wie Claude Lévi-Strauss hervorhebt, ein wichtiger Schritt in der Organisation des Denkens.[7]

Gleich welcher Richtung der Textinterpretation oder Geschichtswissenschaft man sich zugehörig fühlt, es drängt sich doch die Frage auf: Von welchem Ort aus wird diese Kritik durchgeführt? Es geht nicht so sehr um das Faktum, daß eine Korrelation besteht zwischen den konkreten Lebensbedingungen einer Epoche und der Imagination eines Jenseits, sondern vielmehr darum, wie sich diese Korrelation darstellt. Ist es ein reiner Ort, von dem aus diese Frage gestellt wird, ein Schauplatz des Wettkampfes der Hypokrisieum das beste Programm oder der programmatische Verzicht auf diesen Ort, die Wanderschaft der Pilger, der Vertriebenen? *Statt* einer Fundamentalontologie könnte man ja die Strategie einer (*hochnot-*) peinlichen Frage praktizieren. Im Alltag wird sich niemand darüber äußern wollen, darum ist die Therapie häufig die Zufluchts- und Ablagerungsstätte für Kosmologien, Mythen, Erweckungs- und Untergangsphantasien, Welt- und Hausbränden, Märchen und Familienromanen, die sich zu einem Bündel von Kirchen, Schulen und Geheimgruppen formieren, die sich kaum mehr im Kampf gegeneinander befinden, wie es Historiker von alten Sinnformationen behaupten. Wenn da nicht die zahlreichen schrecklichen Kriege und Massaker wären, die die abrahamitischen Religionen gegeneinander führten und führen. Niemand weiß, welchem Mythos uns die Historiker einst zuordnen werden, für den Fall, daß wir nicht dem Vergessen anheimfallen, wie viele Kulturen, die wir im Laufe unserer glorreichen Vergangenheit zerstört, und vielleicht kurz vorher ausgiebig dokumentiert haben.[8]

---

7 Ebenda, 17. LE GOFF verweist hier auf Claude LEVI-STRAUSS, Anthropologie structurale, Paris 1958, 168.

8 Jacques DERRIDA, No apocalypse, not now, in: Psyché, 377: „Nous sommes ici dans l'hypothèse d'une destruction totale et sans reste de l'archive . . . L'hypothèse de cette destruction totale veille sur la déconstruction, elle en guide la démarche, permettant de reconnaître, à la lumière, si on peut dire, de cette hypothèse ou de ce fantasme, les structures et l'historicité propres des discours, des stratégies, des textes ou des institutions à déconstruire. C'est pourquoi la déconstruction, ce qui du moins s'avance aujourd'hui sous ce nom, appartient à l'âge nucléaire. Et à l'âge de la littérature.“ Oder eher einer nuklearen Epoche, diese auch im Sinne einer absoluten Epoché, die sich des Urteils vor der absoluten Entscheidung enthält. „Ce n'est pas le savoir absolu et la fin de l'histoire, c'est l'époque du savoir absolu. La littérature appartient à cette époque nucléaire, celle de la crise et de la critique nucléaire, si du moins l'on entend par là l'horizon historique et anhistorique d'une auto-destructibilité absolue sans apocalypse,

Angesichts der drohenden Gefahr eines atomaren Weltenbrandes scheinen die kleinen Feuerzünglein des Fegefeuers nur von untergeordneter Bedeutung zu sein. Die Geschäfte, die man einstweilen munter fortsetzt, dienen der gemäßigten Zerstreuung, die die Wartezeit erträglich macht. Getrieben von kleinen Feuern der Begierden ist unsere Geschäftigkeit ein Freiraum des bangen Erwartens, bis doch endlich eine der vielen Zeitbomben, die als mediale Quotensteigerer auf uns herniederprasseln, alles vernichtet. Den Komfort unserer Wartesäle des Nordens verschaffen wir uns jedoch auf Kosten anderer. Es mag vermessen sein, die aktuellen Probleme der Globalisierung in ihrer Struktur bereits in der Konzeption des Fegefeuers entdekken zu wollen, doch die Energie des Purgatoriums scheint erschöpft zu sein, um die letzten Reserven für die letzte große Katastrophe zurückzubehalten. Gehört es zur inneren Logik des Intermediären, daß die ternären Systeme zur binären Grundgestalt zurückkehren? So als ob die Globalisierung die Kluft zwischen Arm und Reich nur noch vertiefte zur Freude derer, die den Chiliasmus für neue Marktchancen nutzen.

Niemand wird sich nun mehr über die Trauer Le Goffs über das Erlöschen des Fegefeuers wundern:

Die Gleichgültigkeit der Gläubigen gegenüber dem Fegefeuer hat, wie mir scheint, andere und möglicherweise sogar entgegengesetzte Gründe. Der Klerus ‚desinfernalisierte' und entmaterialisierte das Fegefeuer; die Gläubigen und diejenigen, die ein Gespür für die Evolution religiösen Glaubens haben, brachten der intermediären Zeit im Jenseits immer weniger Interesse entgegen. Vor allem in den sogenannten Industriegesellschaften richten sich in unserer Zeit die Fragen, Hoffnungen und Ängste wieder auf zwei Pole. Sieht man von der geringen Zahl der wirklich ‚Unbesorgten' ab, so richtet sich auf dieser Welt der Blick auf die Grenze des Todes, wo die früheren Formen des Sterbens unhaltbar geworden sind. Wie soll man sterben? Für Katholiken wie auch für die Anhänger jedes anderen Glaubens und für alle, die sich ganz einfach nur mit ihrem Tod auseinandersetzen, scheint sich die Wahl von neuem auf Paradiese und Höllen zu reduzieren, auf die die Träume aus dieser Welt und eine Angst,

---

sans révélation de sa vérité, sans savoir absolu." Wäre es nun gestattet, diesen Status, diese statische Ladung der Dekonstruktion zu reduzieren, und die Literatur auch auf die Selbstzerstörung des Menschen als unwiederbringliche Zerstörung der vielen Kulturen, die wir vernichtet haben, zu beziehen. Was hieße hier überhaupt Reduktion, die als Ausgangs- und Endpunkt die Aporien des Todes überhaupt hätte? Was ist der Tod *überhaupt*? Wie aber ließe sich dann die atomare Selbstver nichtung von den vielen kleineren Vernichtungen unterscheiden? Von Hiroshima und Nagasaki, von den Strahlungsopfern im Pazifik, von den menschlichen Tragödien in Ruanda. . . . Doch DERRIDA ist nicht HEIDEGGER.

die eine neue imaginäre Wirklichkeit gefunden hat, projiziert werden. Die atomare Apokalypse ist eine Apokalypse, deren schreckliche Erfahrung bereits auf dieser Welt gemacht wurde.[9]

Wenn im Gericht, ein individuelles Einzelgericht, ein in der Zeit Gottes versammeltes Gesamtgericht (Der Amts- und Aktenweg zwischen den vielen Instanzen und Lokalitäten des Intermediären, der Vorhölle, der Vorentscheidung, die Wartefristen von einer Verhandlung zur anderen, das Schicksal der gottgefälligen Heiden, der unschuldigen, aber ungetauften Kinder ist derart kompliziert, daß sich manche arme Seele darin verirrt hat – wäre das der Aufschub der Gnade, die Rettung im doppelten Genitiv?) die grundlegende Entscheidung gefallen ist, daß den Seelen im Fegefeuer nur mehr eine Pforte geöffnet ist, die zur ewigen Seligkeit, dann können sie auch nicht sündigen, getrost der Gerechtigkeit fluchen, wenn sie nur wohlhabende Angehörige haben, die fleißig ihrer Almosenpflicht nachkommen. Diese triviale – sie ist an jeder Wegkreuzung zu finden, als Freiheit *vor* der Weglosigkeit so mancher Aporie – Variante der Kritik gibt doch auch zu erkennen, daß sich die Gnade in dem Augenblick preisgibt, wo sie zu wirken beginnt und sich im Gewissen kundtut. Die Sünde hätte so ihren Preis, dessen Berechnung sie ja ist, sein muß, wo einfach zu viel auf dem Spiel steht, angesichts des Herrn, der erntet, wo er nicht gesät hat. Dieses Zugeständnis muß auch Luther machen, der mit dem Teufel handeln muß, dem Gott diese Freiheit der Versuchung zugesteht, wie er es bei Hiob tut, dessen Leben nicht angetastet werden darf. Wenn da nicht dessen vorgeborene Kinder wären, die dieser himmlischen Wette zum Opfer fallen.

Immer steht die Möglichkeit offen, das Fegefeuer als intrapsychisches Spektakel anzusehen, als Visionen von Zwangsneurotikern, die, mit Freud im Rücken, ihre Unheilbarkeit, besser vielleicht ihre Unbesiegbarkeit verkünden, als projektiven Niederschlag von ungerechten gesellschaftlichen Bedingungen, um Revolutionen im Namen der Menschlichkeit der Almosen niederzuschlagen. Doch, es kann nicht oft genug wiederholt werden, handelt es sich um Leben und Tod der Verstorbenen mit uns, was zwar der religionskritischen und auch religionsphilosophischen Distanz bedarf, wo es aber *letzten Endes* keine[10] Neutralität gibt. Manchmal zwingen die Ängste auch

9 LE GOFF, Fegefeuer 440.

10 *Il y va d'un certain pas* . . . und das erste Kapitel der *Apories*. (Jacques DERRIDA, Apories, Paris 1996.)

dazu, sich tot zu stellen[11], um den Tod (um seinen Tod?) zu betrügen, wodiejenigen, die alle Tode hinter sich haben, ferngehalten werden, an einen sicheren Ort gebannt werden müssen, weil sie allzudeutlich an das – notwendige – Scheitern erinnern, weil man ihnen nahe sein, weil man sie zum Schweigen bringen will.[12]

Was aber geschieht mit diesen Toten, die sich nicht zu erkennen geben, weil sie ohne Namen sind, wo das Fegefeuer auch jener Ort des Trostes ist, wo alle, die jemals gelebt haben, ihren Namen haben, und die Almosen – zu spät – den Sinn erfüllen, den Opfern der bereits stattgefundenen Apokalypsen einen Namen zu geben? Wo dann erneut jene Zirkularität in kraft tritt, die zu ihrer Grundbedingung die Gefahr und den Wunsch nach Auflösung dieses dritten Ortes hat.

11 So behauptet dies LACAN von den Zwangsneurotikern in Jacques LACAN, La relation d'objet. Le séminaire Livre IV, Paris 1994, 27.

12 Eine düstere Vision dieses Geschehens gibt auch, diesen Vorgang durch das Schreiben hintanhaltend, ins Exemplarische erhöhend, um sich rechtzeitig vor den Stimmen zu schützen, vielleicht auch um der Vorwegnahme der Gespensthaftigkeit des Vaters zu entfliehen, um zu den *wahren* Eltern zurückzufinden, KAFKA wieder: Franz KAFKA, Das Urteil, in: Die Erzählungen, Frankfurt am Main 1996, 47–60

5. Gespensterfragen

Der Spuk läßt sich weder klassifizieren noch zählen, er ist die Zahl selbst, er ist zahllos, unzählbar wie die Zahl, man kann nicht auf ihn zählen und nicht mit ihm rechnen. Es gibt nur einen, und schon gibt es zuviel davon. Er wuchert, man kann seine Sprößlinge [tokoi] oder seine Zinsen, seine Supplemente oder Mehrwerte nicht mehr zählen (dieselbe Figur assoziierte auf griechisch, Platon wußte darum, den Sprößling des Vaters mit dem Zins des Kapitals oder des Guten). Denn das singuläre Phantom, das Phantom, das diese unkalkulierbare Vielfalt erzeugt, das Ur-Gespenst, ist ein Vater oder es ist das Kapital. Diese beiden abstrakten Körper sind einer wie der andere sichtbar-unsichtbar. Erscheinungen ohne Person. Das untersagt nicht die Spekulation, im Gegenteil. Es untersagt auch nicht die Begierde, zu zählen, was sich nicht zählen läßt. Die arithmetische Begierde findet hier vielmehr ihren Ansporn, das heißt ihren Ursprung selbst. Und die Begierde, zu klassifizieren. Und der Zwang, zu hierarchisieren, der andererseits nicht verhindert, daß man die Gespenster horizontal in einer Reihe anordnet wie eben so viele Begriffe, gleichberechtigt und bereit, sich auf einer ebenen Fläche zu bewegen. Man etikettiert sie, man klebt ihnen Ziffern auf den Leib, Gespenst Nr. 1 bis Gespenst Nr. 10, als wenn sie Mitglieder einer Fußballmannschaft wären, die am Abend des großen Finales im Licht der Scheinwerfer steht.[1]

Eine nicht unbeträchtliche Kaskade an Fragen kommt von den Gespenstern her auf uns zu, die, wenn man sich vom ersten Schrecken erholt hat, den sie aus den Fegefeuern mit nach oben tragen, man getreulich zu beantworten sucht, um die Zeit bis zum Ende der Geisterstunde zu verkürzen. Alle

---

1 Jacques DERRIDA, Marx' Gespenster, 218. Dieses Zitat sei nicht so sehr als vorangestelltes Motto zu verstehen, sondern eher als *basso continuo*, als Gespenster numerierender Generalbaß. „1. Die phänomenale Form der Welt ist selbst gespenstig. 2. Das phänomenologische *Ego* (Ich, Du, usw.) ist ein Gespenst. Das *phainestai* selbst (vor seiner Bestimmung als Phänomen oder als Phantasma, das heißt als Phantom) ist die Möglichkeit des Gespensts selbst, es trägt den Tod, es gibt den Tod, es arbeitet an der Trauer. [Hier setzt die Anmerkung 17 ein, der Verweis auf das Noema der Husserlschen Phänomenologie, den Ort der Erscheinungen . . . „Ist es nicht das, was die Möglichkeit des anderen und der Trauer direkt in die Phänomenalität des Phänomens einschreibt?"] Konsequenz, Verkettung, Kettengerassel, endlose Prozession der phänomenalen Formen, die vorbeidefilieren, ganz weiß und durchscheinend im Herzen der Nacht. Die Erscheinungsform, der phänomenale Leib des Geistes, das ist die Definition des Gespensts. Das Phantom ist das Phänomen des Geistes." (213 f.)

Schutzheiligen, die uns vertraut sind, rufen wir an, und das Unerwartete geschieht, daß auch sie nichts als Fragen haben, von denen keineswegs gedacht war, daß sie jemals eine Antwort finden könnten. Nicht einmal Fragen, denn wie sollten wir sie als solche identifizieren, ohne die zumindest postulierte Möglichkeit, als transzendentale, einer adäquaten Antwort. Sie ist den Gespenstern gleichgültig, und das mit und ohne dekonstruktiven Bindestrich und Leerraum des gleich gültigen. Sind sie die Boten Gottes, die Engel des Anderen? (Was will er, was willst du? Erinnern sie uns an das, was wir niemals wußten, an das Todeszeichen auf unserer Stirn?[2]) Oder wären sie Sinnpartikel, die das kollektive Unbewußte als dessen Zeichen, Symptom oder Symbol entläßt und somit erste Hinweise auf den absoluten Referenten, einen Schatz den es zu heben und zu entdecken gilt – unter der Gefahr, daß es das eigene Grab ist, das wir schaufeln –, der Reichtum der Poesie, die Trauzeugen der Hochzeit von Himmel und Erde.

Der Schrecken bleibt, ohne daß es notwendig wäre, an das Fegefeuer, an Gespenster zu glauben[3], wenn auch nur einmal, jemals Menschen existiert haben, die an es glaubten. Sie sind nicht nur Zeugen unserer Vergangenheit, sondern auch unseres Nicht-dafür-haltens. Was sich gibt als ontologischer Gespensterbeweis ist das Unheimliche einer wiederum gespensterhaften Geschichte der Menschheit als Familie, die sich mithilfe der Dekonstruktion und der Psychoanalyse ihrer Moral entziehen will.[4] So beginnt nun endlich, nach diesem kleinen Aufschub, dieses zerrissene Kapitel, das wir für eine kurze Trauerminute unterbrechen werden.

---

2 Jacques LACAN, Ecrits, Paris 1962, 803: „Mais autre chose est ce dont il s'agit chez Freud, qui est bien un savoir, mais un savoir qui ne comporte pas la moindre connaissance, en ce qu'il est inscrit en un discours, dont, tel l'esclavage-messager de l'usage antique, le sujet qui en porte sous sa chevelure le codicille qui le condamne à mort, ne sait ni le sens ni le texte, ni en quelle langue il est écrit, ni même qu'on l'a tatoué sur son cuir rasé pendant qu'il dormait."

3 Ziehen hier wir LACANS Unterscheidung von Psychose und Neurose in Betracht, die um die Frau, (als) das Symptom, das, was sie sagt und die Liebe kreist. Jacques LACAN, R.S.I. Le séminaire Livre XXII, 14 Janvier 1975: „La différence est pourtant manifeste entre y croire au symptôme, ou le croire. C'est ce qui fait la différence entre la névrose et la psychose. Dans la psychose, les voix, non seulement le sujet y croit, mais il les croit. Tout est là, dans cette limite." Und wenn es auch Geister gibt, dann immer im Plural.

4 Jacques LACAN, Ecrits, 820: „. . . l'Autre, n'existant pas, il ne me reste qu'à prendre la faute sur Je, c'est-à-dire à croire à ce à quoi l'expérience nous conduit tous, Freud en tête: au péché originel."

Was wir nun vor uns haben werden, ist eine drastische Reduktion des Leserkreises.[5] Wir sehen schon, wie sich diejenigen, die sich um ein Buch, einen Autor versammeln, (Was sollte sonst unter diesem Kreis verstanden werden, es geht um ein Wort, das ebenso archaisch und hartnäckig ist wie zum Beispiel die Fensterscheibe.) langsam erheben und sich verabschieden. Denn ist es nicht schon schwierig genug, sich für alle politischen und wirtschaftlichen Skandale, die sich um die Entwicklungspolitik konzentrieren, Gehör zu verschaffen, in einer Art Stellvertretung, ohne politisches und gar moralisches Mandat. Und wie sollte denn die Stellvertretung zu denken sein? Als Einstimmen in die Klage der Unterdrückten, als Verstärkermodul, das die Schallschutzwände unserer Eigenheime überwindet, Anschluß suchend an die Lust am Unheimlichen, am Reinen und Natürlichen fremder Völker und Kulturen, oder als Schalldämpfer, als Aufforderung zur Stille und Ruhe, als Poesie der Revolution? Die Stellvertretung umfaßt eine Unzahl von Aspekten, sie ist geradezu diese Unzahl eigentlicher Orte. Der Begriff der Stellvertretung ist so betrachtet eher eine Spreizklammer für uneinlösbare Versprechen, wiederum stellvertretend für Grundprobleme der Politik, der Philosophie, der Religion und der Psychologie. Die Liste ist lang: sie reicht vom Stellvertreter Gottes auf Erden, über *das* Opfer als Substitution anderer einmaliger Opfer der Heils- und Unheilsgeschichte, über die Sündenböcke gesunder Familien und Gruppierungen, die Funktionalität der symbolischen Ordnung, von der Machtausübung unserer politischen Repräsentanten bis hin zur Gegenstandskonstitution der Philosophie und Psychoanalyse. Und nicht zuletzt ist auch die Milde der Gabe ein dramatisches Element im Theater der Schuld und Dankbarkeit.

Greifen wir einstweilen nur einige markante Punkte, stellvertretend für einige andere, heraus: Sie hat ein Nahverhältnis zur Ambivalenz, ganz so wie man in seriösen Massenmedien von einem zu politischen Gruppierungen spricht, das man näher beleuchten müsse, ein durchsichtiges Warnschild sozusagen. Ist es überhaupt möglich, ein Verhältnis zur Ambivalenz zu haben, kann dies die Reflexion überhaupt leisten, wo sie doch aus ihr

---

5 . . . und hoffen, mit einem lacanianischen Fußtritt dieselben Wirkungen zu erzielen.

hervorgeht, und dies nach kostenreichen Vaterschaftsklagen? Wo es einfach spiegelt, Gewässer, Kristalle und Sardinenbüchsen, Zwillinge und Echos.[6]

Wir kennen das Problem aus der Psychoanalyse, wo sich im Prozeß der Identifizierung der Sohn an die Stelle des Vaters begibt, als Grundbedingung dafür, daß er sich eines Tages von seiner Mutter verabschieden kann. Es ist dies ein symbolischer Ort, Treue zum Vater läßt er ebenso erkennen wie auch Verrat, Treue im Verrat, verräterische Treue. Zum anderen läßt sich die Delegation, das Amt, auch organisch verstehen, als Teil eines Ganzen, als Handreichung, als Werkzeug der Staatsräson, übergeordneter Interessen, wo sich die öffentlichen und geheimen Wünsche zur List der Vernunft formieren.[7]

---

6 Vgl. Jacques LACAN, Les quatre concepts fondamentaux de la psychanalyse. Le séminaire Livre XI, Paris 1973, 88f. Beim Fischfang, einst in der Bretagne, ereignete sich folgendes:
„C'était une petite boîte, et même, précisons, une boîte à sardines. Elle flottait là dans le soleil, témoignage de l'industrie de la conserve, que nous étions, par ailleurs, chargé d'alimenter. Elle miroitait dans le soleil. Et Petit-Jean me dit – *Tu vois, cette boîte? Tu la vois? Et bien, elle, elle te voit pas!* Ce petit épisode, il trouvait ça très drôle, moi, moins. J'ai cherché pourquoi moi, je la trouvais moins drôle, C'est fort instructif. D'abord, si ça a un sens que Petit-Jean me dise que la boîte ne me voit pas, c'est parce que, en un certain sens, tout de même, elle me regarde. Elle me regarde au niveau du point lumineux, où est tout ce qui me regarde, et ce n'est point là métaphore." Und dies nur als ein Stück (Aber nicht eines, das aus einem ganzen Spiegel herausgebrochen wäre.) einer un(-)endlichen Spiegelgeschichte. Verhält es sich mit Gespenstern nicht ebenso, daß sie uns angehen/regardent, ohne uns zu sehen/voir, wo dieses Sehen ein Privileg der Lebenden wäre?

7 Helm STIERLIN stellt in Delegation und Familie, Frankfurt am Main, 1982, den Zusammenhang von Organ und Delegation folgendermaßen dar: „Um nun das vorliegende Problemfeld abzustecken, müssen wir als erstes den inneren von dem anfangs erwähnten äußeren Besitz unterscheiden. Aber wenn wir dies versuchen, realisieren wir sogleich – und damit begegnet uns eine erste Schwierigkeit –, daß sich diese Unterscheidung nicht nahtlos durchführen läßt. Vielmehr müssen wir uns eine Skala vorstellen, auf der es Übergänge gibt und wo vor allem ein Phänomen die Merkmale sowohl äußeren wie inneren Besitzes aufweist – das Phänomen des menschlichen Körpers. Denn dieser Körper ist nicht weniger greifbar und sichtbar als etwa ein Auto oder Möbelstück und läßt sich auch wie diese unter bestimmten Bedingungen – wie sie etwa in der Sklaverei gegeben sein können – als Tauschobjekt einbringen, kaufen oder verkaufen. Gleichzeitig erleben wir jedoch diesen Körper – d.h. die sich darin vermittelnden Empfindungen und vegetativen Unterströme – als Teil unseres Innenlebens. Daher hängt das Bild bzw. Schema, das wir uns von unserem Körper machen, nicht nur von dem ab, was wir sehen, berühren und manipulieren, sondern auch von dem, was wir

Als ob diese Schwierigkeiten nicht schon ausreichten, kommt noch eine weitere hinzu. Wenn es darum geht, eine Philosophie des Spenders, dem wir wohlweislich seine Anonymität gönnen, ein Sittengemälde, eine Karikatur zu skizzieren, müssen (aus Pflicht, ohne Schuld) wir uns auch auf das schwierige Feld der Dekonstruktion begeben. Aber werden wir von Derrida davor nicht gewarnt, *die* Dekonstruktion zu moralisieren, sie mit politischen Anliegen zu vermengen?[8]

---

fühlen und phantasieren." (38 f.) Die Ausbeutung liegt für ihn begründet in mangelnder Bereitschaft, die Spannung und den Schmerz der Ambivalenz zu ertragen, was dazu führt, daß man sich ihrer negativen Seite entledigt, indem man sie bei sich verdrängt und oft auf andere projiziert. Delegation, im negativen Sinn, bedeutet also, jemandes Seeleneigentum zu sein, als verlängerter psychischer Apparat die negativen Aspekte des Daseins zu repräsentieren. Die Frage nach politischer Gerechtigkeit (der Terrorist als entgleister Delegierter) und seelischer Gesundheit ist bei Stierlin unmittelbar mit der nach der Gerechtigkeit von Besitz, Eigentum und dessen Ansprüchen verknüpft. Äußerer und innerer Besitz sind eingeschrieben in ein Kontinuum, das durch das Geheimnis des Körpers definiert wird und der Tradition von Gabriel MARCEL und Maurice MERLEAU-PONTY verpflichtet ist. (Die Spannung und der Schmerz der Ambivalenz konzentrieren sich doch nur auf einige wenige Organe einer Gesellschaft, die sich als organische begreift. Diese Ökonomie *der* Projektion lebt von der Substituierbarkeit der Organe und des Geheimnisses des Zentrums, des Herzens der Organisation, die sich als unersetzliche begreift. Dieser Gefahr ist aber MARCELS Philosophie, trotz einer frühen hegelnahen Phase, der schöpferischen Treue und der Inkarnation nicht ausgesetzt.)
Die Stimme des Delegierten ist, wenn wir so wollen, niemals seine eigene und nur seine eigene.

8 Jacques DERRIDA, Passions, Paris 1993, 37 f.: „On peut assister ou participer aujourd'hui, en des lieux très nombreux, à un sympathique et inquiétant effort: pour restaurer la morale et surtout pour rassurer ceux qui avaient de sérieux motifs de s'inquiéter à son sujet. Certains esprits ayant cru reconnaître dans ‚La' Déconstruction, comme s'il y en avait, qui fût une et la seule, une forme moderne d'immoralité, d'amoralité ou d'irresponsabilité (etc.: discours trop connu, usé mais inusable, n'insistons pas), d'autres, plus sérieux, moins pressés, mieux disposés envers Ladite Déconstruction, prétendent aujourd'hui le contraire. Ils décèlent des signes décourageants et de plus en plus nombreux (parfois, je dois l'avouer, dans certains de mes textes) qui viendraient témoigner d'une attention permanente, extrême, directe ou oblique, en tout cas de plus en plus intense, à ces choses qu'on croit pouvoir identifier sous les beaux noms de ‚éthique', ‚morale', ‚responsabilité', ‚sujet', etc. Avant de revenir à la non-réponse, il faudrait déclarer de la façon la plus directe que si l'on gardait le *sens* du devoir et de la responsabilité, il commanderait de rompre avec ces deux moralismes, avec ces deux restaurations de la morale, y compris, donc, avec cette re-moralisation de la déconstruction qui paraît naturellement plus engageante que ce à quoi elle s'oppose justement, mais qui risque à chaque instant de se rassurer pour rassurer l'autre et de favoriser le consensus d'un nouveau sommeil dogmatique."

Welchen Sinn macht es, entwicklungspolitische Sachverhalte, bestehende Unrechtsverhältnisse, die ohnehin jedermann bekannt sind, in einer Sprache zu wiederholen, die auch in Philosophenkreisen auf nicht geringe Skepsis stößt? Solch strenge Maßstäbe wollen wir uns nicht auferlegen, denn lauerte dahinter nicht doch eine Art Trauer, uneinlösbare Hoffnung, etwas Magie der Worte vielleicht, mit ihnen etwas bewirken zu können, Trauer um einen Sprechakt, der ein Gewaltakt wäre? Allmacht der Kinder und der alten Weisen, Philosophen und der Poesie?

Orte der Trauer – Eine Unterbrechung

Die Frage Le Goffs nach unserer, dieses Jahrhunderts des Wettbewerbs der Katastrophen, Vorstellung vom Tode und dem Leben danach, ist auch eine der Trauer, der Vernunft, die nicht so sehr die kryptische Querverbindung des *Kant avec Sade*[9] denunziert, sondern die gute, trostreiche Mitte sucht, ohne ihr kritisches Potential preiszugeben. Die Schrecken der Hölle sind durch göttliche Gnade gebannt, der Weg in die ewige Seligkeit freigegeben; zu durchlässig scheinen aber die Grenzen zwischen Himmel und Purgatorium geworden zu sein, in solchem Ausmaß sogar, daß es seine Kraft verliert, als dritter Ort zu gelten. Es ist zwar fester Bestandteil der Eschatologien, doch außerhalb, in aufgeklärten Kreisen ist es längst in Mißkredit geraten, spätestens seit der Reformation in seinen (heils-) ökonomischen Auswucherungen denunziert und als dogmatisches Gerümpel abgetan. Einesteils deshalb, weil es zu deutlich an altertümliche Rechts- und Bestrafungsmodelle erinnert, anderenteils aber – und dies oft gleichzeitig – in vielen Zügen Teil einer an irdischer, kirchlicher Macht interessierten Vertröstungsstrategie ist, oder deren standhafte Erinnerung. Das, was in vereinfachter Form von ihm blieb, ist das – im Christentum – Vertrauen auf die Sinnhaftigkeit des Gebets für die Verstorbenen und zumindest Hinweis auf das unabweisbare Faktum, daß es nach dem Tod mit ihnen weitergeht.

---

9 Jacques LACAN, Ecrits, Paris 1966, und Jacques LACAN, L'éthique de la psychanalyse. Le séminaire Livre VII, Paris 1986, 96: „Si l'on élimine de la morale tout élément de sentiment, si l'on nous retire, si l'on invalide, tout guide qui soit dans notre sentiment, à l'extrême le monde sadiste est concevable – même s'il en est l'envers et la caricature – comme un des accomplissements possibles du monde gouverné par une éthique radicale, par l'éthique kantienne telle qu'elle s'inscrit en 1788."

Wem gilt unsere Trauer, so fragt Freud in *Trauer und Melancholie*: „Trauer ist regelmäßig die Reaktion auf den Verlust einer geliebten Person oder einer an ihre Stelle gerückten Abstraktion wie Vaterland, Freiheit, ein Ideal usw.“[10] Dic Traucr wärc so cincrscits dcr Normalfall, den es von der Melancholie abzugrenzen gilt, andererseits der Gefühlszustand, der diesem Verlust an Stellvertretern, an Abstraktionen gilt und auf das Modell der Identifizierungen in *Massenpsychologie und Ich-Analyse* verweist. Daß es auch hier zu melancholischen Zustandsbildern kommen kann, die sich zum Massenwahn verdichten, steht für Freud außer Zweifel. Ein unsichtbares Band der Identifizierungen knüpft sie, die Individuen, die ein und dasselbe Objekt an die Stelle ihres Ichideals gesetzt haben, aneinander, das sich wiederum mit anderen zu festen Geweben und Zusammenhängen vereint. „Jeder Einzelne ist Bestandteil von vielen Massen, durch Identifizierungen vielseitig gebunden und hat sein Ichideal nach den verschiedensten Vorbildern aufgebaut. Jeder Einzelne hat so Anteil an vielen Massenseelen, an der seiner Rasse, des Standes, der Glaubensgemeinschaft, der Staatlichkeit usw., und kann sich darüber hinaus zu einem Stückchen Selbständigkeit und Originalität erheben.“[11] Ist dieses Stückchen zu groß, ist die Panik nicht fern.[12]

Hausen sie in diesen Zwischenräumen der unzähligen Verflechtungen und Gewebe, die Toten? Sind es vielleicht nicht so sehr flexible, elastische Verbindungen, als vielmehr starke Mauern, von Verliesen, Krypten und Archiven? Ist da noch Trauer, oder überhaupt schon Trauer, wo sie doch nur denen gilt, die wir, als sie gelebt haben, geliebt und gehaßt, geduldet und ertragen haben? Wo Mauern errichtet werden gegen die, in der Gleichgültigkeit angesichts (Mit einem Fragezeichen, das einer Lektüre Lévinas’ folgen müßte.) derer, die nicht einmal ein Gedankenpfeil unseres Hasses erreicht, schon gar kein Richtungsstrahl der Liebe. Diese Gleichgültigkeit ist verstehbar auch als Neutralisierung der Polarität – gerade, wenn letztere für die Identitätsbildung von Bedeutung ist – von Aggression und Eros im Dienste der Anpassung, wie sie die Ich-Psychologie als Therapieziel definiert.[13] Der dritte Ort, von dem Le Goff spricht, die Anpassung der Ich-

10 Sigmund FREUD, Trauer und Melancholie, III, 197.

11 Sigmund FREUD, Massenpsychologie und Ich-Analyse, IX, 120.

12 Vgl. Ebenda, 91.

13 So z.B. auch Erik H. ERIKSON, Identität und Lebenszyklus, Frankfurt am Main 1973, 37: „Der geheilte Patient wird imstande sein, die Diskontinuitäten des amerikanischen Lebens und die polaren Spannungen in seinem eigenen Kampfe um eine wirtschaftliche

Psychologie, die Integrität als Leistung des Alters und Ernte des Lebens, dessen, was an aufgespeicherter Ich-Integration als psychosozialer Arbeit zur Auszahlung gelangt[14], beide beschwören Lebens oder Todeswelten der Wahl des geringeren Übels, ökonomisch gesprochen die gesunde Mitte, die kluge Investition, weit entfernt von den Gleichnissen der Evangelien und deren manchmal astronomischen Beträgen. Die Trauerarbeit, die *letzten Endes* nicht im Anspruch besteht, sie gänzlich leisten zu können, ist die notwendige und gefährliche Konfrontation mit narzißtischen Identifizierungen, ja geradezu der Verzicht auf Vollständigkeit und Balanceakt zwischen Allmacht und sich bescheidender Zurücknahme als glücklich mißratener Ohnmacht. Abstieg in das Reich aufgegebener Objektrelationen, der Opfer in Gedanken, im Gedenken vollzogener Vater- und Muttermorde, auch schlichter Tötungen, in das Arsenal von Projektionen, Introjektionen, Unsterblichkeit des Unbewußten, *und* der Toten.[15] Die Vernunft des Fege-

---

und kulturelle Identität ins Auge zu fassen, nicht als eine von außen auferlegte feindliche Realität, sondern als potentielles Versprechen einer universaleren kollektiven Identität. Das hat jedoch seine Grenzen, wenn der Mensch in der Sinnenhaftigkeit seiner Kindheit vollkommen verarmt ist und seine Freiheit, sich ihm bietende Möglichkeiten zu ergreifen, nicht nutzen kann."

14 Ebenda, 119.

15 Ist es, das Jenseits, eine Zwischenwelt oder gar eine Nebenwelt, wie in SARTRES *Das Spiel ist aus*, als Archiv eines Amtes, das sich nur einer verpaßten Liebe öffnet, um sie zu ersticken? (Jean-Paul SARTRE, Das Spiel ist aus, Reinbek bei Hamburg 1997, 62: „Sie müssen folgende Bedingungen erfüllen: Sie kehren ins Leben zurück. Vergessen Sie nichts von dem, was Sie hier erfahren haben. Falls es Ihnen innerhalb von vierúndzwanzig Stunden gelingt, sich in vollem Vertrauen und mit allen Kräften zu lieben, haben Sie Anrecht auf ein vollständiges menschliches Leben. . . . Pierre und Ève starren angstvoll auf den Wecker...") Man stelle sich vor – was nicht ratsam ist – unsere Küchen und Speisesäle sind vollgefüllt mit Zuschauern, die jedem Bissen nachblicken. Wenn man SARTRE Glauben schenken will, so interessiert ihn das Problem des Todes überhaupt nicht, „es wäre nur das Problem des Lebens von der Seite des Todes aus gesehen. Man stirbt immer zu früh oder zu spät: zu früh in Perioden der Unruhen und Kriege, die übrige Zeit zu spät." (Ebenda, 122.). Auch der Blick in SARTRES anderem Totendrama (*Huis Clos, Bei geschlossenen Türen*), als dessen Visualisierung aus *L'Etre et le Néant* (Paris 1943), ohne Unterbrechung, ohne Augenlider, ohne Wechsel von Tag und Nacht ist ein gespenstischer, vor dem wir allerdings – noch – die Augen verschließen können, solange er, wie LACAN meint, nicht einer des nichtenden Subjekts ist, der mit der Welt der Objektivität korreliert, sondern des Subjekts, das sich in einer Funktion des Begehrens hält. (Vgl. Jacques LACAN, Les quatre concepts fondamentaux de la psychanalyse. Le séminaire Livre XI, Paris 1973, 79 f.) Die Hölle, der Himmel, sind sie aber nicht das Erlöschen des Begehrens, und wäre dieses Hotelzimmer nicht das Fegefeuer, dessen Energie sich nach und nach erschöpft?

feuers und der Anpassung führt nicht nur zur privaten Selbstbescheidung; erst am – notwendig vorläufigen – Ende der Trauerarbeit wäre so neuerlich vollzogener optimal frustrierter Narzißmus verfügbar, der gesellschaftliche Veränderung als Arbeit an und in der Realität (Diese Arbeit konstituiert den hermeneutischen Zirkel der Anpassungstechnologien.) erst ermöglichen soll, als Abschied von dualen Systemen, die atomare und *andere* Katastrophen einerseits und *utopische* Rettungsphantasien andererseits – so sie einander wirklich gegenüberstehen – herbeiführen. Die passagere Leere des Ichs der Trauer ist jedenfalls der Leere der Welt, wie sie die Melancholie empfindet, vorzuziehen, die sie in einem *passage à l'acte* wirklich zu voll ziehen

---

Erinnern wir aber auch an Gabriel MARCEL, der zärtliche Beziehungen zu den Toten, die ihm *präsent* sind – in erster Linie mit seiner Mutter, die starb, als er vier Jahre alt war – unterhält, mit ihnen Dialoge führt. „Si donc une fidélité est ontologique en son principe, parce qu'elle prolonge une présence qui elle-même correspond à une certaine prise de l'être sur nous; par là même multiplie et approfondit d'une manière presque insondable le retentissement de cette présence au sein de notre durée. Ceci me paraît avoir des conséquences en quelque sorte inépuisables, ne serait-ce que pour ce qui touche les rapports entre les vivants et les morts. Il convient d'y insister encore: une présence à laquelle nous demeurons fidèles, ce n'est pas l'effigie soigneusement préservée d'un objet disparu; l'effigie n'est malgré tout qu'un simulacre, métaphysiquement elle est *moins* que l'objet, elle en est une réduction. La présence au contraire est *plus* que l'objet, elle le déborde en tous sens. Nous sommes à l'entrée d'un chemin au bout duquel la mort apparaît comme *épreuve de la présence*. Point essentiel sur lequel il convient de concentrer notre attention. On dira: quelle étrange façon de définir la mort! Elle *est* un certain phénomène définissable en termes biologiques, elle n'*est* pas une épreuve. Il faut répondre: elle est ce qu'elle signifie, et ce qu'elle signifie pour un être placé au niveau spirituel le plus élevé auquel il nous soit possible de nous placer. Il est évident que la mort d'Un Tel, que j'apprends par le journal, d'Un Tel, qui n'est pour moi qu'un nom, n'*est* pour moi qu'un objet de notification; elle signifie que je dois rayer Un Tel du nombre des personnes à qui je peux m'adresser, pour leur poser une question, ou pour les renseigner. Il en va tout autrement pour un être qui m'a été donné comme présence. Ici il dépend de moi, de mon attitude intérieure de maintenir cette présence qui pourrait se dégrader en effigie. . . . La fidélité créatrice consiste à se maintenir activement en état de perméabilité; et nous voyons ici s'opérer une sorte d'échange mystérieux entre l'acte libre et le don par lequel il lui est répondu.“ (Gabriel MARCEL, Positions et approches concrètes du mystère ontologique, in: Gabriel Marcel interrogé par Pierre Boutang, Paris 1977, 136 f.) MARCEL hat den Mut, ein Bekenntnis abzulegen, was vor ihm vielleicht nur PASCAL gewagt hat zu tun , und mag in aller Hoffnung gar nicht so sehr in die Irre gehen wie jene, *les non-dupes qui errent.* Dieser Freund LEVINAS' und RICOEURS hat vielleicht auch einen Vorgriff auf DERRIDAS *Gabe* getan: „Donner n'est pas séduire.“ (Le Mystère de l'Etre II. Foi et Réalité, Paris 1964, 119.)

imstande ist.[16] Eben dieser Gefahr ist die Trauer ausgesetzt, wenn sie eine erste Realitätsprüfung außer Kraft setzen muß, um den Verlust eines geliebten Menschen ertragen zu können. In gewisser Weise handelt es sich hier um eine Begegnung mit den Opfern der Vernunft, der Kindheit, der Grenzziehung zwischen nahem und fernem Elend, Todeswünschen und Reaktionsbildungen, Trauer um die Trauer, die getragen wird von Hoffnung und Vertrauen, die gerade in deren Mißlingen die Andersheit des anderen bewahrt, Trauer am *Ursprung* der Intersubjektivität, ein erstes Kommen des anderen.

Ich spreche von der Trauer als einem Versuch, der immer dem Scheitern ausgesetzt/voué à l'échec ist, einem konstitutiven Scheitern gerade, den anderen in mir zu inkorporieren, zu verinnerlichen, zu subjektivieren. Selbst vor dem Tod des anderen konstituiert mich die Einschreibung seiner Sterblichkeit in mir. Ich bin in Trauer, also bin ich, ich bin – Tod [tot?] des Todes des anderen, meine Beziehung zu mir ist erst einmal eine der Trauer, einer unmöglichen Trauer übrigens. Das ist auch das, was ich die An-Enteignung, die Aneignung, die im double bind gefangen ist, nenne: ich soll und ich soll den anderen in mir nicht nehmen; die Trauer ist eine untreue Treue, wenn es ihr gelingt, den anderen in idealer Weise in mir zu verinnerlichen, das heißt, seine unendliche Äußerlichkeit nicht zu respektieren . . . Die Trauer, die dem anderen treu bleibt, muß scheitern indem sie *gelingt* (scheitern, wenn es nur gelänge! Scheitern aufgrund des Gelingens!).[17]

---

16 Vgl. Sigmund FREUD, Trauer und Melancholie, III, 200: „Bei der Trauer ist die Welt arm und leer geworden, bei der Melancholie ist es das Ich selbst." Dieses Bild Freuds ist vor allem ein klinisches. So leichtfertig und bedeutungslos unsere Umkehr erscheinen mag, verweist sie doch auf die äußerst komplexe Konzeption von primärem und sekundärem Narzißmus, Masochismus, auf die Umstrukturierung der Trieblehre und der Topologie. Vgl. z.B. Jean LAPLANCHE, Leben und Tod in der Psychoanalyse, Olten 1974.

17 Jacques DERRIDA, Points de suspension, Paris 1992, 331. Schließen wir noch einige Texte der Trauer an. Jacques DERRIDA, Mémoires. Pour Paul de Man, Wien 1988: „Jedes Mal wissen wir, daß der Freund auf immer verschwunden, unwiederbringlich abwesend, so sehr genichtet ist, daß er selbst miemals wird etwas wissen oder empfangen können von dem, was hier in seinem Gedächtnis stattfindet – und noch in dieser erschreckenden Klarheit, in diesem Licht aus dem Feuer eines verlöschenden Lebens [ein Fegefeuer?], in dem das Nichts aufscheint, halten wir an dem *Unglauben* fest; denn wir werden niemals weder an den Tod noch an die Unsterblichkeit glauben; und am Brennen dieses schrecklichen Lichtes halten wir in Treue fest, denn Untreue wäre es, sich noch darüber hinwegzutäuschen, bis man gar daran glaubt, daß der andere, der *in uns* lebendig ist, *in sich selbst* lebendig ist: weil er in uns lebt und weil wir dieses oder jenes zu seinem Gedächtnis, im Gedenken an ihn (er)leben. Das ‚in uns'-Sein, das Sein des anderen ‚in uns', im von Trauer getragenen Gedächtnis/mémoire endeuillée, kann weder die so geheißene Wiedererweckung des anderen *selbst* (der andere ist tot und

Dieses Scheitern könnte sich aber auch auf diese erste Stufe des Anerkennens der Sterblichkeit des anderen beziehen, der, ob ich in diese Familie, diese Lebenswelt, gestellt, geworfen oder schicksalshaft hineinverwoben bin oder nicht, ein ausgezeichnetes Objekt meiner Konstitution ist und auch die Andersheit der, sagen wir einmal Fremden, miteinbezieht, um die ich, wenn wir den gängigen Sinn der Trauer respektieren, gerade nicht trauere. So scheint die Trauer des Fremden, um den Fremden an verschiedensten Grenzen aufzutauchen: in der unendlichen Äußerlichkeit der geliebten Personen, ja sogar meiner selbst, in der psychotisch anmutenden narzißtischen Allmacht der universalen Liebe, als Gestalt des Todes selbst in der nicht zu bändigenden Bilderflut, die unwiderruflich die Nähe der Trauer zur Psychose vor Augen hält, die das Farbenspiel des Fegefeuers in die selbe Galerie stellt wie die Zwischenwelten des sichtbar Unsichtbaren, in ein Labyrinth eher, worin die symbolische Ordnung uns den Tod *erleben* läßt. Falls einer der wichtigsten Hypothesen der Psychopathologie – je früher

---

nichts kann ihn daraus erretten, und niemand kann uns davor bewahren) noch die einfache Einschließung durch ein narzißtisches Phantasma in eine über sich selbst geschlossene, ja mit sich selbst identische Subjektivität sein. Selbst wenn es sich dabei um Narzißmus handeln sollte, so bleibt dessen Struktur doch komplex genug, damit der andere – ob tot oder lebendig – sich nicht darin auf das Selbst reduzieren läßt. Immer schon in der narzißtischen Struktur selbst aufgerichtet, markiert der andere das Selbst der Selbstbeziehung dermaßen, bedingt er es so frühzeitig, daß das ‚in uns'-Sein des von Trauer getragenen Gedächtnisses vom anderen *gekommen*, ein Kommen des anderen, und sogar – so erschreckend dieser Gedanke auch sein mag – ein erstes Kommen des anderen sei." (41 f.) „Doch die unmögliche Bejahung [der Trauer] muß möglich sein: die alleinige bejahende Bejahung *muß* das Unmögliche bejahen, ohne dieses ist sie nur eine Feststellung, eine Technik, eine Aufzeichnung. Das Unmögliche an dieser Stelle, das ist der andere, so wie er zu uns kommt: als ein Sterblicher zu uns Sterblichen. Und den wir so lieben, indem wir bejahen, daß es so gut ist." (55)
Der Tod des anderen wird uns in der Auseinandersetzung mit DERRIDAS *Apories* noch weiter beschäftigen. Fügen wir jedoch der Vollständigkeit halber bereits jetzt die Textstelle hinzu, die dem obigen Zitat aus den *Points de suspension* folgt und auch auf HEIDEGGER Bezug nimmt: „Sans doute la mort de l'autre est irremplaçable. Je ne meurs pas à la place de l'autre qui ne meurt pas à ma place. Mais cette expérience de ‚ma propre mort', je ne peux la faire en me rapportant à moi même que dans l'expérience impossible, l'expérience du deuil impossible à la mort de l'autre. C'est parce que je ‚sais' l'autre mortel que j'essaie de le garder en moi, dans la mémoire. Mais à partir de ce moment, il n'est plus radicalement autre. Dans l'expérience du deuil fatal, originaire et impossible, j'anticipe ma propre mort, je me rapporte à moi comme mortel. Même si je suis seul à mourir, j'appréhende cette solitude à partir de ce deuil impossible."

eine Störung der Entwicklung des Kindes eintritt, umso gravierender sind die Folgen – Gültigkeit zukommt, dann hat die Trauer um die Entrechteten ein mit Schrecken behaftetes Verhältnis zur Psychose, das der ohnehin der Melancholie nahegerückten *normalen* Trauer, eine bedrohliche Dimension hinzufügt, oder sie erst sichtbar macht.

Doch ist die Trauer gerade nicht das, was Lacan als Verwerfung des Signifikanten im Symbolischen, der im Realen wieder auftaucht, bezeichnet. Falls sie *gelingt*. Falls es gelingt, das Unerträgliche zu ertragen, diesen Verlust eines für uns wichtigen Menschen. (Und wiederum nur der *geliebte* Mensch.) Dieses Loch im Realen[18] ist gerade der Ort, wohin sich der fehlende Signifikant projiziert, (nach Lacan) eine Frage sich eröffnet, auf die man vergeblich eine Antwort erhofft, der Phallus unter dem Schleier. Das macht sie ja wiederum der Psychose so ähnlich, wo der Signifikant zugleich seinen Ort findet und nicht finden kann, der Psychose als kollektivem Wahn, die sich auf die Bühne stellen läßt.[19] (Wo die Gespenster freundlich Beifall spenden . . .) Hamlets Geist – und nicht nur der seines Vaters – erscheint so in Lacans *Le désir et ses interprétations* und in Derridas *Marx' Gespenster*.[20]

---

18 Diese Ansicht, dieses *Fehlen* der Ansicht, teilen auch Nicolas ABRAHAM, Maria TOROK, L'écorce et le noyau, Paris 1987, 427: „C'est dire que ce ne sont pas les trépassés qui viennent hanter, mais les lacunes laissées en nous par les secrets des autres." In der Fallgeschichte der *Notules sur le fantôme* (Ebenda, 426–433.) scheint der Patient unter einem Gedanken des Unbewußten seines Vaters zu leiden. Verhält es sich so, daß man den Deckel der Familiengruft lüften muß, damit die Gespenster entweichen, um vor ihren Nachstellungen sicher zu sein? „Il importe de souligner que c'est depuis l'inconscient que viennent hanter les mots qui supportent le fantôme et que ce sont, souvent, les maîtres mots de toute une histoire familiale dont ils marquent les pitoyables articulations. En prolongeant la pensée du fantôme, on peut soutenir que, vraisemblablement, l',effet de fantôme' s'atté- nue progressivement au cours de sa transmission d'une génération à une autre pour finir par s'éteindre." (432 f.)

19 Vgl. Jacques LACAN, Le désir et ses interprétations. Le séminaire Livre VI, 22 avril 1959.

20 Und selbstverständlich auch die Gespenster FREUDS in Jacques DERRIDA, Le mal d'archive, Paris 1995. Dieses *mal d'archive* ergreift auch von der Psychoanalyse Besitz: „La théorie de la psychanalyse devient alors une théorie de l'archive et non seulement une théorie de la mémoire. Cela n'empêche pas le discours freudien de rester hétérogène, j'ai essayé de le montrer dans *Freud et la scène de l'écriture*: un motif antagoniste et tradition nel continue d'y opposer une métaphysique à la conséquence rigoureuse de cette prothétique, à savoir d'une logique de l'hypomnèse. Le modèle de ce singulier ‚*Bloc magique*' incorpore aussi ce qui aura semblé, sous la forme d'une pulsion de destruction, contredire la pulsion même de conservation, ce qu'on pourrait surnommer

Mit aller Vehemenz muß die symbolische Ordnung Platz greifen, in Schrift und Riten, in den Toten und den Überlebenden würdigen Bestattungszeremonien. Julia Kristeva meint in ihrem Buch gegen die Xenophobie von den verstorbenen Angehörigen der Ausländer, die in Frankreich leben, sie seien in einer fremden Sprache begraben.[21] Die symbolische Ordnung ist ohne Verwerfung nicht konstituierbar, wäre man gezwungen zu behaupten, aber ist es deshalb unausweichlich, daß das Fremde solcherart immer als Grimasse des Realen einer bestimmten Kultur auftritt? Gibt es so etwas wie Introjektionen und sogar Inkorporationen[22] einer bestimmten Kultur, einer Masse, ob sie – nach Freud – künstlich ist oder nicht? Selbst wenn man

---

aussi la *pulsion d'archive*. C'est ce que nous appelions tout à l'heure, et compte tenu de cette contradiction interne, le *mal d'archive*. Il n'y aurait certes pas de désir d'archive sans la finitude radicale, sans la possibilité d'un oubli qui ne se limite pas au refoulement. Surtout, et voilà le plus grave, au delà ou en deçà de cette simple limite qu'on appelle finité ou finitude, il n'y aurait pas de mal d'archive sans la menace de cette pulsion de mort, d'aggression et de destruction. Or cette menace est *in-finie*, elle emporte la logique de la finitude et les simples limites factuel les, l'esthétique transcendentale, pourrait-on dire, les conditions spatio-temporelles de la conversation. Disons plutôt qu'elle en abuse. Un tel abus ouvre la dimension éthico-politique du problème. Il n'y a pas un mal d'archive, une limite ou une souffrance de la mémoire parmi d'autres: engageant l'in-fini, le mal d'archive touche au mal radical." (38 f.) Das Archiv als Museum der Trauerarbeit, warum nicht auch als Fegefeuer, das die Erinnerungsspuren der Toten zu Asche verbrennt, um sie dem Himmel des Vergessens anheimzugeben.

21 Julia KRISTEVA, Fremde sind wir uns selbst, Frankfurt am Main 1990, 31.

22 Vgl. Jacques DERRIDA, Fors, in: Nicolas ABRAHAM, Maria TOROK (TÖRÖK), Cryptonomie. Le verbier de l'homme aux loups, Paris 1976, 55 f.: „A la limite du dehors et dedans, et comme système de bordures, l'orifice buccal ne joue ce rôle *paradigmatique* dans l'introjection que dans la mesure où il est d'*abord* un lieu silencieux du corps, ne cesse jamais totalement de l'être et ne devient ‚parlant' que par supplémentarité. Cette loi générale instruit aussi la limitation supplémentaire et le renversement *catastrophique* qui surviennent avec le fantasme de l'incorporation. Celui-ci *réalise* la métaphore orale qui préside à l'introjection, il refuse (ou se voit interdire), avec l'introjection, sa métaphore supplétive, et introduit un *objet* dans le corps. Mais il le mange (par la bouche ou autrement) pour ne pas l'introjecter, pour le *vomir*, pourrait-on dire, *au-dedans*, dans la poche d'un kyste. La métaphore est prise ‚à la lettre' pour en refuser l'efficacité introjective et toujours, serais-je tenté d'ajouter, idéalisante. Si l'incorporation peut ressembler, paradoxalement, à un vomissement interne, la nécrophagie réussie, celle qui assimile le mort, la ‚communion alimentaire entre les survivants' serait une ‚mesure préventive d'anti-incorporation'. On n'aura jamais eu à demander au mort sur quel mode il eût préféré être mangé: tout est organisé pour qu'il *reste* une manière de *disparu* dans les deux cas, disparu, comme autre, de l'opération, qu'elle soit deuil *ou* mélancolie. Disparu, introuvable, atopique."

leugnete, daß es verschiedene Ausprägungen schlimmstenfalls nur einer symbolischen Ordnung gäbe, so wäre man dennoch gezwungen, Riten und Zeremonien auszuführen, die die kulturellen Unterschiede respektieren müßten, ohne die ganze Welt zum *einen* Grabmal *des* Unbekannten Soldaten zu machen, was dann hieße: irgendwo in einer unwirtlichen Ecke des globalen Dorfes. Weit entfernt von der Ehrenhaftigkeit der Verzweiflung – wenn sie sich nur als solche zum Ausdruck brächte – einer Generation, die das Entsetzen einer Epoche unter den Namen eines Krieges zwängt, der von dann bis dann dauerte, der diese und jene Ursachen hatte, die in Geschichtsbüchern verzeichnet werden, stehen wir vor den Toten, für die wir keine Zeremonien haben, höchstens die Forderung, daß die Linderung der Qualen durch unsere Almosen eine nachhaltige sei. Von Hilfe zur Selbsthilfe ist die Rede, die die Frage in Schach hält, was denn diese Hilfsbedürftigkeit überhaupt entstehen läßt.

Um die Trauerrede für das Fegefeuer wieder aufzugreifen, hätte das folgende Konsequenz: entweder himmlische Infernalisierung oder infernale Verherrlichung des Trostes und der Hoffnung im Namen der Vernunft. Das Fegefeuer wäre so kein Ort der Hoffnung und entläßt seine Toten, die geliebten und die fremden. Es stellt aber dennoch die Frage, am Rande der Gleichgültigkeit, abseits – oder innerhalb – von allen imaginären, projektiven, psychotischen oder neurotischen, individuellen oder kollektiven Deutungsmodellen, wo sie *wirklich* sind, wo wir einmal sein werden. Ist es so, daß die Symbole und Zeichen nicht unbeschadet von diesen Geheimnissen und Schrecken Zeugnis ablegen, sondern all diese Bänder, Ordnungen, Gewebe, Texturen selbst brüchig werden, und das, was Kristeva die semiotische Chora nennt, eine neue Symbolik entläßt, die diesen uns meist unbekannten Toten ein Zeremoniell gewährt, das den Überlebenden gestattet, zu trauern?

Milderung der Schrecken

Wie verhalten wir uns zu einem Diskurs, der die Kosten dieser Spielwiesen mit denen der Rettung hungernder Kinder verrechnet?[23] Was hieße hier

23 Dieses Phänomen findet sich nicht nur im Norden. In Nicaragua beispielsweise forderten die Studenten im Jahre 1997 die ihnen vertraglich zugesicherten Budgetmittel für die universitäre Bildung. Die neoliberale Regierung verweigerte dies, was die Studenten dazu brachte, auf die Barrikaden zu gehen. Die Regierung antwortete wiederum

Wiederholung eines Sachverhalts, dessen ursprüngliche und einzig legitime Form im politischen Diskurs, sei es des neoliberalen oder des linksradikalen, des gemäßigten, des temperierten, ihren Ausdruck fände. Wer bemißt denn, und woran mißt man die Akzeptanz dessen, was politisch vonnöten, praktizierbar ist und den Sachzwängen angemessen ist? Wir bedauern fast die guten alten Zeiten, in denen die Sprache der Barmherzigkeit, des Mitleids und des Almosens diejenige der Mächtigen war, die sich des göttlichen Beistands sicher wußten, wo sie die Theologie aller abrahamitischen Religionen prägte. Wo man aufstehen konnte, im Namen desselben Gottes, der Menschenrechte und ihrer Ursprünge, und laut rufen konnte: Ihr stabilisiert das System, indem ihr die entsetzlichsten Härten durch eure Almosen mildert! Heute allerdings sind es in der Mehrzahl Politiker, die sich der Diskurse der umfassenden Rettung bedienen, als diplomatische Außendienstbeamte der gespenstischen Mächte, die dafür sorgen, daß die Armen immer ärmer und die Reichen immer reicher werden. Diejenigen, die sich in der Solidaritätsarbeit befinden, sie fühlen sich nun als *Kosmetiker* einer Situation, der sie nichts anhaben können, zu groß ist die Zahl derjenigen, die im Elend leben müssen.[24] Auch für die große Zahl der Spender unserer

---

mit ganzseitigen Inseraten, die in den meisten großen Zeitungen erschienen und zum Beispiel ein armes Kind zeigte. Zwischen diesem Bild und der Werbeeinschaltung einer Großbank stand zu lesen, daß man erst den Hunger stillen müsse, bevor man den unberechtigten Forderungen der von dunklen, linken Mächten verführten Jugendlichen nachkommt, oder daß man erst alphabetisieren müsse. In einem anderen Inserat sieht man diese auch so dargestellt: vermummt und gewalttätig. Die Straße, die zwischen den beiden größten Universitäten Managuas verläuft, wurde mit großem Geldaufwand ihrer Pflastersteine entledigt und frisch asphaltiert. Die brutale Kürzung des Bildungsbudgets nicht nur im universitären, sondern auch im Grundschulbereich läßt diese Handlungsweise als Hohn erscheinen. Die Schulpflicht in Nicaragua dauert nur bis zum zehnten Lebensjahr, was allerdings von den Behörden so interpretiert wird, daß sie sich großteils nur mehr für die Finanzierung dieses Unterrichts verantwortlich glaubt. Die Bezahlung der Grundschullehrer ist dazu noch so gering, daß diese kaum ohne zusätzliche Tätigkeiten ihr Auslangen finden.

24 Entwicklungshelfer wissen das nur allzugut, wenn sie sich einmal von der ersten Euphorie, die sie meist überkommt, wenn sie ihren Dienst innerhalb einer ihnen neuen Kultur angetreten haben, erholt haben. Die Pharmaka, die sie verteilen, auch sie scheinen Platons Pharmazie zu entstammen: „*Politeia* nennt auch die Farben des Malers *pharmaka* (420 *c*). Die Magie der Schrift und der Malerei ist also die Magie einer Schminke, die den Tod unter dem Anschein des Lebendigen verhehlt. Das *pharmakon* führt den Tod ein und beherbergt ihn. Es verleiht dem Leichnam eine schöne Gestalt, maskiert und schminkt ihn. Parfümiert ihn mit seinem Wesen/essence, wie es bei Aischylos heißt. Das *pharmakon* bezeichnet auch das Parfüm. Parfüm ohne We-

Breiten gilt diese zugegebenermaßen noch grobe Analyse. Das Almosen als Zeichen ernstgemeinter Solidarität. So weit mußte es also kommen. Schwingt man sich als Laie in ökonomischen Fragen und ihrer Diskurse zu noch globaleren Analysen empor, so muß man doch zur Feststellung gelangen, daß es unbestritten in den Jahrzehnten nach dem Zweiten Weltkrieg sozialen Fortschritt gegeben hat. Wer wollte dies leugnen? Aber entfernte sich eine wirtschaftsgeschichtliche Studie so radikal von der vielzitierten Sachlichkeit, stellte sie die Behauptung auf, auch dieser Aufschwung stünde in einem unleugbaren Zusammenhang mit der rastlosen Verbesserung und Verfeinerung der Ausbeutungsmethoden des Kolonialismus? Wenn diese Rechnung aufgeht, dieses gnadenlose Kalkül, vollzogen von mit Daten vollgefütterten Rechenmaschinen, dann sollte die Philosophie sich glücklich schätzen über ihren geringen Einfluß auf den Lauf der Dinge dieser Welt.

Der Begriff der *milden Gabe*, die milde Gabe *selbst* ist unzeitgemäß, das will besagen: Sie kommt immer zu spät oder zu früh. (Paradox ausgedrückt, ihr Unzeitgemäßes liegt darin, daß sie der einzige Gegenstand ist, der zur rechten Zeit gegeben wird.) Nicht in diesem Sinne, daß man sagen müßte, dieser Obulus an Gespenster, diese Wiedergutmachung dessen, was sich der Opposition von Gut und Böse entzieht, dieses Zuspätkommen der Entwicklungspolitik, diese Antwort auf Bitten und Flehen inzwischen Verstorbener, dieses *von nun an* der tätigen Reue, die kein Verbrechen mehr tilgen kann, diese Hintanhaltung der Wiederholung der kleinen Straftaten bis hin zu den Genoziden der letzten Jahrhunderte, dieses tödliche Genießen des Schuldgefühls könnte keinem Überlebenden mehr zugute kommen. Die milde Gabe ist auch deshalb unzeitgemäß, weil sie heute meist einem Diskurs angehört, der sie dahingehend kritisiert, daß gerade sie die Entrechteten in ihrem Elend festhält. An dieser Kritik ist nicht zu rütteln, sie, die milde Gabe schreibt die sozialen Unterschiede in einem Ausmaß fest, das die so Be-

sen/essence, so wie wir weiter oben von einer Droge ohne Substanz sprachen. Es verwandelt die Ordnung in Schmuck und den Kosmos in Kosmetik. Der Tod, die Maske, die Schminke sind das Fest, das die Ordnung der Stadt, so wie sie durch den Dialektiker und die Wissenschaft vom Sein geregelt sein sollte, subvertiert. Platon wird, wir werden das sehen, nicht zögern, die Schrift und das Fest miteinander zu identifizieren. Und das Spiel. Ein bestimmtes Fest und ein bestimmtes Spiel." (Jacques DERRIDA, Dissemination, Wien 1995, 160.) Daß dem *pharmakos*, in der Antike zumindest, diese Subversion teuer zu stehen kommen konnte, wo er nicht selten als Sündenbock herhalten mußte, berichtet ebenfalls DERRIDA (Ebenda, 147 f.)

schenkten immer weniger bereit sind, so das jemals der Fall gewesen sein sollte, als gottgewollt und schicksalsbedingt hinzunehmen, und sollten sie gerade der heiße Stein sein, auf den der mildtätige Tropfen fällt, wird das Weiterleben zur Schmach des Überlebens, denn warum sollte es ihnen anders ergehen als den noch lebenden Opfern des Holocausts.[25] Nur eines, möchte man meinen, ist noch schlimmer und verderblicher: keine Almosen zu geben. Mit welchem Ausdruck aber ist dieses Vorgehen zu bezeichnen, das nicht nur wie jedes vermeintliche Geschenk zur Dankbarkeit verpflichtet, sondern vorgibt, die Würde des Empfängers zu bewahren, der Kredit und die tödliche Zinsenlast, die dessen Nutznießer nicht tragen müssen? Nichts und niemand entgeht dem double bind des Schenkens. Eine Abhängigkeit von Stricken, die in den Himmel ragen.

Bedarf es wirklich noch der Rechtfertigung, das Werk Derridas zur Hilfe zu nehmen, um den Versuch zu unternehmen, die Widersprüchlichkeit, den Wahnsinn dessen zu bedenken, was Ökonomie genannt wird?[26]

Die reine humanitäre Tat, das edle Tun ist nichts für und nichts von Menschen. Ebenso die Fiktion eines Diskurses, der in aller Reinheit nur in den wechselseitigen Ansprüchen und Auseinandersetzungen besteht, das

---

25 Bruno BETTELHEIM berichtet z.B. über die Probleme der Überlebenden der Konzentrationslager folgendes: „Das Überleben scheint auch ein verschwommenes, aber ganz spezielles Verantwortungsgefühl hervorzurufen. Es beruht darauf, daß das, was eigentlich das Geburtsrecht des Menschen sein sollte – sein Leben in relativem Frieden und Sicherheit zu verbringen, nicht willkürlich ermordet zu werden vom Staat, dem doch die Pflicht obliegt, das Leben der Bürger zu schützen –, als unverdienter, unerklärlicher Glücksfall erlebt wird. Es war ein Wunder, daß der Überlebende gerettet wurde, wenn Millionen Mitmenschen untergingen, und so hat es den Anschein, als sei dies zu irgendeinem unergründlichen Zweck geschehen. Die Stimme der Vernunft will die Frage ‚Warum wurde ich gerettet?‘ mit der Auskunft ‚Es war reines Glück, purer Zufall, sonst nichts‘ beantworten, während die Stimme des Gewissens entgegnet: ‚Stimmt, aber der Grund dafür, daß du die Chance des Überlebens erhieltest, liegt darin, daß irgendein anderer Häftling an deiner Statt starb.‘ Und dahinter taucht gelegentlich flüsternd eine noch strengere, kritische Anklage auf: ‚Einige starben, weil du sie aus einer einfacheren Arbeitsstelle hinausgedrängt hast, andere, weil du ihnen nicht geholfen hast, zum Beispiel mit Lebensmitteln, die du dir vielleicht hättest am Munde absparen können.‘ Und dann erhebt sich stets die letzte Anklage, auf die es keine annehmbare Erwiderung gibt: ‚Du warst froh, daß ein anderer gestorben ist und nicht du.‘“ (Erziehung zum Überleben, München 1982, 36.)

26 „Ist der Wahnsinn die ökonomische Zirkulation, die die Gabe in der Äquivalenz annulliert? Oder ist er der Exzeß, die Verausgabung und die Zerstörung?“ (DERRIDA, Falschgeld, 53 f.).

rettende Wort zu sprechen, das nur eine Kampfparole sein kann, in der Spannbreite der Legitimationsverfahren, die von der berechtigten Notwehr bis hin zur vernichtenden Heuchelei, zum völligen Schweigen führt. Die Gerechtigkeit ist, so Derrida, nicht dekonstruierbar. Das reine Wort der edlen Tat jedoch ist der Logozentrismus der Entwicklungspolitik. Diese Fiktion eines Wortes, des Wortes, des Logos, ist bereits Fiktion einer Fiktion – man muß mit ihr rechnen. Rettung, Reinigung und sauberes Geschäft. Eine, diese Frage wird uns den ganzen Text hindurch heimsuchen, wird die Gabe, so es sie gibt, zerstören, die den Kreislauf der Ökonomie, der Metaphysik, der Revolutionen durchbricht: Führt sie zu gerechteren Geschäften?

Bei diesem Versuch, einem Begehren jenseits des Begehrens, geht es im Gegenteil darum, so getreu, aber auch so streng wie möglich sowohl der Verfügung oder der Anordnung der *Gabe* (‚gib') nachzukommen wie auch der Verfügung oder der Anordnung des Sinns (der Präsenz, der Wissenschaft oder der Erkenntnis): So *wisse* denn auch noch, was geben *sagen will, wisse zu geben*, wisse, was du willst und sagen willst, wenn du gibst, wisse, was du zu geben intendierst, wisse, wie die Gabe sich annulliert, laß dich ein, selbst wenn dieses Sicheinlassen/engagement eine Zerstörung der Gabe durch die Gabe ist, gib du der Ökonomie ihre Chance.

Denn am Ende führt das Überborden des Kreises durch die Gabe, wenn es sie gibt, nicht auf ein bloßes Außen, das völlig unsagbar, transzendent und bezuglos wäre. Sondern dieses Außen gerade gibt den Anstoß, setzt den Kreis und die Ökonomie in Gang, indem es (sich) *einläßt* in den Kreis und ihn (sich) drehen läßt. Wenn man von den Wirkungen eines Kreises, in denen eine Gabe sich annulliert, *Rechenschaft ablegen* muß (vor der Wissenschaft, der Vernunft, der Philosophie, der Ökonomie des Sinns), so muß man dabei auch dem Rechnung tragen, was, obgleich es nicht einfach zum Kreis gehört, (sich) in ihn und ihn in seine Bewegung einläßt. Was ist die Gabe als Erster Beweger des Kreises? Und wie kontrahiert sie sich zum Kontrakt? Von wo an und von wann ab verträgt sie sich mit dem zirkulären Vertrag?[27]

Was denn nun ist die milde Gabe an diesem Vertrag? Ist sie die Amtsgebühr, die es zu entrichten gilt, vor den Türen des Gesetzes, so wie man auch Präsidenten und Zeugen, mögen sie noch so atheistisch, agnostisch, ohne Bekenntnis sein, auf die Heilige Schrift schwören läßt. Ist sie die bestechende Zeugenschaft? Oder ist sie die sakralisierte Variante einer äußerst profanen und profitablen Ausbeutungsmaschinerie, die sich als deren Demaskierung im Namen der Freiheit und Rechte des Einzelnen ausgibt, als Privatisierung der sozialen Sorgepflichten des Staates, was dann äußerst

---

27 DERRIDA, Falschgeld, 45 f.

gewinnträchtig als Handeln von Mensch zu Mensch bezeichnet wird? Wo man – im Gegensatz zu den letzten Jahrzehnten – den Staat, die Wähler, die Politiker an ihre Verantwortung erinnern muß, anstatt dieser neuen Gewaltenteilung sich anzunähern, Exekutivorgan der Konzerne zu sein. Was es hier zu dekonstruieren gilt, sind die äußerst wirkmächtigen Oppositionen von staatlich/privat, sakral/profan und Zwang/Freiheit, die Liste ist lang.

Nicht nur diesen Diskurs der zunehmenden Privatisierung der Solidarität gilt es zu hinterfragen, nicht darum, angehende Entwicklungshelfer durch überflüssige Fragen zu verunsichern, auch nicht darum, potentiellen Spendern eine Rechtfertigung dafür zu liefern, ihr Geld für sich zu behalten. Es geht auch um einen Versuch, die Beziehungen der Nationen, Völker und Kulturen untereinander in diese Konfrontation miteinzubeziehen. Gibt es Frieden, ja sogar das, was man als Zärtlichkeit bezeichnen könnte zwischen Kulturen ohne den Ausschluß von Dritten?

Die Solidarität als Zärtlichkeit der Völker, sie mag auch Reaktionsbildung sein auf die politische Realität, und die Sprache, die sich durch sie, mit ihr und in ihr Geltung und Gehör verschafft, machen auch vor der Philosophie, den Philosophien, nicht Halt. Und etwas pessimistischer formuliert: Sie machen in ihnen aber auch meist nicht länger halt, als es nötig scheint, um die Mächte des Negativen, des radikalen Bösen zu versammeln. In einem einzigen Zug. Der Begriff des Volks, er wird seine Gespenstigkeit nicht so recht los, und ob Gespenster miteinander zärtlichen Umgang pflegen, ist belanglos angesichts der Ängste, daß sie sich gemeinsam gegen die noch Lebenden verschwören könnten.

Die Verfremdung, um auf weitere eventuelle Einwände zu antworten, ist sicher ein probates Mittel, um Neugier hervorzurufen, um Altbekanntes, der Resignation Anheimfallendes wieder zum Leben zu erwecken, den Blick neuerlich von einer anderen Perspektive her auf liegengebliebene Aufgaben zu lenken, ein Wecker, der den dogmatischen Schlummer unterbricht. Doch auch für diesen Fall gilt es zu berücksichtigen, daß die Rede von Verfremdung einen Begriff des Nackten, Unverstellten und Sachlichen voraussetzt. Wir müssen mit ihm rechnen, er ist zuweilen auch äußerst verläßlich, wenn er nach wie vor Notsituationen vor Augen und Ohren stellt, die rechtes Handeln zur rechten Zeit nach sich ziehen. Er durchzieht auch ziemlich wüst die Reflexionen unseres Textes. Gegenüber dem Ruf des *Nebenmenschen* gibt es keine Hilfe außer der zu helfen. (Oder etwas kritischer formuliert:

sich zu helfen.) Das wissen auch die Werbeagenturen, die von den großen Hilfsorganisationen damit beauftragt werden, Kampagnen zur Rekrutierung von Spendengeldern durchzuführen. Ihnen ist nicht unbekannt, daß es gilt, Gespenster – denn ist es nicht so, daß viele Bilder von hungernden Kindern durch unsere Köpfe und Heime spuken – dadurch zu beschwören, indem sie mittels der neuesten Methoden der Gegenbeschwörung, der Massenmedien bekämpft werden? Auch unsere Politiker bedienen sich dieses Instruments, ihre Wahlkämpfe, Konfrontationen der Spitzenkandidaten bewegen sich auf des Messers Schneide, wenn sie gerade soviele Gespenster heraufbeschwören können, als der Gegner außerstande ist zu beschwichtigen.

Ein Blick in den Spiegel mochte genügen, an diesem neuen Tag, und Er sah, daß er gut war. Es gehört ja zur Ausbildung unserer Politiker und Manager, daß sie vor laufender Videokamera ihre Auftritte proben, um ganz nah bei ihren Wählern sein zu können, um ihr Spiel zu spielen, daß das Vertrauen, das sie mit allen Kniffen der Werbung erwerben wollen, etwas Unheimliches hat. Die Verfremdung erweist sich also auch hier als ambivalent, ohne daß man bereits Derridas Begriff der Différance eigens, eher noch „uneigens", bemühen müßte.

Das Risiko besteht selbstverständlich, daß der psychosozialen Schattenzone, in die das Elend gedrängt wird, durch den philosophischen Diskurs eine weitere hinzugefügt wird, der dadurch den Ruf nach Aufklärung stets erneuern muß.

Schließlich kehren wir nun wieder zu unserem bereits anfangs erwähnten Problem der Stellvertretung zurück, wenn sich diese Aufklärung notgedrungen in die lange Ahnenreihe der Ontologie der Gespensterbeschwörer einfügt, da die Wiedergänger ja bekanntlich das Tageslicht scheuen.

Wir werden daher Derridas (und auch Heideggers) Bedenken der Stellvertretung gegenüber ernst nehmen müssen, die auf die Delegation verweist, auf die Möglichkeit der Substitution identifizierbarer und austauschbarer Subjekte, auf deren Festmachung in Lagern, Polizeicomputern, Massenmedien und schließlich auch in der Semiotik, – dies im Gegensatz zur Repräsentanz in parlamentarischen Demokratien.[28]

Die Menschen in den sogenannten Ländern der Dritten Welt bedürfen unserer Fürsprache nicht, sondern der Mitsprache. Die Fürsprache ist

28 Vgl. Jacques DERRIDA, Envoi, in: Psyché, Paris 1987, 127.

Ausdruck eines Herrschaftsverhältnisses, das wir, als privilegierte Bewohner eines europäischen Landes, als vermeintliche Mitsprecher der Fürsprecher, nicht so schnell zugunsten einer gerechteren Lebensweise aufgeben werden. Wen sollten wir aber zur Mitsprache auffordern und wie soll das vor sich gehen? Vor dieser Schwierigkeit stehen nicht nur die Intellektuellen der reichen Länder, sondern auch die Poeten, Forscher und Wissenschafter der wirtschaftlich betrachtet armen Regionen, in denen die sozialen Unterschiede so massiv auftreten, daß sie nicht mehr so leicht ignoriert werden können. Inmitten jener, die demokratische Rechte einfordern, für sich und für andere, treten alsbald hierarchische Unterschiede auf, Flügelkämpfe zwischen Realisten und Träumern, charismatischen Führern und klugen Verwaltern. Wir könnten sicher eine Skala einführen, die sichtbar machte, wie nahe das Verhältnis der Mit- und Fürsprecher zur Basis der Bevölkerung ist. Sie könnte am einen Ende Franz von Assisi aufweisen, am anderen neoliberale Politiker mit Hang zum Populismus.

Kehrt man den Sachverhalt um, so wie man, wie in Lacans Seminaren, einen Handschuh umstülpt, muß man auch eingestehen, daß das Schuldgefühl – die Erinnerung daran, nicht das Bewußtsein davon, daß man nicht mehr auf der Seite der Armen steht – ein Repräsentant (zumindest) abendländischen Genießens ist, eine Art Depression von Trauerarbeitslosen. Daß man sich das auch durchaus leisten kann, ist nicht erst seit der Geburt des Fegefeuers evident, dann vor allem, wenn man dafür bezahlt, daß einem die Gespenster vom Leib gehalten werden, und dafür bezahlt wird, dies zu tun.

Ist unsere Spendenmentalität der legitime Rechtsnachfolger des Ablaßhandels, der Loskauf (Alles ist möglich.) von immer irdischeren Höllenqualen? Ob sich dieser ewige Kreislauf von Geben und Nehmen – die Geschäfte werden im Himmel abgeschlossen – als einer und identischer verstehen läßt, die Antwort tut der Legitimität der Neuzeit keinen Abbruch. Die Chronologie der laufenden Erscheinungen ist, wenn wir Derridas Gespensterbuch[29] Glauben schenken, eine vergebliche Beschwörung.

Sie ist Teil einer Familienszene, denn es geht um die Anerkennung von Erbansprüchen ebenso wie um die Entlastung von Schuld, um das richtige

29 DERRIDA, Marx' Gespenster.

Maß, den logos, der die Triebökonomie in all ihren Dimensionen reguliert.[30] Wir verfügen nicht über die Metasprache, die uns die Entscheidung überließe, ob wir dem Bruch oder der Kontinuität in der Geschichte, der Geschichte den Vorzug geben. Auch die Psychoanalyse nicht (und schon gar nicht die anpassungsfähigen Therapien der Sozialingenieure), wenn sie nach Freud die Modelle der Psyche eines Einzelnen auf die Gesellschaft überträgt, und so gerade zum Ausdruck, zum Symptom dieser Unentscheidbarkeit der Gestaltung der Beziehung des Einzelnen zur Gesellschaft, der Gesellschaft und des Einzelnen zu seiner Geschichte wird. Darauf, die Geschichte dieser Unentscheidbarkeit zu schreiben, sollte man, mangels an Beweisen, lieber verzichten. Selbst wenn wir gezwungen sind, fortwährend Beweise zu konstruieren, Schutz zu suchen gerade bei dem, dem Vater, den wir gerade beseitigt haben. Die Zeit, die uns der Analytiker schenkt, ist wohlbemessen dafür, daß er bereit ist, als Gespenst[31], als toter Vater, aufzutreten, so wie an mittelalterlichen Kirchen und Kathedralen Dämonen ihre furchterregenden Fratzen in den Himmel strecken, um ihresgleichen vor dem Eintritt in den heiligen Raum zu warnen. Er hilft uns, unsere Wahngebäude wohnbar zu machen, die vielen formalen Angelegenheiten zu erledigen, die dafür erforderlich sind, sie in das öffentliche Kataster einzutragen.[32]

---

30 Siehe diesbezüglich Jacques DERRIDA, Dissemination, Wien 1995, 84-94.

31 Eine Gespensterhaftigkeit anderer Ordnung finden wir häufig in Medien der Massenkultur, vornehmlich in Filmen, wo Geister, Engel, Verstorbene, die eine zweite Chance erhalten, auftreten, denen Speerspitzen und Pistolenkugeln nichts anhaben können, die aber ihrerseits sehr wohl in die Geschicke der Menschen eingreifen. Als unbewegte Beweger möchte man meinen, als Fernziel und Anspruch von Priestern und Therapeuten. Nicht so wie in Klassikern der Wiedergängerliteratur kündet die Effizienz dieser „neuen" Gespenster von der Unheimlichkeit des Allzubekannten, unterliegt der exakten Dosierung der Spannung, der süßen Trauer.

32 Vgl. auch Sigmund FREUD, Konstruktionen in der Analyse, Ergänzungsband, 393–406. Diese Schrift Freuds ist auch ein Kampf für eine Kultur der Unentscheidbarkeit und dies trotz der Suche des Archäologen, des Psychoanalytikers, nach Strukturen, Konflikten und verleugneten Realitäten. „Wir betonen im Mechanismus einer Wahnbildung in der Regel nur zwei Momente, die Abwendung von der Realwelt und deren Motive einerseits und den Einfluß der Wunscherfüllung auf den Inhalt des Wahns andererseits. Aber kann der dynamische Vorgang nicht eher der sein, daß die Abwendung von der Realität vom Auftrieb des Verdrängten ausgenützt wird, um seinen Inhalt dem Bewußtsein aufzudrängen, wobei die bei diesem Vorgang erregten Widerstände und die Tendenz zur Wunscherfüllung sich in die Verantwortlichkeit für die Entstellung und Verschiebung des Wiedererinnerten teilen? Das ist doch auch der uns bekannte Mechanismus des Traumes, den schon uralte Ahnung dem Wahnsinn gleichgesetzt hat. Ich glaube nicht, daß diese Auffassung des Wahns vollkommen neu ist, aber sie betont

Zaun und Stacheldraht

Geht man durch Wohnviertel der Reichen in einer der vielen Städte Lateinamerikas, so kommt man durch Gassen, die auf beiden Seiten von Befestigungsanlagen gesäumt werden, gesichert durch privates Wachpersonal. Die Mauerkuppen sind mit Stacheldraht und Glasscherben verziert, die Einfahrten durch schwere Gittertore versperrt. Selbst die bescheidenen Gärten der Angehörigen der Mittelschicht sind mit Drahtmaschen überzogen. Bereits die bescheidenste Anhäufung von Besitz wird ängstlich bewacht und führt zu Vorkehrungen, die den Eindruck erwecken, daß der geringste Wohlstand mit Gefängnis bestraft wird. Das ist wohl nur ein kleiner Trost für diejenigen, die sich auf der anderen Seite des Käfigs befinden. Die zahlreichen mexikanischen und brasilianischen Telenovelas bestärken sie auch noch darin, denn auch in den schönen Häusern herrscht der Kampf der Geschlechter. Wer aber wollte den Käfig der Armut nicht mit einem goldenen Käfig tauschen?

Auch Europäer werden von Zeit zu Zeit mit ähnlichen Verhältnissen konfrontiert, wenn sie ihren Urlaub in einem der vielen Ferienclubs antreten, dort unter strengster Bewachung im Luxus leben. Wenn sie auf der Terrasse sitzen und aufs Meer blicken, gellt manchmal ein Schuß durch die Nacht und Erinnerungen werden wach, an den Kampf der Kurden, an die Unabhängigkeitsforderungen der ETA, an die Gemetzel im benachbarten Algerien. Die Angst vor dem Fremden wird schmerzlich bewußt und nähert sich der Klippe des Unheimlichen:

> Kurz gesagt, während die Angst auf ein *Objekt* weist, ist das Unheimliche eine *Destrukturierung des Ich*, die entweder als psychotisches *Symptom* andauern oder sich – in einem Versuch, sich dem Ungereimten anzupassen – als *Öffnung* zum Neuen einschreiben. Sicher, das Unheimliche ist Wiederkehr eines vertrauten Verdrängten, aber es erfordert auch den Antrieb zu einer neuen Begegnung mit einem unerwarteten Äußeren: Das Unheimliche, das Bilder von Tod, von Automaten, von Doppelgängern auslöst, . . . ereignet sich, wenn die Grenze zwischen *Phantasie* und *Wirklichkeit* verwischt wird.[33]

---

doch einen Gesichtspunkt, der für gewöhnlich nicht in den Vordergrund gerückt wird. Wesentlich an ihr ist die Behauptung, daß der Wahnsinn nicht nur Methode hat, wie schon der Dichter erkannte, sondern daß auch ein Stück *historischer Wahrheit* in ihm enthalten ist, und es liegt uns nahe, anzunehmen, daß der zwanghafte Glaube, den der Wahn findet, gerade aus solch infantiler Quelle seine Stärke bezieht."

33 Julia KRISTEVA, Fremde sind wir uns selbst, Frankfurt am Main 1990, 204 f.

„Sie haben es sich verdient", meinen die väterlich gesinnten Werbespots der Reiseveranstalter und sagen vielleicht zu manchen „Sie haben nichts besseres verdient" zu diesem Spiel mit beinahe sicheren Grenzen zwischen Destrukturierung und Öffnung, das nicht immer so hoffnungsvoll eröffnet wird, wie Ernst Bloch meint, der jedoch hinzuzufügen nicht versäumt: „Ist Reisen erzwungen oder Beruf, also nicht abbrechend-glücklich, so ist es keines. Geschieht es aus Langeweile, weil einem sonst nichts mehr einfällt, so fährt diese mit. Sie ist das Gepäck und Geschick, das mit einem selber in der stählernen Kiste über die Schienen geschleift wird."[34] Die Langeweile, was ist sie anderes als eines der sichersten Gefängnisse des Fremden, die, wie Julia Kristeva zurecht betont, auch wir uns selbst sind.

Bevor wir die glücklichen Gestade des Südens gänzlich entzaubern und ihnen den letzten Anreiz für überaus notwendige Ferien vom Ich nehmen, wenden wir uns noch einmal kurz einigen scharfsinnigen Beobachtungen Kristevas über Europäer und den ihnen Fremden zu, die sich auch als Familienroman lesen ließe:

> Freunde des Fremden können – abgesehen von den guten Seelen, die sich verpflichtet fühlen, Gutes zu tun – nur diejenigen sein, die sich selbst gegenüber ein Gefühl der Fremdheit empfinden. Natürlich gibt es noch die Paternalisten, die Paranoiker und die Perversen, von denen jeder seinen Wahl-Fremden hat; sie würden ihn sogar erfinden, wenn es ihn nicht schon gäbe. Die Paternalisten: Wie sie uns verstehen, wie sie mitfühlen, wie sie unsere Talente schätzen, vorausgesetzt, sie können zeigen, daß sie ‚mehr' davon haben – mehr Schmerz, mehr Wissen, mehr Macht, einschließlich jener, uns beim Überleben zu helfen . . . Die Paranoiker: Niemand ist so ausgeschlossen wie sie, und um es zu demonstrieren, wählen sie als Hintergrund ihres Wahns einen grundsätzlich Ausgeschlossenen, den gewöhnlichen Fremden, und erwählen ihn zum Vertrauten der Verfolgungen, unter denen sie noch mehr leiden als er – bis sie in diesem Fremden *strictu sensu* den Usurpator und eine der Ursachen ihres Unglücks ‚entdecken': Wenn die Welt sie nicht versteht, dann genau, weil ‚die Fremden mittlerweile das ganze Interesse der Öffentlichkeit auf sich ziehen' . . . Die Perversen: Ihre Lust ist verborgen, nicht eingestehbar; sie würden gern, heimlich in ihrem Versteck, einen Fremden beherbergen, der vermutlich sehr zufrieden wäre, auf diese Weise einen Unterschlupf zu finden, und sei es um den Preis einer sexuellen oder moralischen Knechtschaft, die man ihm in lasterhafter, in unschuldiger Absicht anträgt . . . [35]

Neben der rechtsextremen schroffen Ablehnung der Fremden – wiewohl auch sie, die furchtsam erbitterten Geister diese, noch, wohlweislich kaschieren, um sich die Urlaubsfreuden nicht zu verderben, hin und wieder

34 Ernst BLOCH, Das Prinzip Hoffnung, Frankfurt am Main 1977, 430.
35 Julia KRISTEVA, Fremde sind wir uns selbst, 33.

behaupten, sie liebten die Türken, jedoch nur in der Türkei – gibt es also doch unsichtbare Zäune, und zwar nicht nur jene seit *Schizophrenie und Familie*[36] bekannten Gummizäune, die verhindern, daß der potentiell Schizophrene sich von der Rollenstruktur der Familie ausdrücklich abgrenzen kann, um so diese als *allumfassende* zu erfahren, sondern solche, die das Familienidyll der Pseudogemeinschaft nach außen schützen. Und doch gilt dieses sanfte Aufprallen auf dieses Kunstwerk der psychosozialen Elastizität nur für jene, die die hochtechnisierten Ersatzprodukte des Eisernen Vorhanges überhaupt einmal erst überwinden konnten.

Kritische Geister hier und in der Dritten Welt werden aber scharfsinnig bemerken: Was macht es für einen Sinn, alles, politische und soziale Probleme, auf die ewiggleiche Familiengeschichte des Nordens zu reduzieren. Die meisten europäischen Philosophen haben ja nur ihr Verwandtschaftssystem im Kopf, das sie überall hin exportieren, wird ein lateinamerikanischer Philosoph vielleicht einwerfen. Selbst der kritischste aller europäischen Ethnologen – er meint wohl Lévi-Strauss[37] – reduziert all

---

36 Gregory BATESON u.a., Schizophrenie und Familie, Frankfurt am Main 1984, 56–58.

37 Fassen wir anhand Jacques DERRIDA, Die Schrift und die Differenz, Frankfurt am Main, 1985, 428 f. zusammen: „In *Les structures élémentaires* . . . geht er [Lévi-Strauss] von dem Axiom oder der Definition aus, daß alles, was *universell* oder spontan ist, der Natur angehört, weil es von keiner besonderen Kultur oder bestimmten Norm abhängt. Zur Kultur dagegen gehört alles, was von einem System von *Normen* abhängig ist, das die Gesellschaft regelt und deswegen von einer sozialen Struktur zur anderen *variieren* kann. Diese beiden Definitionen sind traditioneller Art. Schon auf den ersten Seiten der *Structures* trifft Lévi- Strauss, der zu Beginn diese Begriffe eingeführt hatte, auf einen, wie er sagt, *Skandal*, das heißt einen Sachverhalt, der die so übernommene Entgegensetzung von Natur und Kultur nicht mehr zuläßt und der die Prädikate der Natur und Kultur *gleichzeitig* zu fordern scheint. Dieser Skandal ist das *Inzestverbot*. Das Inzestverbot ist universell, und in diesem Sinne könnte man es natürlich nennen. . . . Einen Skandal kann es offensichtlich nur *innerhalb* eines Systems von Begriffen geben, das sich auf die Differenz von Natur und Kultur verläßt. Indem Lévi-Strauss sein Werk über dem *factum* des Inzestverbotes errichtet, faßt er dort Fuß, wo diese Differenz, die bislang als selbstverständlich hingenommen wurde, ausgelöscht oder in Frage gestellt ist. Denn von dem Augenblick an, da das Inzestverbot sich nicht mehr in der Entgegensetzung von Natur/Kultur denken läßt, kann man nicht mehr sagen, daß es ein skandalöser Sachverhalt sei, ein dunkler Kern im Inneren eines Netzes transparenter Bedeutungen. Es ist dann kein Skandal mehr, dem man im Feld der traditionellen Begriffe begegnet. Es ist dasjenige, das sich diesen Begriffen entzieht und ihnen zweifellos – wahrscheinlich als ihre Möglichkeitsbedingung – vorausgeht. Man könnte vielleicht sagen, daß die ganze philosophische Begrifflichkeit, die mit dem Gegensatz

seine reichen Erfahrungen auf das Grundmodell von Inzestverbot und Exogamie. Falls er gut gelaunt ist, wird er hinzufügen: Mag schon sein, seit Adam und Eva sind wir alle miteinander verwandt. Der biblische Schöpfungsmythos, derjenige des zweiten Schöpfungsberichts, ist eine Geschichte der Sieger. Die Schlange ist tot, es lebe die Erbsünde.[38] Das ist in Wahrheit die milde Gabe, euer Almosen, daß die Humanisten unter euch Eroberern sagen, wir seien alle Teil einer einzigen, großen Familie. Und verkennt nicht, daß es gemeinsame, kulturübergreifende Strukturen des Zusammenlebens von Menschen gibt, aber die eine große Menschheitsfamilie ihre Opfer braucht.

Natur/Kultur in einem systematischen Zusammenhang steht, darauf angelegt ist, das, was sie ermöglicht, im Ungedachten zu lassen: den Ursprung des Inzestverbots." Das Begriffspaar – eine andere Familiengeschichte – von Natur/Kultur zu untersuchen geht also, meint DERRIDA, über die Philosophie hinaus, was gar nicht so leicht ist, wie einige sich das einbilden, die sich von der Metaphysik befreit glauben und ihr erst recht ausgeliefert sind. So bewährt sich ein zweiter Weg, der der Bastelei, der *bricolage*, die zu Lévi-Strauss' Spieltheorie führt, auf die wir im vorletzten Kapitel genauer eingehen.

38 Paul RICOEUR, Die „Erbsünde" – Eine Bedeutungsstudie, in: Hermeneutik und Psycho analyse (= Der Konflikt der Interpretationen II), München 1974, 141: „Ich führe hier einen beunruhigenden Ausdruck ein: den Begriff destruieren. Ja, ich denke, daß man den Begriff als Begriff zerbrechen muß, um die zugrunde liegende Sinnintention dem Verstehen wieder verfügbar zu machen: Der Begriff der Ursünde enthält ein falsches Wissen, und als Wissen muß man ihn zerstören; er täuscht ein quasi-juridisches Wissen von der Schuld der Neugeborenen vor, ein quasi-biologisches Wissen von der Übertragung einer erblichen Last, ein falsches Wissen, das in einer inkonsistenten Vorstellung eine juridische Schuldkategorie und eine biologische Vererbungskategorie blockiert. Das Ziel dieser – scheinbar vernichtenden – Kritik ist es aber zu zeigen, daß das falsche Wissen zugleich wahres Symbol ist, wahres Symbol von etwas, das nur von ihm übermittelt werden kann. Somit hat die Kritik nicht rundweg negativen Charakter: *Das Scheitern des Wissens* bildet die Kehrseite einer Arbeit der Wiedereroberung des Sinns, durch die wir die ‚orthodoxe' Intention der Ursünde, den rechten Sinn, den erfahrenen Sinn der Kirche wieder ans Licht heben; wie wir sehen werden, ist dieser Sinn keineswegs mehr ein juridisches, biologisches oder, schlimmer noch, ein juridisch-biologisches Wissen über irgendeine monströse Erbschuld, sondern das *rationale Symbol* des Tiefsten, das wir im Bekenntnis der Sünden aussprechen." Sogar in den ernstgemeintesten Absichten der Kritik, als „Dekonstruktion" von Schuld, Verantwortung, Entlastung und des Symbols, das zu denken gibt, erweist sich der Sinn als ziemlich martialisch. Ist es er selbst, sich reflektierend, neutralisierend, sich dem Geheimnis des Symbols ausliefernd, der sich als Sünde bekennen muß? Die Beziehung zwischen Symbol und falschem Wissen ist es, die in erster Linie zu denken geben muß, die RICOEUR dialektisch denkt, und müssen seine eigenen Warnungen ernst nehmen, die dazu raten, von HEGEL zu KANT zurückzukehren, um dem Verstehenszwang zu entkommen.

Nicht umsonst – zumal für die Betroffenen nicht, die dort wohnen – nennt man die Dritte, Vierte Welt den Hinterhof unserer sogenannten Ersten, und zersplittert so die Solidarität der Entrechteten allerorten. Gibt man diese Klassifizierung jedoch preis und spricht von der *einen* Welt, der *einen* Menschheit, ist es unumgänglich, sich mit den Konsequenzen der Globalisierung auseinanderzusetzen, eine der vielen Sprachen der Ökonomie in diesem Konzert der Polyloge zu sprechen, die Kompatibilität der unterschiedlichsten Währungen zu bejahen. Das heißt aber auch Mitarbeit an der Produktion und der Errichtung neuer Stacheldrähte, die unsere Wohngebäude vor den Bewohnern der Hinterhöfe beschützen, die dieses System schon zu Lebzeiten zu Gespenstern macht. Mit diesem komplexen Problem verhält es sich so, wie Lévi-Strauss meint, daß sich die Frage ergibt, „ob die verschiedenen Gesellschaften, wenn man ihre gegenseitigen Beziehungen betrachtet, sich nicht durch ein gewisses *Optimum* an Verschiedenheit unterscheiden, das sie nicht ungefährdet überschreiten und hinter dem sie auch nicht ungefährdet zurückbleiben können.“[39] Denn wird ein bestimmtes Band durchschnitten – das der Familie, das der Verschiedenheit? – so gefährdet man auch emotionale Grundlagen der Solidarität.

„Da ein neues gemeinschaftliches Band fehlt – eine Heilsreligion, die die Masse der Umherirrenden und Differenten in einen neuen Konsensus einbinden würde, einen anderen als den von ‚mehr Geld und Güter für alle‘ – sind wir das erste Mal in der Geschichte dazu gezwungen, mit anderen, von uns gänzlich Verschiedenen zu leben, und dabei auf unsere persönlichen Moralgesetze zu setzen, ohne daß irgendein unsere Besonderheiten umschließendes Ganzes diese transzendieren könnte. Eine paradoxe Gemeinschaft ist im Entstehen, eine Gemeinschaft von Fremden, die einander in dem Maße akzeptieren, wie sie sich selbst als Fremde erkennen.“[40]

---

39 Claude LEVI-STRAUSS, Rasse und Geschichte, in: Strukturale Anthropologie II, Frank furt am Main 1992, 367.

40 Julia KRISTEVA, Fremde sind wir uns selbst, 213

6. Vorgaben

Es sei denn, daß die Gabe zwar das Unmögliche ist, nicht aber das Unnennbare und das Undenkbare, so daß dieser knappe Spielraum zwischen dem Unmöglichen und dem Denkbaren die Dimension wäre, in der *es* Gabe *gibt*, aber auch, zum Beispiel, das Sein und die Zeit (*es gibt das Sein* oder *es gibt die Zeit,* um gleichsam exzessiv auf das vorzugreifen, was sich gerade als ein gewisser wesentlicher Exzeß der Gabe erweisen wird, ja als ein Exzeß der Gabe über das Wesen selber) . . .[1]

Gehen wir denn einmal mehr vom Einfachsten aus und halten wir uns weiter an dieses semantische Vorverständnis des Wortes ‚Gabe', in unserer oder in einer der uns vertrauten Sprachen. Gabe gibt es nur, wenn es keine Reziprozität gibt, keine Rückkehr, keinen Tausch, weder Gegengabe noch Schuld. Wenn der andere mir das, was ich ihm gebe, *zurückgibt* oder es mir *schuldet,* das heißt mir zurückgeben muß, wird es keine Gabe gegeben haben, ob diese Rückgabe nun unmittelbar erfolgt oder vorprogrammiert ist im komplexen Kalkül eines lang befristeten Aufschubs [différance]. Das ist überdeutlich, wenn mir der andere, der Gabenempfänger, *unmittelbar* dasselbe zurückgibt. Hierbei kann es sich übrigens sowohl um etwas Gutes wie um etwas Schlechtes handeln; und hier antizipieren wir eine andere Dimension des Problems, nämlich die, daß geben zwar spontan als *gut* bewertet wird (es ist *gut* zu geben, und das, was man gibt, Präsent, Geschenk oder *gift,* ist ein Gut), dieses ‚Gute' sich aber doch leicht ins Gegenteil verkehren kann: bekanntlich kann es als Gutes zugleich schlecht, böse, giftig sein (*Gift, gift*), und zwar von dem Moment an, wo die Gabe den anderen zum Schuldner macht, so daß geben darauf hinausläuft wehzutun, Böses zu tun [faire mal, faire du mal], ganz abgesehen davon, daß man in einigen Sprachen genausogut sagen kann ‚ein Geschenk geben' wie ‚eine Ohrfeige' geben, ‚das Leben geben' [‚donner la vie'] wie ‚den Tod geben' [‚donner la mort'], mag man dies nun trennen und entgegensetzen oder identifizieren. Wie wir also sagten, ist es nur zu deutlich, daß die Gabe annulliert wird, wenn der Gabenempfänger einfach dasselbe zurückgibt, etwa eine Einladung zum Essen (und das Beispiel der Nahrung oder der sogenannten Konsumgüter wird nie bloß ein Beispiel unter anderen sein). Jedesmal, wenn es eine Rückgabe oder Gegengabe gibt, wird die Gabe annulliert. Jedesmal derselbe zirkuläre Ring [anneau], der einen dazu veranlaßt ‚zurückzugeben', und schon gibt es die Bezahlung oder die Abtragung einer Schuld. In dieser Logik der Schuld ist die Zirkulation eines Guts oder der Güter nicht bloß die Zirkulation der ‚Dinge', die wir uns werden abgeboten haben, es zirkulieren auch die damit verbundenen Werte oder Symbole sowie unsere bewußten oder unbewußten Angebotsintentionen. Obwohl nun aber alle Metaphysiken der Gabe *zu Recht und mit Grund* die Gabe und die Schuld, die Gabe und den Kreislauf der Rückgabe, die Gabe

1 Jacques DERRIDA, Falschgeld. Zeit geben I, München 1993, 20.

und die Anleihe, die Gabe und den Kredit, die Gabe und die Gegengabe *zusammen* behandelt haben, als ein System, *verabschieden* wir uns hier auf krasse und einschneidende Weise von dieser Tradition. Das heißt von der Tradition selber. Und unser Abschied beginnt mit einer scharfen Trennung, mit der blendenden Evidenz diesen anderen Axioms: Gabe, wenn es sie gibt, gibt es nur in dem, was das System unterbricht und das Symbol zerbricht, in einem rückkehrlosen Aufbruch, in einer Division ohne Dividende [dans une partition sans retour et sans répartition], das heißt ohne das *sys*tematische oder *sym*bolische Mit-sich-sein eines Gabe-gegen-Gabe.
Damit es Gabe gibt, *ist es nötig,* daß der Gabenempfänger nicht zurückgibt, nicht begleicht, nicht tilgt, nicht abträgt, keinen Vertrag schließt und niemals in ein Schuldverhältnis tritt

...

Wenn er sie *als* Gabe an-erkennt, wenn die Gabe ihm *als solche erscheint*, wenn das Präsent ihm *als Präsent* präsent ist, genügt diese bloße An-erkennung, um die Gabe zu annullieren. Warum? Weil sie, die Anerkennung, anstelle – sagen wir vereinfachend – der Sache selbst ein symbolisches Äquivalent zurückgibt. Was aber nicht heißt, daß das Symbolische den Austausch *wieder*-herstellt, indem es die Gabe in der Schuld annulliert. Es ist nicht so, daß erst ein Tausch von Dingen oder Gütern stattfände, der sich dann in einen symbolischen Tausch verwandelte. Vielmehr stellt das Symbolische den Tausch allererst her, es eröffnet und konstituiert die Dimension des Tausches und der Schuld, mitsamt dem Gesetz oder dem Befehl der Zirkulation, in der die Gabe annulliert wird. Es genügt also, daß der andere *die Gabe wahrnimmt*, und zwar nicht einmal in dem Sinne, wie man eine günstige Gelegenheit wahrnimmt, nein, er muß bloß ihre Gabennatur *als solche* wahrnehmen, den Sinn oder die Intention, den *intentionalen Sinn* der Gabe, damit dieses bloße *Erkennen [reconnaissance]* der Gabe *als* Gabe, noch bevor es zu einer *Anerkennung [reconnaissance] als Dankbarkeit* wird, die Gabe als Gabe annulliert. Die bloße Identifikation der Gabe scheint sie zu zerstören.[2]

2 Jacques DERRIDA, Falschgeld, 22–25. (Die eckigen Klammern beziehen sich auf Hin weise des Übersetzers.) Siehe aber auch: Jacques DERRIDA, Passions, Paris 1993, 75–81; Jacques DERRIDA, Apories, Paris 1996, 36–39; Jacques DERRIDA, Gestade, Wien 1994, 219–244. Das sind selbstverständlich nur erste Hinweise, denen weitere folgen werden.

Wir wollen nun das wichtige Kapitel der Gabe[3] eröffnen. Mit allergrößter Vorsicht tun wir das, aber auch nicht ohne Übermut. Das Risiko ist gering, daß ein neuer Text über die Gabe unter dem Sezierstift eines der Dekonstruktion Mächtigen viel Widerstand leistet, denn man hat den Eindruck, solchen, den Gespenster hinterlassen, daß er sich schon dekonstruiert, bevor er überhaupt auf dem Papier erscheint. Und fällt er der *Allpräsenz* der Meta physik zum Opfer, so sind wir sicher, daß er unter einer sorgfältigen Durchstreichung noch lesbar bleibt.[4]

Ein Text ist nicht schon allein deswegen neu, nur weil er sich einer langen Liste an Publikationen hinzufügt, noch ist das Neue, das auch sein Thema sein muß (Weil er sich seiner Ankunft nicht verschließen kann, selbst wenn

---

3 Wohlwissend, daß die Gabe in keinem Kapitel Platz findet, dort auch nicht aufgehoben ist, verweisen wir auf Sonne, Vater, Kapital . . . in der *Dissemination*. Und wie es bei Text spenden üblich ist, werden wir veranlaßt, auf diese lange Rede, wie sie bei feierlichen Geschenkübergaben üblich ist, wozu auch diese kostbare Textspende Derridas (sie bleibt nicht unbemerkt) gehört, mit einer Rede antworten, die dem edlen Schenker einiges schuldig bleibt. Die Rede an den Empfänger solcher Geschenke hat viel von Nekrologen an sich, so die Schenker doch einiges loswerden wollen, was sie nicht für sich behalten wollen. Alle Geschenke kontaminieren die Gespräche, die um sie herum, mit ihnen, durch sie geführt werden, selbst das Schweigen. Wie steht es aber um eine Rede der Gabe, Gabe der Rede, die eigentlich, im Wesentlichen, – nichts von dem gilt – unbemerkt bleiben muß. Wo der Empfänger, der Beschenkte, einer aus einem breiten Leserpublikum, aus dem sich ein Text erhebt, sich so camouflieren muß, als hätte er sie – nicht? – empfangen? Das Zittern der Zwangsneurotiker vor ihrer Heilung.
Wir werden versuchen, dieses Falschgeld so schnell wie möglich weiterzugeben, in einer Art Pyramidenspiel und hoffen, daß die Überzeugungskraft für die nächsten Opfer ausreicht. Eine Lob- und Preisgabe Derridas.

4 Jacques DERRIDA, Grammatologie, Frankfurt am Main 1983, 42 f. verweist auf die kreuzweise Durchstreichung Heideggers des Wortes „Sein“: „Als Beschränkung des Sinns von Sein auf den Bereich der Präsenz ereignet sich die abendländische Metaphysik als die Herrschaft einer sprachlichen Form. Die Frage nach dem Ursprung dieser Herrschaft läuft nicht auf die Hypostasierung eines transzendentalen Signifikats hinaus, sondern auf die Hinterfragung dessen, was unsere Geschichte konstituiert hat und die Transzendentalität selbst hervorgebracht hat. Daran will Heidegger erinnern, wenn er in *Zur Seinsfrage* aus dem gleichen Grund das Wort ‚Sein‘ nur unter *kreuzweiser Durchstreichung* lesen läßt. Dennoch ist diese kreuzweise Durchstreichung kein ‚bloß negatives Zeichen‘. Diese Ausstreichung ist vielmehr die letztmögliche Schrift einer Epoche. Unter ihren Strichen verschwindet die Präsenz eines transzendentalen Signifikats und bleibt dennoch lesbar. Verschwindet und bleibt dennoch lesbar, wird destruiert und macht doch den Blick auf die Idee des Zeichens selbst frei. In dem Maße, wie sie die Onto-Theologie, die Metaphysik der Präsenz und den Logozentrismus begrenzt, ist diese letzte auch die erste Schrift.“

er alles daran setzte, sie zu verhindern, es, wenn es menschenmöglich wäre, an einem Horizont mit allen Geschützen der philosophischen Tradition zu erwarten.), nur deswegen radikal anders, weil dies fortwährend behauptet wird.

Die Lektüre der Schriften Derridas ist, wenn man sie in Hinblick auf eine bestimmte Problematik auf sich nimmt, begleitet von einer ungleich größeren Deutlichkeit dessen, daß man sich angesichts des Umfangs des Werks selbst, der unzähligen Verweise, der Verschlungenheit der Denkwege, der Meisterschaft des Kleingedruckten, entscheiden muß, welchem Pfad man folgen soll.[5] Von welcher Vernunft soll man sich leiten lassen, wo sie doch keine Hilfe zu leisten imstande ist auf der Suche nach der Gabe?[6] Die Wegweiser sind unleserlich/unlesbar, falsch gestellt und, wären sie auch so ordentlich wie die Hinweisschilder auf unseren Straßen, setzten ja schon voraus, daß man wüßte, wohin man letztendlich will. Wir mögen uns irren, kann sein. Die Gefahr, an der Gabe vorbeizuschreiben, ist gering angesichts dessen, daß sich ihr Geheimnis jeder Berechnung entzieht, jedem Kalkül, jeder präsentischen Metaphysik, allen Adäquationen und Pflichtgefühlen.

Wir sind also gezwungen, es ist gegeben, das Ziel zu verfehlen, vor allem deshalb, weil keine Metasprache, keine Metapher und auch keine Metametametapher[7] es ermöglicht, sie zu benennen, sie dem Tausch vollends zu über antworten. *Es gibt* aber einen Raum, eine Art Waffenstillstandszone, in dem wir einigermaßen schreiben können, ohne daß jedes kryptische Alltagswort gleich zum Welträtsel erhoben wird. Sollten die Grenzen dieses

---

5 Wir dürfen aber, auch wenn ihn das Buch nie erreichen sollte, mit seinem Wohlwollen nicht rechnen wie Geoffrey Bennington, dem er im Untergrund, an der Basis dessen Derridabuchs folgendes schreibt: „. . . denn selbst wenn ich Lust hätte, ihm seine Maschine kaputtzumachen, ich könnte es nicht und habe im übrigen auch kein Verlangen danach, ich mag ihn zu sehr." (Jacques DERRIDA, Zirkumfession, in: Jacques Derrida. Ein Portrait von Geoffrey BENNINGTON und Jacques DERRIDA, Frankfurt am Main 1994, 45.)

6 Jacques DERRIDA, Falschgeld, 105: „*Aufs Ganze* gesehen gibt es keine Gabe für die Vernunft, nicht einmal für eine praktische Vernunft. Es gibt keinen vernünftigen Grund dafür, daß es jemals die geringste Gabe gäbe. Die Gabe, wenn es sie gibt, müßte jenseits von allem passieren: vor allem und nach allem. Nicht daß sie sich der Vernunft *entgegen setzte* und was auch immer das sei – ganz und gar, alles in allem –, aber vielleicht passiert sie sie, damit etwas passiert, einschließlich so etwas wie der Vernunft, einschließlich allem."

7 Siehe vor allem: Jacques DERRIDA, Le retrait de métaphore, in: Psyche, Paris 1987.

Bereichs überschritten werden, ist es alles andere als ausgemacht, daß diese Begegnung eine kriegerische sein muß.

Und dennoch durchdringt sie, die Gabe, das Geflecht all dessen, was Derrida seit Beginn seines Schaffens nicht müde wird zu dekonstruieren. Ist sie auch nicht der magische Aspekt irgendeines Objekts, noch auch Objekt überhaupt – führt sie eine parasitäre Existenz? –, so steht sie aber doch in einer Beziehung zur Vernunft, ohne an ihrer vermeintlichen Reinheit zu partizipieren.[8]

Fortwährend setzt sich das diskursive Drängen, die Gabe erkenntlich zu machen – sie wird sich nie erkenntlich zeigen –, dem Verdacht aus, sie darzustellen als letzten Rest einer heilen und heiligen Ordnung, die durch eine kosmische Katastrophe, durch unvordenkliche Begierden mythischer Gestalten zerstört wurde, als Seelenfünklein, als Licht und Quelle des Lichts zugleich. Die Dekonstruktion mag ja bei vielen den Eindruck erwecken, sie

---

8 Geoffrey BENNINGTON würde das folgendermaßen charakterisieren: „In dieser Situation kann es keine Reinheit und Unbeflecktheit des Diskurses geben. Wir haben regelmäßig darauf insistiert, daß es aus prinzipiellen Gründen unmöglich ist, sich durch einen klaren Schnitt vom metaphysischen *logos* zu trennen. Durch die Hervorhebung einer supplementären Komplizität zwischen einer den metaphysischen Diskurs zwangsläufig affizierenden Unterbrechung *einerseits* und einer im dekonstruktiven Diskurs *als* Unterbrechung remarkierten Unterbrechung *andererseits* hat diese Behauptung jetzt eine komplexere Gestalt angenommen. Auch darum nimmt der dekonstruktive Diskurs keine äußerliche und kritische Position im Verhältnis zu seinen Gegenständen ein. Er ist nicht einfach ein ‚aktiver' Diskurs, der sich an einem ‚passiven' betätigt. Ohne das ständige Risiko eines Rückfalls des remarkierenden in den remarkierten Diskurs gäbe es keine ethische Möglichkeit von Verantwortung (und daß es dieses Risiko gibt, ist erneut die Notwendigkeit selbst). Diese Verantwortung hat ihren Ort an der Grenze, an der das Selbe und das andere sich *in* der Unterbrechung ihres Bezugs berühren." (Derridabase, in: Jacques Derrida. Ein Porträt von Geoffrey BENNINGTON und Jacques DERRIDA, 316 f.) Siehe aber auch Jacques DERRIDA, Grammatologie, 45.
Nimmt man diese ethische Möglichkeit nicht wahr, mag es einem ergehen wie jenen Personen, von denen Sigmund FREUD in *Der Witz und seine Beziehung zum Unbewußten*, Frankfurt am Main 1979, 37 berichtet: „Es gibt Personen, welche die Gabe besitzen, wenn sie in aufgeräumter Stimmung sind, durch längere Zeit jede an sie gerichtete Rede mit einem Kalauer zu beantworten. Einer meiner Freunde, sonst das Muster der Bescheidenheit, wenn seine ernsthaften Leistungen in der Wissenschaft in Rede stehen, pflegt dergleichen auch von sich zu rühmen. Als die Gesellschaft, die er einst so in Atem erhielt, der Verwunderung über seine Ausdauer Ausdruck gab, sagte er: ‚Ja, ich liege hier auf der *Ka-Lauer*', und als man ihn bat endlich aufzuhören, stellte er die Bedingung, daß man ihn zum *Poeta Ka-laureatus* ernenne."

sei so eine gnostische Heilslehre, ja Geheimlehre, denn auch sie muß sagen, was die Gabe nicht ist[9], dem Kosmos Tribut zollen. Doch der Verdacht selbst kann, und er will es auch gar nicht, seinen Bezug zu einem Verbrechen, zu dessen Geschichte, zur Sprache des Gerichts verschleiern. Nun aber ist die Gabe gerade nicht der Lohn für ein entbehrungsreiches Leben, das Angeld für die Rückkehr in die Heimat, nicht der Preis, der von der Menschheitsfamilie für die Verbrechen ihrer Vorväter zu entrichten ist. „Gabe gibt es nur, wenn es keine Reziprozität gibt, keine Rückkehr, keinen Tausch, weder Gegengabe noch Schuld."[10] Das Reich des Geistes, des Reinen, des Lichts, und der ihm zugehörigen Gaben ist auch nicht das Primäre, dem das Reich der Finsternis, des Geldes, des Handels, des Tausches als sekundäres gegenüberstünde. Jochen Hörisch meint daher zu Recht: „Geld ist ein pures Mittel und wird zum reinen Zweck, kurzum: Geld ist der Inbegriff des Sekundären, das sich zum Primären zu potenzieren droht – Geld bedroht (göttlichen) Geist. Revolten gegen den (Un-)Geist des Sekundären sind heute – nach der Postmoderne – an der Tagesordnung. Fundamentalisten aller Couleur: vom fanatischen Mullah über den fromm gewordenen Schriftsteller bis zum Professor in Genf und Cambridge erschallt ein Ruf wie ein Donnerhall, der nach der Überwindung alles Sekundären verlangt. Sollte er erhört werden, dürfte uns das sehr teuer zu stehen kommen."[11]

Dieser Fundamentalismus findet sich aber durchaus nicht nur bei fanatischen Mullahs oder frommen Schriftstellern. Das Entsetzen, das er verbreitet, scheint ihm paradoxerweise nur eine immer größere Anhängerschar zu bescheren. Ist er, in seinen vielfältigen Formen, vom rechtsradikalen Populismus hierzulande bis zu der von jahrzehntelanger kolonialistischer „Kulturpolitik" verursachten Identitätskrise vieler islamischer Länder und, wie könnten wir es nach dem schrecklichen Krieg in unserer unmittelbarer Nachbarschaft vergessen, bis zu dem Wiedererwachen nationaler Gefühle, nicht mitbedingt durch die gesichtslose Ausbeutungsmaschinerie des Neoliberalismus? Die vielzitierte Orientierungslosigkeit, der heftig beklagte Verlust an Werten in der pluralen, multikulturellen Gesellschaft, all das, muß es nicht wie eine billige Verhöhnung klingen in den Ohren jener, die

9 Vgl. Jacques DERRIDA, Apories, 42.

10 Jacques DERRIDA, Falschgeld 22f.

11 Jochen HÖRISCH, Dekonstruktion des Geldes. Die Unvermeidbarkeit des Sekundären, in: Michael WETZEL, Jean-Michel RABATE (Hg.), Ethik der Gabe. Denken nach Jacques DERRIDA, Berlin 1993, 182.

gerade ihren Arbeitsplatz verloren haben. Stehen sie nicht machtlos vor dem höflichen und eindeutigen Nein ihres Arbeitgebers? Die noch vorhandenen Grauzonen der Schattenwirtschaft, der notlindernden Lokalanästhesie des Sozialstaats, bieten immer weniger Schutz vor dem Absturz in die als selbstverursacht gebrandmarkte Armut. Die Logik der Verzweifelten, die sehr große Affinität zur Bricolage, zur Bastelei des *Wilden Denkens*[12] aufweist, sie hält dem wachsenden Unmut über die immer unerbittlicher werdende soziale Lage nicht unbegrenzt stand und weicht zusehends den Gesetzen der, wenn man dem Volksmund Glauben schenken will, kalten Logik des Marktes. Was sich als Rettung ankündigt, ist die zugleich furchterregende und faszinierende Maske des Platzhalters, in der freilich nur die Paranoia ein Gesicht zu erkennen meint.

Es ist ein leichtes, die Propagandaliteratur der Fundamentalisten zu dekonstruieren, aber man riskiert im unmittelbaren Kontakt mit ihnen seinen Kopf. Aber auch dort, wo der Terror erst noch großteils nur zu Buche schlägt, werden wir konfrontiert mit einem uns allen wohlbekannten Phänomen: „Logische Argumente seien also ohnmächtig gegen affektive Interessen, und darum sei das Streiten mit Gründen, die nach Falstaffs Wort so gemein sind wie Brombeeren, in der Welt der Interessen so unfruchtbar. Die psychoanalytische Erfahrung hat diese Behauptung womöglich noch unterstrichen. Sie kann alle Tage zeigen, daß sich die scharfsinnigsten Menschen plötzlich einsichtslos wie Schwachsinnige benehmen, sobald die verlangte Einsicht einem Gefühlswiderstand bei ihnen begegnet, aber auch alles Verständnis wiedererlangen, wenn dieser Widerstand überwunden ist."[13]

Die Einsichtslosigkeit, von der Freud spricht, ist durchaus eine Beziehung zur Logik. Diejenigen, die sich eine psychoanalytische Kur leisten können, wissen das durchaus, der Widerstand ist sogar das Material der therapeutischen Arbeit, der Angelpunkt der Türen, der Pforten der geschlossenen Gesellschaften, denen unterstellt wird, sie hätten *die Gabe* in ihrem Besitz. Das gilt für die, die behaupten, die Sprache des Wahnsinnskünde noch von der ursprünglichen Einheit des Logos, in dessen Sold auch die Dichter stehen, von der Sprache – es sei denn sie ließe sich sprechen oder erschweigen – vor dem Fall in die Metaphysik, für die Zerrissenheit der Tyrannen-

---

12 Claude LEVI-STRAUSS, Das wilde Denken, Frankfurt am Main 1968.
13 Sigmund FREUD, Zeitgemäßes über Krieg und Tod, IX, 47.

mörder, die, wenn sie das Leben nehmen, sich selbst als[14] Gabe präsentieren.[15] Gleiches gilt aber auch für jene, die als Delegierte der Vernunft den Wahnsinn hinter Gitter sperren. Michel Foucault hat in *Wahnsinn und Gesellschaft. Eine Geschichte des Wahns im Zeitalter der Vernunft*[16] auf diese Ausschließung hingewiesen und ihm einen konkreten historischen Ort zugewiesen, der in unmittelbarem Zusammenhang mit dem cartesianischen Cogito steht. Doch ist diese Entgegensetzung noch glaubwürdig, wenn man an die verheerenden Auswirkungen dessen denkt, was man so als Vernunft, Ratio, Sachlichkeit bezeichnet. Muß man sie noch eigens nennen, der Rüstungswahn mag als Beispiel ausreichend sein. Derrida kommt so in *Cogito und Geschichte des Wahnsinns* zu folgendem Résumé: „Aber diese

---

14 *Le don, comme tel,* wie DERRIDA sagen würde. Wir kommen im nächsten Abschnitt darauf zu sprechen, der von der Aporie handelt. (Wir könnten das „handelt" auch als kursives hervorheben . . ., oder, so wie DERRIDA es im ersten Teil von *Foi et savoir* tut, es den ganzen ersten Teil über tut, der sich *Italiques* nennt. (Foi et savoir. Les deux sources de la „religion" aux limites de la simple raison, in: La religion. Séminaire de Capri sous la direction de Jacques DERRIDA et Gianni VATTIMO, Paris 1996.)

15 Albert CAMUS, Der Mensch in der Revolte, Reinbek bei Hamburg 1969, 136: „Die Zukunft ist für Menschen ohne Gott das einzige Jenseits. Ohne Zweifel wollen die Terroristen zuerst zerstören, den Absolutismus unter dem Schock der Bomben ins Wanken bringen. Aber durch ihren Tod zumindest trachten sie danach, eine Gemeinschaft der Gerechtigkeit und der Liebe neu zu erschaffen und damit eine Sendung wieder aufzunehmen, die die Kirche verraten hat. Die Terroristen wollen im Grunde genommen eine Kirche gründen, aus welcher eines Tages der neue Gott hervorgehen wird. Aber ist das alles? Wenn ihre freiwillige Anerkennung der Schuld und des Todes nichts anderes hervorbrachte als das Versprechen eines künftigen Wertes, so erlaubt uns die Geschichte heute, wenigstens für einen Augenblick, zu behaupten, daß sie umsonst gestorben sind und nie aufhörten, Nihilisten zu sein. Ein Wert, der später kommen wird, ist ein Widerspruch in sich selbst, denn er kann keine Tat erhellen noch ein Auswahlprinzip beibringen, solange er sich nicht verkörpert hat." Steht CAMUS an der Pforte der Dekonstruktion? Mit Spannung erwarten wir eine Auseinandersetzung DERRIDAS mit *Der Mensch in der Revolte*. Ist der Tod umsonst, im Sinne von *gratis data*, oder ist er vergeblich, zu vergeben, zu verzeihen? Der Aufschub, den CAMUS einfordert, weist deutlich darauf hin, daß die Gabe auch nicht um den Preis eines Menschenlebens zu haben ist. Diejenigen aber, die ihr Dasein im Kerker der Armut fristen, sind sie die Gabe eines Systems, aus dem Leben gestrichen, denn das Gesetz an-erkennt nur franziskanische Armut und die Pflicht zur Gabe (?) des Almosens. Ein Wert, der später kommen wird, teilt er das Schicksal der vergangenen Werte, der toten Körper? Ein Zeuge, der überlebt, was ist er wert? Von Überlebenden des Holocausts kann man hören, sie hätten auch anderes zu tun, als nur Zeugnis abzulegen.

16 Michel FOUCAULT, Wahnsinn und Gesellschaft. Eine Geschichte des Wahns im Zeitalter der Vernunft, Frankfurt am Main 1979.

Krise, in der die Vernunft wahnsinniger als der Wahnsinn ist – denn sie ist Nicht-Sinn und Vergessen – und in der der Wahnsinn vernünftiger ist als die Vernunft, denn er ist der lebendigen (wenn auch schweigsamen und murmelnden) Quelle des Sinns näher, diese Krise hat stets bereits begonnen und ist nicht beendbar."[17]

Einer Ethik der Dekonstruktion(en) – *es gibt* keine – geht es in erster Linie darum, aufzuzeigen, daß die Dämonisierungen des Handels, des Systems des Unrechts, der aktuellen politischen Situation nicht nur in keiner Weise zur Verbesserung der Lebensbedingung derer beitragen, für die man sich einzusetzen bereit ist, sondern (Fast wäre man versucht zu sagen: im Gegenteil!) dieses Spiel von Gabe und Gegengabe, von Vernunft und Spekulation erst ermöglichen, ihm eignen, ihm zugesprochen sind. Wir werden nicht so unvorsichtig sein, von ihr ein Heilmittel zu erhoffen, schon gar nicht ein schnellwirkendes.

Bei Zeiten geben

Was (die) Dekonstruktion in erster Linie lehrt, ist Geduld. Das ist bereits seit den Anfängen des Schaffens Derridas so, spätestens aber deutlich seit dem Erscheinen des Aufsatzes *Die différance*.[18] Beschränken wir uns, was die Entfaltung dieses philosophiemächtigen Wortgebildes anlangt, auf den Aspekt der Temporisation. „*Différer* in diesem Sinne heißt temporisieren, heißt bewußt oder unbewußt auf die zeitliche und verzögernde Vermittlung eines Umweges rekurrieren, welcher die Ausführung oder Erfüllung eines ‚Wunsches' oder ‚Willens' suspendiert und sie ebenfalls auf eine Art verwirklicht, die ihre Wirkung aufhebt oder temperiert. Und wir werden – später – sehen, inwiefern diese Temporisation auch Temporalisation und Verräumlichung ist, Zeit-Werden des Raumes und Raum-Werden der Zeit; ‚originäre Konstitution' vor Zeit und Raum würde die Metaphysik oder die transzendentale Phänomenologie in jener Sprache sagen, die hier kritisiert und verschoben wird."[19]

---

17 Jacques DERRIDA, Cogito und Geschichte des Wahnsinns, in: Die Schrift und die Differenz, Frankfurt am Main 1985, 100. Was aber die Grenzen zwischen Wahn, Vernunft, Normalität und Sprache anlangt, siehe besonders: Ebenda, 88.

18 Jacques DERRIDA, Die différance, in: Postmoderne und Dekonstruktion, hg. von Peter ENGELMANN, Stuttgart 1990.

19 Ebenda, 8.

Diese Definition der Temporisation erinnert in vielen Zügen an die Trieb lehre der Psychoanalyse, vor allem, wenn sie von „rekurrieren" spricht, das sich an die Wiederholung anlehnt, oder die Suspension der Wunscherfüllung, die Kulturleistung, die schon seit den frühesten Bahnbrechungen der Lehre Freuds zu dessen wichtigsten Themen gehört.[20] Doch Derrida bewegt sich an den Rändern dieser Theorien, er passiert sie, sie passieren ihn (ihm), denn es hat, kann sein, keinen, Sinn das Gegensatzpaar Immanenz/Transzendenz zuhilfe zu rufen, wo er doch auch die Dialektik als subtilste Spekulation – was durchaus auch im monetären Sinn zu verstehen ist – und als gefürchtete Lehrmeisterin begreift.

Die Zeit als Kreis, was seit Heidegger – wir werden uns in der Auseinandersetzung mit ihm zumeist im Umkreis von *Sein und Zeit* aufhalten – als *der* Zeitbegriff *der* Metaphysik[21] gilt, macht die Gabe unmöglich. Die Ab schaffung der Metaphysik ist jedoch, wenn es einen Gradmesser des Unmöglichen gibt, ebenso unmöglich wie die Gabe.

---

20 Die Auseinandersetzung DERRIDAS mit FREUD findet vor allem statt in: Speculer sur „Freud", in: La carte postale, Paris 1980; in: Mal d'Archive, Paris 1995 und selbstverständlich in: Freud und der Schauplatz der Schrift, in: Die Schrift und die Differenz. Diese frühe Bahnbrechung Freuds ist der *Entwurf* aus dem Jahre 1895. (Entwurf einer Psychologie, in: Gesammelte Werke. Nachtragsband, Frankfurt am Main 1991.) Vgl. dazu auch die Briefe FREUDS an FLIESS aus dieser Zeit. (Briefe an Wilhelm Fließ, Frankfurt am Main 1986.)

21 DERRIDA setzt im *Falschgeld,* 18, die Kenntnis seines Artikels *Ousia et grammè* (In: Marges de la philosophie, Paris 1972.) voraus, die eine Auseinandersetzung mit HEIDEGGERS Fußnote in Sein und Zeit (Tübingen 1967) auf Seite 432 f. zum Inhalt hat. HEIDEGGER weist hier auf die Filiation des HEGELschen Zeitbegriffs von dem des ARISTOTELES hin, denn auch HEGEL spricht von dem Kreislauf der Zeit. Dieser „vulgäre" Begriff der Zeit (*Sein und Zeit*, § 80 f.) im Unterschied zur Zeitlichkeit, die als ekstatisch-horizontale die Weltzeit zeitigt, verweist natürlich auf die ontologische Differenz, die DERRIDA der Différance aussetzt: „Il y aurait une différence plus impensé encore que la différence entre l'être et l'étant. Sans doute ne peut-on davantage la nommer comme telle dans notre langue. Au-delà de l'être et de l'étant, cette différence sans cesse, (se) tracerait (elle-même), cette *différance* serait la première ou la dernière trace si on pouvait encore parler ici d'origine et de fin. Une telle différance nous donnerait déjà , encore, à penser une écriture sans présence et sans absence, sans histoire, sans cause, sans archie, sans *télos*, dérangeant absolument toute dialectique, toute théologie, toute téléologie, toute ontologie. Une écriture excédant tout ce que l'histoire de la métaphysique a compris dans la forme de *grammè* aristotelicien ne, dans son point, dans sa ligne, dans son cercle, dans son temps et dans son espace." (Jacques DERRIDA, Marges, 77 f.).

Wie schon Heidegger, so kennzeichnet auch Derrida dieses metaphysische Denken als ein Einebnen bzw. Vergessen der Differenz. Anders als (gewisse, frühere Texte von) Heidegger verneint Derrida jedoch die Möglichkeit einer wiederholenden Einholung dieser Vergessenheit und somit auch die Möglichkeit einer Überwindung der Metaphysik. Diese Differenz mit Heidegger ergibt sich im wesentlichen aus der Verfassung der Metaphysik als Text, Schrift. Metaphysische Texte können nicht in einen vergessenen Urtext zurückübersetzt werden, und jeder neue, sich kritisch mit der Metaphysik befassende Text ist noch dem metaphysischen Text verpflichtet. So zeigt z.B. Heideggers Scheidung von eigentlichem und vulgärem Zeitbegriff deutliche Spuren eines ethisch inspirierten metaphysischen Denkens.
Die Einstellung, durch welche Derridas Dekonstruktion der Metaphysik der Präsenz sich von Heideggers Destruktion der Metaphysik der Anwesenheit unterscheidet, ist somit ambivalent. Es handelt sich einerseits um eine Radikalisierung des Heideggerschen Verfahrens und andererseits um eine Einschränkung von dessen möglichem Ergebnis. Nicht nur gehört zu jedem Text ein wesentlich Ungedachtes, das in keiner nachkommenden Interpretation einzuholen ist, sondern diesem notwendig Ungedachten fehlt auch jeder Charakter der Ursprünglichkeit. Was in der Metaphysik ungedacht blieb, ist nicht ursprünglicher als das in ihr Bedachte, das Vergessene blieb nicht seiner Tiefe wegen verborgen, und das andenkende Denken dieses verborgenen Grundes gilt nicht dem Schwierigsten weil Nächstliegendem oder Einfachsten. Das in der Metaphysik Vergessene ist nicht bloß der durch das Denken zwangsläufig geworfene Schatten, welcher ein dem Denken äußerlich bleibendes Ungedachtes verdeckt. Die Grenze, die Differenz zwischen Gedachtem und Ungedachtem, Geschriebenem und Ungeschriebenem ist vielmehr bloß eine abgeleitete und zufällig bestimmte, eine bloße Spur.[22]

Der Kreis wird somit Derrida verfolgen, ihn einkreisen und umschlossen halten.[23] Nur ein Augenblick, der selbst nicht mehr zur Zeit gehörte, könnte die Gabe ermöglichen, zum Preise der Zerreissung der synthetisierenden Strukturen des Bewußtseins[24], der Unterbrechung der Zirkulation, des

---

22 Rudolf BERNET, Die ungegenwärtige Gegenwart. Anwesenheit und Abwesenheit in Husserls Analyse des Zeitbewußtseins, in: Phänomenologische Forschungen 14, München 1983, 21 f.

23 Vgl. Jacques DERRIDA, Falschgeld, 17 f.

24 Erinnert sei hier an die Auseinandersetzung DERRIDAS mit HUSSERLS Zeitbegriff in *Die Stimme und das Phänomen* (Frankfurt am Main, 1979, 120 f.): „Wenn man einmal diese Kontinuität des Jetzt und des Nicht-Jetzt, der Wahrnehmung und der Nicht-Wahrnehmung in der Ursprungszone, in die sich die ursprüngliche Impression und die Retention teilen, zugesteht, so muß man auch dem anderen in der Selbstidentität des Augenblicks stattgeben: der Nicht-Präsenz und der Inevidenz im Augen-Blick des Augenblicks. Im Augenblick waltet eine Dauer, die das Auge verschließt. Diese Andersheit ist die allen daraus sich möglicherweise ergebenden Dissoziationen vorausliegende Bedingung der Präsenz, der Präsentation und damit der Vorstellung überhaupt. Der Unterschied zwischen der Retention und der Reproduktion, zwischen der primären und der sekundären Erinnerung, ist nicht der von Husserl als radikal angenommene

Wahnsinns. Was aber unterbricht diesen Kreis der Ökonomie, dieses Präsent dieser Präsenz der Metaphysik, wenn nicht die Gabe. Keine Theorie ist imstande, sie zu denken, aber, wo doch die Abschaffung der Metaphysik ohnehin nicht intendiert ist, nimmt Derrida Anleihen bei Kant und versucht, dessen transzendentale Illusion für sein Anliegen fruchtbar zu machen.

Dieser Versuch aber, den bodenlosen Boden dieser quasi-,transzendentalen Illusion' zu *denken*, dem Denken einfach entsagen und sich in eine Art getreue Anbetung flüchten, in einen bloßen Glauben an das, was über die Erfahrung, die Erkenntnis, die Wissenschaft, die Ökonomie und selbst noch über die Philosophie hinausgeht, sie überbordet. Bei diesem Versuch, einem Begehren jenseits des Begehrens, geht es im Gegenteil darum, so getreu, aber auch so streng wie möglich sowohl der Verfügung oder der Anordnung der *Gabe* (,gib') nachzukommen wie auch der Verfügung oder der Anordnung des Sinns (der Präsenz, der Wissenschaft oder der Erkenntnis): So *wisse* denn auch noch, was geben *sagen will, wisse zu geben*, wisse, was du willst und sagen willst, wenn du gibst, wisse, was du zu geben intendierst, wisse, wie die Gabe sich annulliert, laß dich ein, selbst wenn dieses Sicheinlassen eine Zerstörung der Gabe durch die Gabe ist, gib du der Ökonomie eine Chance. Denn am Ende führt das Überborden des Kreises durch die Gabe, wenn es sie gibt, nicht auf ein bloßes Außen, das völlig unsagbar, transzendent und bezuglos wäre.[25]

Unterschied zwischen der Wahrnehmung und der Nicht-Wahrnehmung, sondern der zwischen zwei Modifikationen der Nicht-Wahrnehmung. Was immer auch der phänomenologische Unterschied zwischen diesen beiden Modifikationen sein mag, er trennt – trotz der ihm impliziten immensen Probleme und der Notwendigkeit, über sie Rechenschaft abzulegen – nur zwei Weisen, sich auf die auf ein anderes Jetzt nicht reduzierbare Nicht-Präsenz zu beziehen." Diesen unmöglichen Bezug scheint HUSSERL wenigstens einen Augenblick lang einem letzten Bewußtsein, das ein unbewußtes Bewußtsein sein müßte, zu überantworten. (Edmund HUSSERL, Zur Phänomenologie des inneren Zeitbewußtseins, Haag 1966, 382.) DERRIDA scheint auch hier von HUSSERL zu empfangen, was dieser nicht zu geben imstande ist, ohne es gleich zu vernichten.

25 Jacques DERRIDA, Falschgeld, 45. DERRIDAS Vorgehen, oder besser Vortasten, erinnert in vielen Zügen an Paul RICOEURS zweite Naivität in dessen Freudbuch *Die Interpretation* (Frankfurt am Main 1974, 506 f.) und an die Symbolik des Bösen in demselben Werk: „Alle Symbole geben zu denken, aber die Symbole des Bösen zeigen auf exemplarische Weise, daß in den Mythen und Symbolen stets mehr enthalten ist als in unserer gesamten Philosophie und daß eine philosophische Interpretation der Symbole niemals absolute Erkenntnis werden kann, – kurz, das Problem des Bösen zwingt uns, von Hegel zu Kant zurückzukehren, ich meine von einer Auflösung des Problems des Bösen in der Dialektik zur Erkenntnis der Stellung des Bösen als eines Unerforschlichen, das folglich auch in keine Spekulation, kein totales und absolutes Wissen eingebracht zu werden vermag. Somit legen die Symbole des Bösen Zeugnis ab vom unüberwindbaren Charakter der gesamten Symbolik; zur gleichen Zeit, da sie uns vom Scheitern unseres Daseins und unserer Kraft, dazusein, erzählen, verkünden sie auch das Scheitern jener Denksysteme, welche die Symbolik in ein absolutes Wissen eintauchen

Es handelt sich vielleicht doch nicht nur um einen einfachen Kreis, sondern eher um eine Möbiusschleife, die es der Schwerkraft entzogenen docta ignorantia gestattet, von Innen nach Außen zu gehen, ohne die Ökonomie, den Tausch, die Metaphysik zu verwerfen und ohne die Treue der Gabe, zur Gabe zu verraten. So teilen also die Zeit, das Sein – wenn es unmöglich ist, sich dieser Schwerkraft zu entziehen, es sei denn, man teile das Schicksal Gregor Samsas – die aporetische Paralyse[26] mit der Gabe, die als solche die

möchten. Aber die Symbolik ist auch eine Symbolik der Versöhnung; gewiß wird diese Versöhnung nirgendwo anders gegeben denn in den Zeichen, die sie verheißen; zumindest gibt sie diesem Verständnis des Glaubens, das ich oben das Verständnis der Schwelle genannt habe, stets zu denken; dieses Verständnis annulliert nicht seinen symbolischen Ursprung; es ist kein allegorisierendes Verständnis, sondern eines, das das in Symbolen denkt. Das Denken, sagt Nabert, hält sich immer in der Nähe der Rechtfertigung." (539) Gewiß ist es so, daß die Ordnung der Symbole nach DERRIDA ebenso der Ordnung der Ökonomie unterliegt, und mag es auch die Heilsökonomie sein. Aber RICOEUR führt dann drei Kategorien dieses Symboldenkens ein, das „trotz", das „dank" und das „um so viel mehr", die seine Eschatologie markieren. Und dieses „um so viel mehr" kann niemals in Wissen umgemünzt werden. (540) Und „trotz" aller Bemühungen, die Hermeneutik als kritische Hermeneutik zu restaurieren, die auch durch die psychoanalytische Katharsis gegangen sein muß, bringt RICOEUR der Dekonstruktion einiges Mißtrauen entgegen. (Vgl. die Auseinandersetzung zwischen RICOEUR und seinem „Schüler" DERRIDA in: La métaphore vive, Paris 1975, wo er sich mit DERRIDAS *Mythologie blanche,* in: *Marges* auseinandersetzt. Die Antwort DERRIDAS auf diese Rezeption befindet sich in: *Retrait de métaphore.*) Weisen wir noch kurz darauf hin, daß auch RICOEUR auf die transzendentale Illusion verweist: „Der transzendentale Schein ist nicht ein bloßer Irrtum, ein purer Zufall in der Geschichte des Denkens, er ist eine *notwendige* Illusion. Hier liegt meiner Meinung nach der radikale Ursprung eines jeden ‚falschen Bewußtseins', die Quelle aller Problematik der Illusion, jenseits der sozialen Lüge, der Lebenslüge, der Wiederkehr des Verdrängten; Marx, Freud und Nietzsche operieren bereits auf der Ebene sekundärer, von der Illusion abgeleiteter Formen; daher sind ihre Problematiken partiell und rivalisierend." (541) DERRIDA würde diese Hierarchie, die sich innerhalb des falschen Bewußtseins auftut, bald in Beziehung bringen mit dem Problem des radikalen Bösen, wie es sich bei Kant stellt . . . Diese Philopolemologie ließe sich noch weiter führen.

26 Verweisen wir nur kurz auf AUGUSTINUS (Siehe aber auch z.B. HEIDEGGER, Sein und Zeit, 424.) und das *Liber undecimus* seiner *Confessiones*, der die Zeit, so sie auf der Basis des gegenwärtigen Jetzt Vergangenheit und Zukunft nur als dessen Modifikationen auffaßt, die durch die *memoria* zur Synthese gelangt. Die Frage der Ungläubigen und Zweifler, was denn Gott vor der Schöpfung getan habe, wird *in* der Zeit gestellt, die zur Schöpfungsordnung gehört. Ihnen gibt er zur Antwort: „Möchten sie ihr Verlangen strecken ‚nach dem, was vorweg da ist', und erkennen, daß Du vor allen Zeiten der ewige Schöpfer aller Zeiten bist und daß kein Geschöpfteilheit an deiner Ewigkeit, mag es auch ein Schöpfungswerk geben, das über den Zeiten steht. . . . Wer ein vertrautes

Zeit niemals geben kann. Hier allerdings ist der Punkt, an dem wir umkehren sollten.

Ziffernleuchten: Die Toten zählen

Steht man vor dem Centre Pompidou in Paris, so wird man bald eine überdimensionale Digitaluhr erblicken, die die Zeit bis zum Ende des Jahrtausends gnadenlos herunterzählt. Das ist natürlich verrechnete Zeit, so wie man zu sagen pflegt, daß time money ist. Heidegger würde sich vielleicht mit Schrecken von dieser vulgären Uhr abwenden und sich not oder übel daran erinnern, daß der Verfall und die Seinsvergessenheit des Man mit dem Eigentlichen des Daseins gleichursprünglich sind. Wie wäre es aber, wenn man in einer der vielfrequentierten Fußgängerzonen der europäischen Städte eine Uhr aufstellte, die die Hungertoten des Tages annähernd, nach den Berechnungen zahlreicher Hilfsorganisationen, auflistete? Es würde dem Biedermann zwar bange werden und hätte zur Folge, daß er sich um so krampfhafter an seine Götzen klammert. Aber ginge diese erbarmungslose Installation (dieses Gestell) wirklich so spurlos an uns vorüber, so wie Heidegger es im Jahre 1930 vom Weltkrieg meint, weil wir dem Geheimnis unseres Daseins nicht begegnen wollen.[27] Von tödlicher Langeweile, Heidegger spricht von tiefer, wären wir umfangen, von Ausbleiben der Bedrängnis das Dasein, das nur Nöte kennt und Notwehren.

Die Philosophie mit solchen Nöten zu konfrontieren, ist ein billiges

---

Lied singt oder singen hört, erlebt in Erwartung der kommenden, in Erinnerung an die verklungenen Töne einen Wechsel der Gefühle und die Aufspaltung seiner sinnlichen Teilnahme. Nicht so bei Dir, ‚so hast Du ‚im Anfang Himmel und Erde' geschaffen ohne Aufspaltung Deines Tuns." (Aurelius AUGUSTINUS, Confessiones, München 1966, 667-669.) Da auch AUGUSTINUS nichts anderes möglich ist, als in der Zeit die Ewigkeit zu denken, die Zeit als Nicht-Ewigkeit, als Augenblick (des Wahnsinns?), die Ewigkeit als Nicht-Zeit, wiederholen sich also die Aporien des „Sinnlichen" an den Rändern seiner Gnadenlehre (Sündenlehre wäre wohl der treffendere Ausdruck. Eine Kunst des Genießens, würde Lacan sagen.), seiner Schöpfungstheologie. Das wird umso deutlicher, als AUGUSTINUS ein drittes Element einführt, das seine Spekulation, die seiner Nachfolger in der Lehre vom Fegefeuer, in Gang bringt, denn es mag „auch ein Schöpfungswerk geben, das über den Zeiten steht." Führt es zur Ansteckung Gottes mit dem Sinnlichen? Deren Spuren lassen sich in den zahlreichen Versuchen lesen, die die Natur Christi definieren wollen.

27 Vgl. Martin HEIDEGGER, Die Grundbegriffe der Metaphysik, Frankfurt am Main 1992, 255f.

Unterfangen, denn wer müßte nicht in betroffenes Schweigen fallen. Sie muß sich diese Mißtöne aber gefallen lassen, will sie mit ihren Fragen den Büchern entkommen. Naiv gefragt, wer ist das – die Philosophie? Wer ist derjenige, dessen Dasein nach dem Schrecken ruft? Über Heideggers Verhältnis zum Nationalsozialismus ist bereits viel geschrieben worden, so daß es nicht nötig scheint, diese Debatte hier zu wiederholen.

Das mechanische Ticken der Uhr, oder das lautlos digitale, kennt keine Bedeutsamkeit. Die vulgäre Zeit verdeckt die Weltzeit, und sie tut es nicht zufällig: „Sondern gerade weil die alltägliche Zeitauslegung sich einzig in der Blickrichtung der besorgenden Verständigkeit hält und nur versteht, was in deren Horizont sich ‚zeigt', müssen ihr diese Strukturen entgehen. Das in der besorgenden Zeitmessung Gezählte, das Jetzt, wird im Besorgen des Zuhandenen und Vorhandenen mitverstanden."[28]

Mittlerweile vertraut geworden damit, die Gleichursprünglichkeit von Verfall und, sagen wir es onto-theologisch, Erlösung zu respektieren, uns in die Domestizierung dieser Schrecken einzuüben, erfordert es noch zusätzliche Entschlossenheit, diese mit Derrida als Kontaminierung zu betrachten. Ansteckung ist das deutsche Wort für einen Prozeß, der Feuer entfacht, Asche erzeugt, üble Dienste geleistet hat und leistet für alle Formen des Rassismus, die sich das unkontrollierbare Potential der Angst vor der Pest, vor Aids und anderen als Lustseuchen gebrandmarkte Krankheiten zunutze machen.[29] Es fördert auch die Ohnmacht zutage, an Maschinen angeschlossen zu sein, an eiserne Lungen, an die, deren Funktionsweise der *Anti-Ödipus*[30] offenlegt. Welchen Eindruck erweckt nun die seltsame Todesma-

---

28 Martin HEIDEGGER, Sein und Zeit, 422.

29 Besonders was die Beschmutzung, Befleckung betrifft sei auf RICOEURS *La symbolique du mal* verwiesen, das zweite Buch der *Finitude et culpabilité* (Paris 1960). Sie ist das erste Schema (ein transzendentales?) des Bösen. Ein Thema, das in der Psychoanalyse der Nord-Süd-Beziehungen eine entscheidende Rolle spielt. Dessen Dominanz ließe sich auch empirisch nachweisen. Mangelnde hygienische Verhältnisse, so sie den Bewohnern sauberer Stuben und idyllischer Ferienghettos als solche erscheinen, lassen viele Nord- und Mitteleuropäer zur Vermutung kommen, das Elend im Süden hätte etwas mit Faulheit und mangelnder Willenskraft zur Sauberkeit zu tun. Es wäre eine längere Untersuchung wert, unseren Naturbegriff auf diesen Aspekt hin zu untersuchen. Was hieße dann Natürlichkeit, natürliche Beziehung zu den einfachsten Lebensverrichtungen, im Zusammenhang mit dem, was unter sauberer Natur verstanden wird. Und dann vor allem, wenn man in südlichen Meeren mit europäischen Giftmüllfässern um die Wette schwimmt.

30 Gilles DELEUZE, Félix GUATTARI, Capitalisme et schizophrénie. L'Anti-Oedipe, Paris 1972. (Das Atmen, die *Psychè* der eisernen Lungen?)

schine, dieses geschmacklose und sparsame Modell des Ablaufs, des Verfalls? Wohl kaum ein an mangelndem Publikumsinteresse leidender Solidaritätsaktivist käme auf die Idee, die Bewußtlosmachung der vermeintlich noch irgendwie Interessierten so auf die Spitze zu treiben. Er sollte doch den Strand unter den Pflastersteinen fühlbar machen und nicht in die Rolle des Zuschauers gedrängt werden. Dieser hätte jeden Morgen, so er in den Spiegel blickt, die Angst, er könnte das Ablaufdatum seines Lebens auf seiner Stirn eingeschrieben sehen. Oder er fühlt sich an den Folterknecht (Ist er einer?) und seinen Gast in Kafkas Strafkolonie[31] erinnert, an diese Signifikantenmaschine, die die Wahrheit als schlechthinnige Unmöglichkeit[32] in den Rücken des Verurteilten schreibt. Heidegger scheint recht zu haben, daß das Dasein zunächst und zumeist an das Besorgte verloren ist:

In dieser Verlorenheit aber bekundet sich die verdeckende Flucht des Daseins vor seiner eigentlichen Existenz, die als vorlaufende Entschlossenheit gekennzeichnet wurde. In der besorgten Flucht liegt die Flucht *vor* dem Tode, das heißt ein Wegsehen von . . . ist an ihm selbst ein Modus des ekstatisch *zukünftigen* Seins zum Ende. Die uneigentliche Zeitlichkeit des verfallend-alltäglichen Daseins muß als solches Wegsehen von der Endlichkeit die eigentliche Zukünftigkeit und damit die Zeitlichkeit überhaupt verkennen. Und wenn gar das vulgäre Daseinsverständnis vom Man geleitet wird, dann kann sich die selbstvergessene ‚Vorstellung' von der ‚Unendlichkeit' der öffentlichen Zeit allererst verfestigen. Das Man stirbt nie, weil es nicht sterben kann, sofern der Tod je meiner ist und eigentlich nur in der vorlaufenden Entschlossenheit existenziell verstanden wird. Das Man, das nie stirbt und das Sein zum Ende mißversteht, gibt gleichwohl der Flucht vor dem Tode eine charakteristische Auslegung. Bis zum Ende ‚hat es immer noch Zeit'.[33]

---

31 Franz KAFKA, In der Strafkolonie, in: Sämtliche Erzählungen, Frankfurt am Main 1981.

32 „Der Tod ist die Möglichkeit der schlechthinnigen Daseinsunmöglichkeit." (Martin HEIDEGGER, Sein und Zeit, 250.)

33 Ebenda, 424f.

Das Sein des Daseins ist immer schon Mitsein mit anderen Menschen. Doch Eugen Fink[34] – zumindest was *Sein und Zeit* betrifft – und Derrida ist recht

34 Eugen FINK, Welt und Endlichkeit, Würzburg 1990, 153: „In der Weltlichkeit als einer existenzialen Grundbestimmung des Menschen ist die Möglichkeit fundiert, je bestimmte private oder öffentliche ‚Welten' zu haben. Dieser Grundansatz Heideggers fällt sozusagen die Entscheidung, ‚Welt' ist nirgends denn im Sein des Menschen, sie hat grundsätzlich die Seinsart der Existenz, ist eine Wesensbestimmung derselben, ist ein ‚*Existenzial*'. Damit wird zunächst die Frage nach dem *Seienden im Ganzen*, das, mächtiger als der Mensch und alle Dinge in der Welt, alles, was überhaupt ist, zusammenhält mit den ehernen Armen der Notwendigkeit, beiseite gesetzt. Und diese Ausschaltung des kosmologischen Weltbegriffs ist umso fragwürdiger, weil Heidegger im Gang seiner Auslegung eine Reihe wesentlicher Unterscheidungen macht, die – wie wir glauben – der *spekulativen Kosmologie* zugehören; er unterscheidet auch zwischen dem Seienden *in* der Welt und der Welt selbst, vollzieht also in gewisser Weise eine ‚kosmologische Differenz' usw., aber alles ist ins ‚Subjektive' des existenzialen Weltbegriffs übertragen. Heidegger setzt ein, wo Kant endet: eben in einer subjektivistischen Interpretation der Welt."
Der „Assistent" HUSSERLS, der Geburtshelfer der Altersweisheit des großen Phänomenologen, wird aber in seiner Kritik an seinem späteren Lehrer HEIDEGGER (FINK wollte sein *Schüler* bleiben, vielleicht weil dies die einzige Möglichkeit war, sich seinen Freiraum des Denkens zu bewahren.) in *Existenz und Coexistenz* (Würzburg, 1987, 228.) noch deutlicher: „Auf dem Boden des Brauches geschieht aller Umgang mit den Sterbenden und den Toten – und auch der Umgang jedes sterblichen Menschen mit sich selbst. In alexandrinischen Zeiten aber, wo Bräuche zu leeren Gebräuchen entarten, Kulturen sich vermengen und Völker sich vermischen, kann der Anschein entstehen, als wäre Brauchtum nur leere Konvention, nur eine öffentliche Regel des Benehmens, nur eine gängige Deutung, die niemanden wirklich bindet. Dann kann die Auffassung ausgesprochen werden, daß ein *echtes* Todesverhältnis dem Menschen nur möglich wird in einer äußersten Einsamkeit, die sich aus allen öffentlichen und umlaufenden Todesinterpretationen herausarbeitet, heraushält und sich ursprünglich seiner negativen Macht aussetzt, ‚ihm unter die Augen geht' (Heidegger). In einer solchen Sicht wird der Tod zur konstitutiven Bedingung menschlicher ‚Eigentlichkeit' als der ‚Freiheit zum Tode'. Damit ist der soziale Charakter des Sterbens und des Todes als ein bloßes Sekundärphänomen entwertet."
Einer eigenen Abhandlung bedarf es, wenn man den Versuch unternimmt, DERRIDAS *Apories* neben die wichtigsten Texte FINKS über den Tod zu legen, wie z.B.: Eugen FINK, Metaphysik und Tod, Stuttgart-Berlin-Köln-Mainz 1969. Stehen wir auch hier in der Auseinandersetzung mit *Sein und Zeit*? „Tod ist hier nur zu denken als der völlige Zu sammenbruch des Seinsverständnisses selbst, als der Weltuntergang des Verstehens, der nicht mehr vom Verstandenen her bestimmt werden kann. Nicht ist der Tod hier ein Umschlag aus Sein in Nichts, sondern ein Enden der Horizonthelle, worin so etwas wie Sein und Nichts in bezug auf Dinge, auf Seiendes verstanden worden war. . . . Die Radikalität eines solchen Denkversuches ergibt für das Trostbedürfnis des Menschen vor dem Tode keinen nennenswerten Ertrag. . ." (206 f.)

zu geben, daß dieser Bezug zum anderen hinsichtlich der Jemeinigkeit, da mir, ihm (dem Dasein, Heidegger) den Tod niemand abnehmen, ja sogar absterben kann, trotz aller und durch alle Beteuerungen hinduch, nur ein sekundärer ist.

Welche Art Tod wird hier verkündet, heruntergezählt in der „Einstellung" des Apokalyptikers, hinaufgezählt in jener, die die Trauer zum verlorenen Ursprung manifestiert. Das Aufleuchten der Zahlen scheint rhythmisch zu sein, die Diskontinuitäten werden nicht mehr wahrgenommen. Eine Wettkampfuhr, digitales Zeichen eines Verbrechens ohne Fingerabdrücke, wohltemperiertes Klavier des Todes. Das Wegsehen dieser Maschine von der entsetzlichen Realität, von der es dennoch Zeugnis ablegt, ist ein Absehen, ist Absicht. Man wird auch von ihr absehen, verbreitet sie doch nicht einmal den Schrecken von Listen, der namenlosen Sammlung von Namen. Welche Art Tod, so fragten wir. Wenn man sich an die Hierarchie des Todes in *Sein und Zeit* wendet, so erfahren wir, daß der Tod des Anderen gewiß schmerzlichen Verlust verursacht. Das Mitsein (Die existenziale Analyse geht allen Moralphilosophien, Theologien und Psychologien voraus. Das hat den Vorteil, daß sie den Hang zur Moralisierung in seiner Hypokrisie, in seiner Schauspielkunst, zwar etwas entschärft, doch andererseits das Kontaminierende der Diskurse der Täter, der Opfer, der Frauen, der Männer aus dem Blickfeld rückt.) wird aber, angesichts des Todes, durch zwei Grenzen definiert. Einerseits ist der Verstorbene zwar Gegenstand des Besorgens in der Weise der Totenfeier, das Seinsverhältnis zum Toten ist jedoch durchaus nicht besorgendes Sein bei einem Zuhandenen. Zum andern findet die Vertretbarkeit, als eine der Seinsmöglichkeiten des Miteinander-

---

Wo würden die Bruchlinien zwischen FINK und DERRIDA verlaufen, was den Tod, die kosmologische Differenz betrifft: „Wenn wir im Leben so dahinleben, daß wir des Todes zu vergessen scheinen, dann möchten wir vielleicht meinen, daß diese Sphäre der Vereinzelung, wo jegliches von jeglichem getrennt, wenngleich mit ihm verbunden ist, die *Welt überhaupt sei* – wir wähnen, das *Einzelding* sei selbstverständlich das Modell des Seienden schlechthin und von ihm her müsse begriffen werden, was der *Sinn des Seins* wäre. Erst wenn der *Tod* uns aufleuchtet, wenn wir den Entzug der Sterbenden erfahren, mag uns dämmern, daß der Abgeschiedene, dem unsere Pietät gilt, wesenhaft abgeschieden ist von dem Land der ‚Unterschiede'." (Eugen FINK, Grundphänomene, 165.) Wäre dies der Tod *der* Differenz?
Versäumen wir aber nicht, noch auf die Darstellung FINKS der „Wandlung" im Denken HEIDEGGERS hinzuweisen, die sich ab dem Kapitel 19 von *Welt und Endlichkeit* vollzieht. (Vor allem an: Martin HEIDEGGER, Der Ursprung des Kunstwerks, in: Holzwege, Frankfurt am Main 1994.)

seins in der Welt, ihre Grenze daran, daß keiner dem Anderen sein Sterben abnehmen kann.[35] Das Sterben eignet somit dem Da sein, das gleichwohl auch enden kann wie alle Lebewesen, doch niemals verenden. So ergibt sich, daß das Man zwar nie stirbt aber, qua Dasein, auch nicht verenden kann.[36] Diesen notwendigen Verfall, ein weiterer unvermeidbarer Verwandter in dieser Begriffsfamilie europäischer Ruinenbewohner, diese kostenreiche Überfahrt (dieses Aufenthaltspapier . . .) in das Reich des immer schon, dieses notwendige Scheitern der Einübung in die ars moriendi, bezeichnet Heidegger als Ableben. Hier, im § 49 von *Sein und Zeit*, setzt die Analyse Derridas ein. Sie ist, haben wir den Eindruck, vielleicht unerbittlicher als der Freudsche Scharfblick, bedrohlicher als unsere bedeutungslose (Gleich dem Signifikanten, so wie ihn Lacan bezeichnet.[37]) Maschine. Dann vor allem wenn er meint: „Die einfache Frage, aus der ich versuchte und aus der man vielleicht niemals aufgehört hat, die Konsequenzen zu ziehen wäre diese: und wenn es keinen anderen Begriff der Zeit als jenen gäbe, den Heidegger den ‚vulgären' nennt?"[38]

Aporien

Die Stelle in *Sein und Zeit*, die Derrida kontamineren wird, lautet wie folgt:

Der Tod ist eine Seinsmöglichkeit, die je das Dasein selbst zu übernehmen hat. Mit dem Tod steht sich das Dasein selbst in seinem *eigensten* Seinkönnen bevor. In dieser Möglichkeit geht es dem Dasein um sein In-der-Welt-sein schlechthin. Sein Tod ist die Möglichkeit des Nicht-mehr-dasein-könnens. Wenn das Dasein als diese Möglichkeit seiner selbst sich bevorsteht, ist es *völlig* auf sein eigenstes Seinkönnen verwiesen. So sich bevorstehend sind in ihm alle Bezüge zu anderem Dasein gelöst. Diese eigenste, unbezügliche Möglichkeit ist zugleich die äußerste. Als Seinkönnen vermag das Dasein die Möglichkeit des Todes nicht zu überholen. Der Tod ist die Möglichkeit der schlechthinnigen Daseinsunmöglichkeit. So enthüllt sich der *Tod* als die *eigenste, unbezügliche, unüberholbare Möglichkeit*. Als solche ist er ein *ausgezeichneter* Bevorstand. Dessen existenziale Möglichkeit gründet darin, daß das Dasein ihm selbst wesenhaft erschlossen ist und zwar in der Weise des Sich-vorweg. Dieses Strukturmoment der Sorge hat im Sein zum Tode seine ursprünglichste Konkretion.[39]
Die nächste Nähe des Seins zum Tode als Möglichkeit ist einem Wirklichen so fern als

---

35 Siehe Martin HEIDEGGER, Sein und Zeit, 240.
36 Vgl. Ebenda, 247.
37 Jacques LACAN, Les psychoses. Le séminaire Livre III, Paris 1975, 210.
38 Jacques DERRIDA, Apories, 34.
39 Martin HEIDEGGER, Sein und Zeit, 250 f.

möglich. Je unverhüllter diese Möglichkeit verstanden wird, um so reiner dringt das Verstehen vor in die Möglichkeit *als die der Unmöglichkeit der Existenz überhaupt.*[40]

Wir können hier nicht allen Spuren Derridas folgen, sondern wollen nur einige Punkte hervorheben.

Nur das Dasein wäre zu dieser Aporie fähig, dieser Möglichkeit der schlechthinnigen Unmöglichkeit.

. . . welcher Unterschied besteht zwischen einerseits der Möglichkeit des Erscheinens *als solchen* der Möglichkeit einer Unmöglichkeit und der Unmöglichkeit derselben Möglichkeit als solche zu erscheinen andererseits. Die Unmöglichkeit der Existenz oder des Daseins, von dem Heidegger unter dem Namen des Todes spricht, ist das Verschwinden, das Ende (das Ziel), die Vernichtung des *als solchen,* der Möglichkeit der Beziehung zum Phänomen *als solchem* oder zum Phänomen des ‚*als solchen*'. Die Unmöglichkeit, jene, die für das Dasein möglich ist, obwohl es kein oder kein Dasein mehr hat, es nicht mehr ist, und selbst das, was möglich ist, unmöglich wird, hört von nun an auf, als solche zu erscheinen: nichts weniger als das Ende der Welt mit jedem Tod, jedesmal wenn wir uns [Ob dem Dasein, unserem Dasein, meinem Dasein, bleibt wesenhaft unerschlossen, das Man, es weiß es . . .] bevorstehen, dem wir nicht mehr bevorstehen können (que nous nous attendons à ne plus pouvoir nous attendre). Noch folglich uns verstehen/entendre können. Die Unmöglichkeit des ‚als solchen', *als solche* wäre für das Dasein möglich aber, nach Heidegger, nicht für irgendeine andere Form des Seienden oder Lebenden. Aber wenn die Unmöglichkeit des ‚als solchen' sehr wohl die Unmöglichkeit des ‚als solchen' ist, ist sie ebenso das, was als solches nicht erscheinen kann. Nun ist diese Beziehung zum Verschwinden als solchem des ‚als solchen', dieses ‚als solchen', aus dem Heidegger das distinktive Merkmal und das eigentliche Können/pouvoir des Daseins machen will, auch der gemeinsame Zug *sowohl* der nicht authentischen *als auch* der authentischen Formen der Existenz des *Daseins,* aller Todeserfahrungen (eigentlich sterben, verenden und ableben), und somit, außerhalb des *Daseins,* aller Lebensformen im allgemeinen. Gemeinsamer Zug bedeutet nicht Homogeneität sondern Unmöglichkeit einer absolut reinen und strikt unüberwindbaren Grenze (in Termen der Existenz oder der Begriffe) zwischen einer existenzialen Analyse des Todes und einer fundamentalen Anthropo-Theologie, zwischen anthropologischen Kulturen und animalischen Kulturen des Todes.[41]

Die entschlossene Vorläufigkeit der heideggerschen Grenzen (zwischen Dasein, Eigentlichem, Uneigentlichem, Man, Zuhandenem, Vorhandenem, Mitsein. . .) weicht jedoch nicht einer endgültigen, Verantwortungslosigkeit nach sich ziehenden Unentschlossenheit. Der Tod des Anderen ist immer primär, wie die Erfahrung der Trauer es zeigt, die meine Beziehung zu mir selbst stiftet und in der Différance – die sich der Gegensetzung von Innen

40 Ebenda, 261.

41 Jacques DERRIDA, Apories, 131 f.

und Außen entzieht –, die sie strukturiert, die Ichheit des Ichs ebenso wie die Jemeinigkeit, konstituiert.[42] Derrida spricht sogar von einer ursprünglichen Trauer, die selbst die Kritik Lévinas' an Heidegger[43], der Tod des Anderen sei doch der primäre, verschärft, um dessen (wenn er noch lebte) Einwand zu begegnen, er, Lévinas, spreche nur vom Ableben und von der Gleichursprünglichkeit des Mitseins und des Seins zum Tode. Die Stellung des Anderen in *Sein und Zeit* hat der Tod als Möglichkeit der schlechthinnigen Daseinsunmöglichkeit inne und setzt das Mitsein in gefährliche Nähe zum Man, das so dem Verfall preisgegeben ist, dessen Ausmaß Heidegger, trotz aller Beteuerung, die Fundamentalontologie sei kein Humanismus, keine Anthropologie, selbst bestimmen will, und, wenn man die Gleichursprünglichkeit respektiert, bestimmen muß.

Der Mut zur Angst vor dem Tod, wieviel Kraft läßt er noch zur Trauer. Die vielen Totgeweihten aus dem globalen Dorf, die unsere Eigenheime belagern, sind nicht Gegenstand unserer Sorge. Wir müssen mit unseren Kräften auch haushalten, vor allem mit unseren edelsten Gefühlen, rät uns Freud nicht ganz umsonst: Wenn ich einen anderen lieben soll, muß er es verdienen, weil auch ich einiges an Opfern auf mich nehmen muß. „Wenn ich ihn aber lieben soll, mit jener Weltliebe, bloß weil er auch ein Wesen dieser Erde ist, wie das Insekt, der Regenwurm, die Ringelnatter, dann wird, fürchte ich, ein geringer Betrag Liebe auf ihn entfallen, unmöglich so viel, als ich nach dem Urteil der Vernunft berechtigt bin, für mich selbst zurückzubehalten."[44] Sie, die vielen Toten der alltäglichen Katastrophe müssen nach den strengen Gesetzen dieser Ökonomie der Anonymität des Man verfallen. (Anheimfallen zu sagen wäre dieser Art des Todes zu viel Ehre geben, diesem Reich der Toten als letzte Heimstatt eine Verzweiflung

42 Vgl. Ebenda , 133.

43 Emmanuel LEVINAS, La mort et le temps, Paris 1991, 44: „Sympathie et compassion, avoir mal pour l'autre ou ‚mourir mille morts' pour l'autre ont pour condition de possibilité une substitution plus radicale à autrui. Une responsabilité pour autrui dans le supporter son malheur ou sa fin *comme si on en était coupable*. Ultime proximité. *Survivre comme coupa ble*. Dans ce sens, le sacrifice pour autrui créerait avec la mort d'autrui un autre rapport: responsabiltité qui serait peut-être le pourquoi l'on peut mourir. Dans la culpabilité de survivant, la mort de l'autre est mon affaire. *Ma* mort est *ma* part dans la mort d'autrui et dans ma mort je meurs cette mort qui est ma faute. La mort de l'autre n'est pas seulement un moment de la mienneté de ma fonction ontologique."

44 Sigmund FREUD, Das Unbehagen in der Kultur, IX, 239.

zuordnen, die nicht die unsere ist.) Doch ist der philosophische Kleinbürger/Weltbürger nicht immer an den Rand der Verzweiflung gedrückt, nicht immer im Würgegriff des Entsetzens, ist der Lärm der Zerstreuung auch heilsam und vergnüglich selbst wenn und gerade dann, wenn er keinen Ruf, keinen Weckruf aus der Seinsvergessenheit übertönt. Dann ist auch Trauer möglich, die um Freunde, die um Fremde.[45]

Ähnlicher Ansicht ist auch Umberto Eco: „Wenn die Lehre des Lebens zum Tod mir auch sagt, was ich tun kann, um nicht das Opfer falscher Ziele zu werden, so ist die Dialektik der angeblich falschen Ziele doch eine Dialektik des Fragens und des Handelns, die, da sie mir erlaubt, die Dinge zu verän-

---

45 Jacques DERRIDA, Les morts de Roland Barthes, in: Psychè, 285: „Wenn ich Roland Barthes sage, nenne ich ihn, jenseits seines Namens. Da das Rufen/appellation ihn nicht erreicht, wie auch die Nomination nicht Anrufung (vocation), Hinwendung und Apostroph werden kann (und diese Möglichkeit niemals eine reine sein kann) ist es er in mir, den ich nenne, daß ich zu ihm hin in mir, in euch, in uns seinen Namen durchquere. Das, was geschieht und was man über ihn sagt, bleibt unter uns. An diesem Punkt hat die Trauer begonnen. Wann aber? Denn vor dem unqualifizierbaren Ereignis, das man den Tod nennt, hatte die Innerlichkeit (des anderen in mir, in euch, in uns) schon ihr Werk begonnen/ entamé. Seid der ersten Nomination war sie dem Tod vorausgegangen wie es ein anderer Tod getan hätte. Der Name allein macht dies möglich: diese Vielheit der Tode/pluralité de morts. Und selbst wenn die Beziehung zwischen ihnen nur eine analogische wäre, wäre die Analogie eine einzigartige, ohne gemeinsames Maß mit irgendeiner anderen." „Avant la mort sans analogie ni relève, avant la mort sans nom et sans phrase, avant celle devant laquelle nous n'avons rien à dire et devons nous taire, avant celle qu'il appelle ‚ma mort totale, indialectique', avant la dernière, les autres mouvements d'intériorisation étaient à la fois plus et moins puissants, *autrement* puissants, plus et moins assurés d'eux-mêmes, *autrement.* Plus: ils n'étaient pas encore dérangés ou interrompus par le silence de mort de l'autre qui vient toujours rappeler au dehors la limite d'une intériorité parlante. Moins: l'apparition, l'initiative la réponse ou l'intrusion imprévisible de l'autre vivant rappellent *aussi* cette limite. Vivant, Roland Barthes ne se réduit pas à ce que nous pouvons penser, croire ou savoir, et déjà nous rappeler de lui. Une fois mort, le ferait-il? Non, mais le risque de l'illusion sera plus fort *et* plus faible, autre en tout cas."
Und dazu ein *supplément* aus den *Apories*: „*Mort* dit d'ailleurs toujours le nom d'un secret, puisqu'il signe la singurlarité irremplaçable; il avance le nom public, le nom commun d'un secret, le nom commun d'un nom propre sans nom, toujours un *schibboleth*, donc, car le nom manifeste d'un secret est d'entrée de jeu un nom privé, faisant de tout langage sur la mort une grande histoire de société secrète, ni publique ni privée, mi-privée, mi-publique, sur la frontière entre les deux, une sorte de religion cachée aussi du *s'attendre* (soi même comme l'un l'autre) avec ses cérémonies, ses cultes, sa liturgie ou ses rituels marrane." (130)

dern, mir vielleicht gestattet, meinen Tod oder den Tod eines anderen hinauszuschieben. Die Anerkennung der Anwesenheit des Todes bedeutet nicht, daß eine Kultur des Todes entwickelt werden soll, sondern daß dem Tod mit mutig herausfordernden Techniken geantwortet werden muß. Auch wenn die anderen, in denen wir uns erkennen, eine der vielen Fallen der Differenz sind, so findet das Denken doch im Sprechen mit ihnen und über sie einen Trost, der dem Menschen eigentümlich ist. Sofern mir die Struktur als fiktive Hypothese Instrumente liefert, um mich in der Welt der geschichtlichen und sozialen Beziehungen zu bewegen, befriedigt sie zumindest teilweise unsere ziellose Sehnsucht und setzt dieser Sehnsucht Grenzen, innerhalb deren das Lebewesen Mensch sich oft zufriedengestellt fand."[46]

So schnell läßt uns das Gespenst des Todes jedoch nicht los. Ist diese ziellose Sehnsucht nicht auch diejenige, die über das Leben hinausgreift, auf ein besseres, dessen Grenze der Tod als Erbarmen ist, verweist? Die Struktur lehrt uns gewiß, uns in und mit diesem Leben zu bescheiden und hält uns an, dort Trost zu spenden, wo es möglich ist und dort Techniken, Strategien des Lebens zu entwickeln, wo wir gerade stehen. Dagegen hätte auch Heidegger sicherlich nichts, doch ist diese Struktur bei Eco niemals als fundamentale konzipiert. Die Fundamentalontologie versteht sich jedoch als dieses unerbittliche Künden des Noch-Nicht, das ebenfalls unserer Sehnsucht Grenzen setzt. Wir mögen geworfen sein, doch ein Dasein fällt, um es salopp zu sagen, auf weicheren Grund als ein anderes. Was besagt schließlich diese fiktive Hypothese, daß Strukturen *als* fiktive Hypothese Instrumente liefern, die befrieden, orientieren, Raum geben? Was entscheidet über das Ausmaß der Gültigkeit, der Wahrheit, des Nutzens? Wer fingiert besser, welche Fiktion wird sich als die mächtigere erweisen? Soll man den Meistern der Entlarvung, Heidegger, Freud und Marx nicht auch vorwerfen, sie brächten die kleinen Betrüger, die wir ja meistens sind, um den gerechten Lohn ihres Betrugs, ihres Selbstbetrugs? Doch der Tod des anderen, die Trauer um den anderen verleiht der Heiterkeit dieser vielen Überlebensstrategien, dieser Kunst der Kriminalkömödie einen ernsten Hintergrund, fernab der plumpen Verdummung, fernab der Langeweile der Jemeinigkeit.[47] Die

46 Umberto ECO, Einführung in die Semiotik, München 1972, 415.

47 Eine Assoziation zur Einsamkeit des Daseins, das Geheimnis der *Passions*: „Man kann lügen, betrügen, verführen, wenn man sich seiner [des Geheimnisses] bedient. Man kann mit dem Geheimnis spielen wie mit einem Simulacrum, einem Köder oder einem zusätzlichen Stratagem. Wie mit einem ‚Effekt'. Man kann sich auf es berufen wie auf eine uneinnehmbare Ressource. Man kann so versuchen, sich einer phantasmatischen

Wartesäle die uns zugewiesen werden, gleich wie sie heißen, Ananke, Diktatur des Proletariats oder, um ihnen auch einen gemeinsamen Zug – fernab jeder Homogeneität – zuzuweisen, die stetige Versicherung, man sitze immer schon in diesem Zug des „werde, was du bist"[48], als ob sich die Wartesäle selbst fortbewegten, sie alle sind, wer wüßte es nicht, nach Klassen getrennt und unterschiedlich eingerichtet. Vielleicht, ein schrecklicher oder[49] trostreicher Gedanke, hat man nur die Schilder vertauscht,

---

Macht über den andern zu versichern. Das geschieht alle Tage. Aber selbst dieses Simulacrum zeugt noch von einer Möglichkeit, die es überschreitet. Sie überschreitet es nicht auf irgendeine ideale Gemeinschaft hin, sondern eher zu einer Einsamkeit hin, ohne irgendein gemeinsames Maß mit jener des isolierten Subjekts, eines Solipsismus des *ego,* dessen Eigentlichkeit* Anlaß gäbe zu einer analogischen Appräsentation des *alter ego* und zu einer konstituierenden Genesis der Intersubjektivität (Husserl), oder mit jener einer Jemeinigkeit* des Daseins*, dessen Einsamkeit, so Heidegger, noch eine Modalität des Mitseins* ist. Die Einsamkeit, der andere Name des Geheimnisses, von dem noch das Simulacrum Zeugnis ablegt, ist weder die des Bewußtseins, noch des Subjekts, noch des Daseins, nicht einmal des Daseins* in seinem authentischen Seinkönnen, dessen Zeugnis oder Bezeugung* Heidegger analysiert. . . . Sie ermöglicht sie, aber das, was sie ermöglicht, setzt dem Geheimnis kein Ende. Es läßt sich nicht fortnehmen, nicht zudecken durch die Beziehung zum anderen, durch das Mitsein oder durch irgendeine Form des ‚sozialen Bandes'. Selbst wenn es sie ermöglicht, antwortet es nicht, es ist das, was nicht antwortet. Keine *responsiveness*. Wird man das den Tod nennen? Den gegebenen Tod? Den empfangenen Tod? Ich sehe keinen Grund, dies nicht als das Leben, die Existenz, die Spur zu bezeichnen. Und das ist nicht das Gegenteil. Nun wenn das Simulacrum noch von einer Möglichkeit zeugt, die es überschreitet, bleibt dieses Übersteigen, es (ist) der Rest/il (est) *le* reste, *es bleibt es/il le reste*, selbst wenn man hier gerade keinem bestimmten Zeugen trauen kann, noch irgend einem gesicherten Wert der Zeugenschaft, anders gesagt, wie es der Name anzeigt, einer Geschichte irgendeines *Martyriums*. Denn niemals wird man, es ist unmöglich und man muß/darf es nicht, den Wert einer Zeugenschaft mit jenem des Wissens und der Gewißheit versöhnen. Man wird niemals, es ist unmöglich und man muß/darf es nicht, das eine auf das andere reduzieren. Dieses bleibt, nach mir, die absolute Einsamkeit einer Passion ohne Martyrium." (69-71)

48 Martin HEIDEGGER, Sein und Zeit, 145: „Auf dem Grunde der Seinsart, die durch das Existenzial des Entwurfs konstituiert wird, ist das Dasein ständig ‚mehr', als es tatsächlich ist, wollte man es und könnte man es als Vorhandenes in seinem Seinsbestand registrieren. Es ist aber nie mehr, als es faktisch ist, weil zu seiner Faktizität das Seinkönnen wesenhaft gehört. Das Dasein ist aber als Möglichkeit auch nie weniger, das heißt das, was es in seinem Seinkönnen *noch nicht* ist, *ist* es existenzial. Und nur weil das Sein des Da durch das Verstehen und dessen Entwurfcharakter seine Konstitution erhält, weil es ist, was es wird bzw. nicht wird, kann es verstehend ihm selbst sagen: ‚werde, was du bist!'."

49 Dieses *oder* ist eine logische Leerstelle.

untereinander, gegeneinander, miteinander oder in chronologischer Abfolge. Gleich ob sie Freud, Lévinas, Marx oder Heidegger heißen mögen, Derrida sieht sie markiert durch das, was man die Religion des Buches nennt. Und für Heidegger heißt das im besonderen:

Denn trotz aller Distanznahmen hinsichtlich der Anthropo-Theologie, ja sogar der christlichen Onto-Theologie, schreibt oder prägt die Analyse des Todes in *Sein und Zeit* alle deren wesentlichen Motive [sich] wieder ein. Durch eine Wiederholung die deren Originarität bis zu ihrem ontologischen Fundament bohrt, gleich ob es sich um das Fallen oder um das Verfallen* in die Inauthentizität der Zerstreuung/distraction und des Unverweilens/divertissement handelt, um die *sollicitudo* und die *cura* oder die Sorge*, die Sünde, das Schuldigsein* oder die Angst, oder, was die Texte betrifft, um Augustinus, Meister Eckhart, Pascal, Kierkegaard und einige andere. Welches auch das Ainigma dieser Wiederholung, wie auch das des von Heidegger ins Werk gesetzten Begriffs der Wiederholung sein mag, wird man nur sagen, ohne in das Herz der Dinge vordringen zu können, daß weder die Sprache, noch das Vorgehen dieser Analyse des Todes ohne diese christliche, ja sogar jüdisch-christlich-islamische, Erfahrung des Todes, von dem sie Zeugnis ablegt, nicht möglich ist.[50]

Von welcher Philosophie, von welchem philosophischen Werk der Breitengrade unserer Tage ließe sich das nicht behaupten? Bedeutet das Entwicklung des Christentums oder *des* Christentums, *der* Religionen des Buches? Der doppelte Genitiv muß gewahrt bleiben, sich in der Schwebe halten, um die Durchlässigkeit der Grenzen zu bewahren, um der Ausweglosigkeit des menschlichen Daseins einerseits gerecht zu werden, und andererseits das Neue Freuds, Marx' auch durch und in ihren Aporien zum Anlaß der Hoffnung zu nehmen, ohne gleich *die* Religion der Schmuggler, der Schwarzarbeiter und Schattenwirtschafter zu gründen.

Derrida kennt diese Gefahr nur zu gut, sein „Marranenschicksal"[51] bewahrt ihn vor *der* Sprache der Verheißung, die eine *gegebene* wäre. Ich habe nur eine Sprache, doch ist sie nicht die meine. Das schließt klarerweise nicht

---

50 Jacques DERRIDA, Apories, 138 f. Darauf verweist schließlich auch HEIDEGGER selbst: *Sein und Zeit*, § 36, wo er die Analysen aus dem Jahre 1921 wieder aufnimmt: Augustinus und der Neuplatonismus, in: Phänomenologie des religiösen Lebens, Frankfurt am Main 1995.

51 DERRIDA, aus einer jüdischen Familie kommend, in Algerien aufgewachsen, das bis 1962 französisches „Territorium" war, sieht sich als Nachkomme der im Zuge der (Re)Conquista vertriebenen, bis dahin unter arabischer Herrschaft lebender Juden. Vgl dazu: *Circon fession* und Jacques DERRIDA, Le monolinguisme de l'autre ou la prothèse de l'origine, Paris 1996, und *Apories*, 130 und 135.

aus, daß wir uns in mehreren Sprachen bewegen (uns mehrerer Prothesen bedienen) können. Aber tun wir es nicht so, als ob es die absolute, bisher ungehörte Sprache gäbe?

Jedesmal, wenn ich den Mund öffne, jedesmal, wenn ich spreche, schreibe, *verspreche* ich. Ob ich es will oder nicht: das fatale Überstürzen des Versprechens, hier muß man es und die Werte des Willens, der Intention, des Sagenwollens[52], die ihm vernünftigerweise zu geordnet sind, auseinanderhalten. Das Performativ dieses Versprechens ist nicht ein *speech act* unter anderen. Er wird von jedem anderen Performativ impliziert; und dieses Ver sprechen kündigt die Unizität einer kommenden Sprache an. Es ist das ‚es muß eine Sprache geben' (was notwendigerweise voraussetzt: ‚denn sie existiert nicht' oder ‚da sie ja nicht vorhanden ist'), ‚ich verspreche eine Sprache', ‚eine Sprache ist versprochen', das zugleich jeder Sprache vorangeht, jedes Sprechen nennt und schon jeder Sprache und jedem Sprechen zugehört. Dieser kommende Ruf/dieses Komm! (appel à venir) versammelt vorweg schon die Sprache. Er empfängt (accueille) sie, er sammelt (recueille) sie, nicht in ihrer Identität, nicht in ihrer Einheit, nicht einmal in ihrer Selbstheit, sondern in der Unizität oder Singularität eines Versammelns ihrer Differenz zu sich: in einer Differenz mit ihr (avec soi) eher als in der Differenz von ihr (d'avec soi). Es ist nicht möglich außerhalb dieses Versprechens, das gibt, zu sprechen, sondern nur indem man verspricht, sie zu geben, *eine* Sprache, die Unizität des Idioms. Es kann keine Frage sein, aus dieser Unizität ohne Einheit herauszukommen. Sie hat nicht einer anderen entgegengesetzt zu sein, noch von einer anderen unterschieden. Sie ist die Einsprache[53] (monolangue) *des* anderen. Das *des* bedeutet nicht so sehr den Besitz als vielmehr die Herkunft: die Sprache gehört dem anderen, ist vom anderen gekommen, ist *das* Kommen des anderen.[54]

Wer ist das, der da kommen soll? Das Versprechen, es verheißt kein Heil, keine Rettung, keine letzten Dinge. Nicht den Messias, sondern die Messianizität, die den Messianismus erst ermöglicht. Die Absage an jede Form der Metasprache findet sich zwar (und nicht nur) auch bei Heidegger, doch im Brennpunkt des Interesses steht der andere/Andere und die Art und Weise, wie er das, was Derrida die heterologische Öffnung nennt[55], gestaltet und

52 Oder auch der Bedeutung, wie DERRIDA in *Die Stimme und das Phänomen* das *vouloir dire* übersetzt.

53 Geht hier die Prothese den richtigen Weg? Der Einspruch des anderen ist versprochen.

54 Jacques DERRIDA, Monolinguisme, 126 f.

55 Vgl. Ebenda, 128 f. DERRIDA verweist hier (129) auf Paul CELAN, „diesen Dichter-Übersetzer der, in der Sprache des anderen und des Holocausts schreibend, Babel in den Körper selbst jeden Gedichts einschreibend, den poetischen Monolinguismus ausdrücklich forderte, zeichnete/unterzeichnete (signa) und versiegelte." (Babel verweist hier auf *Des tours de Babel* in *Psyché*.) Weisen wir auch noch auf einen der großen mystischen Abgesänge eines seiner späteren Werke (Jacques DERRIDA, Passions) hin, wohlwissend, daß sein Geheimnis kein mystisches sein will: „*Es gibt Geheimnis*. Aber es ver-

die Hinwendung zum anderen gestattet. Das Versprechen, (Wir ziehen dieses Wort dem der Verheißung vor, weil es eine gewisse notwendige Nähe zu den Freudschen Fehlleistungen aufrechterhält und auch bis zu einem gewissen Grad – gesundheitspolizeilich? – die Verheißung kontaminiert.) bleibt bedrohlich, furchterregend und tröstlich wie die Gabe, die man nicht mehr los wird, sofern man eine erhalten hat, sofern es eine gibt. Behalte ich sie für mich, werde ich schuldig, gebe ich sie zurück, sie die vermeintliche, die gewisse, vernichte ich sie.

Wir werden dem Geheimnis kein Geheimnis entlocken, schon gar keinen Nutzen daraus ziehen, und wenn es denn unumgänglich sein sollte, es auf eigene Kosten tun. An dem Ort, wo Derrida vom Versprechen, vom Heil und von der Rettung handelt, oder nicht mit ihnen handelt, taucht gespensterhaft das auf, was wir verantwortungslos den Anderen nennen, der unserer Solidarität bedarf. Er ist nicht Gegenstand unserer Sorge, Unterpfand der Verheißung, Zeuge, schon gar nicht Beweismaterial jüngster und ältester Gerichte, dessen der da sagt: Was ihr dem Geringsten meiner Brüder getan habt, das habt ihr mir getan. Unbestritten ist die Abkunft des heideggerschen und derridaschen Denkens (das Absinken der Namen ins Adjektiv) von den Religionen des Buches, doch sind die Grenzen, die sie dem stellvertretenden Denken, dem Denken der Stellvertretung setzen, zu respektieren, zuallererst weil es den Tod aus dem Verkehr zieht, der die Toten aus dem Verkehr zieht. Das will nicht besagen, daß die letzte Möglichkeit des Mitseins, des Sterbens für einen anderen, deshalb sinnlos wäre, nur weil sie dem Tausch, dem Kreislauf von Geben und Nehmen überantwortbar ist. Nur weil die Reinheit (so es sie gibt) der Motive bare Münze wird in sauberen Geschäften. Die Unausweichlichkeit tödlicher Geschäfte anzuerkennen bedeutet nicht, deren Erlöse in den Tresoren des absoluten Wissens, in den Archiven der Märtyrerakten aufzuheben. Zu diesem Spiel gehörte denn auch die laut hörbare und unausgesprochene Aufforderung der Mächtigen, der

---

stellt sich nicht. Dem Verborgenen heterogen, dem Dunklen, dem Nächtlichen, dem Unsichtbaren, dem Verstellbaren, ja sogar dem Nicht-Manifesten im allgemeinen, ist es nicht enthüllbar. Es bleibt unverletzbar, selbst wenn man glaubt, es enthüllt zu haben. Nicht daß es sich auf immer in einer unentzifferbaren Krypte verbirgt oder hinter einem absoluten Schleier. Es übersteigt einfach das Spiel von Verschleierung/Entschleierung: Verbergung/Offenbarung, Nacht/Tag, Vergessen/Erinnerung, Erde/Himmel, etc.“ (60). Und um wieder zur Poesie zurückzukehren: „Es gibt in der Literatur, im *beispielhaften* Geheimnis der Literatur eine Chance, alles zu sagen, ohne am Geheimnis zu rühren.“(69).

Mittäter, und aller, die zu ihnen gehören wollen und müssen, wenn sie um ihr Überleben kämpfen: Stirb du für mich, gesprochen in der Sprache der Sachlichkeit, aber auch in der der Rettung.

Die Totenuhr, von der wir oben gesprochen haben, sie tickt indes unaufhörlich weiter, und obwohl sie nirgendwo steht, kann keiner behaupten, er habe sie nicht gesehen. Die Worte der Rettung, sind es diese, vor denen Derrida die Armen und Entrechteten schützen will, wenn er meint:

> Das Versprechen, von dem ich spreche, jenes von dem ich oben gesagt habe, daß es bedrohlich bleibt (im Gegensatz zu dem, woran man im allgemeinen von einem Versprechen denkt) und von dem ich jetzt behaupte, daß es das Unmögliche verspricht, aber auch die Möglichkeit jedes Sprechens, dieses einzigartige Versprechen liefert/livre keinen, noch liefert/délivre es irgendeinen messianischen oder eschatologischen *Inhalt* aus. Kein Heil/salut, das die Rettung/salvation rettete/sauve oder verspräche, selbst wenn, jenseits oder diesseits jeder Soteriologie, dieses Versprechen dem Gruß/salut ähnelt, der an den anderen gerichtet ist, an den anderen, der als ganz anderer (an)erkannt wird (jeder andere ist ganz anders, dort wo ein Kennen/connaissance und (An)Erkennen/reconnaissance nicht genügt), an den anderen, der als sterblicher, endlicher, verlassener, abseits von jedem Horizont der Hoffnung, (an)erkannt wird.[56]

---

56 Jacques DERRIDA, Monolinguisme, 128

7. Grenzen

Der Schuldschein – Reisepaß der Gespenster

Der Tod macht uns einen Strich durch die Rechnung. Betrachten wir diese geraden Linien etwas näher, nehmen wir ihn vielleicht als eine immense Anzahl von Punkten war, die sich der Trägheit der Augen als undurchlässige Grenzen darstellen. Die Rechnung, das ist nicht nur der Schuldschein, der durchgestrichen wird, wie es im Brief an die Kolosser geschrieben steht.[1] Es handelt sich auch um Außenstände, die wir als ein Erbe empfangen haben.

---

1 „Er hat den Schuldschein, der gegen uns sprach, durchgestrichen und seine Forderungen, die uns anklagten, aufgehoben. Er hat ihn dadurch getilgt, daß er ihn ans Kreuz geheftet hat. Die Fürsten und Gewalten hat er entwaffnet und öffentlich zur Schau gestellt; durch Christus hat er über sie triumphiert." (Kol 2,14 f.) Dort hängt er auch heute noch. Zur Erinnerung an diese eine Geschäftsauflösung.
Vgl. auch Eduard SCHWEIZER, Der Brief an die Kolosser, Zürich-Einsiedeln-Köln 1976, 115: „Der hier genannte ‚Schuldschein' ist der mit eigener Hand privat ausgestellte, nicht notariell beglaubigte, für den Phlm 19 ein schönes Beispiel darstellt. Die Vorstellung, daß sich der Mensch dem Teufel oder den bösen Mächten verpflichtet habe und diese Schuld nicht einlösen könne, liegt völlig fern; das Bild kommt jüdisch öfter vor, ohne daß je ein solcher Gedanke anklänge. ‚Auslöschen' ist in diesem Zusammenhang kein treffendes Bild; es geht auf die biblische Rede vom ‚Auslöschen' der Sünde zurück. So wird es denn auch durch ‚wegnehmen, entfernen' aufgenommen, was den Gedanken suggeriert, daß diese Schuldurkunde zwischen Gott und den Menschen steht und den freien Zugang versperrt. Das Bild von der Annagelung ans Kreuz ist nicht sicher zu deuten. Die Tatsache, daß Schuldurkunden mit einem X [wie Christus?] durchkreuzt worden sind, könnte höchstens durch die Ähnlichkeit der Form das ganz andere Bild hervorgerufen haben. Daß gelegentlich öffentliche Schuldbekenntnisse zum Preis der Götter und zur Warnung anderer auf Stelen aufgestellt worden sind, liegt auch fern. Vielleicht steht in etwas unklarer Weise die Vorstellung dahinter, daß die menschliche Schuld auf Christus lastete und mit ihm gekreuzigt wurde, daß er, wie Paulus formuliert, zum ‚Fluch' oder zur ‚Schuld' für uns geworden ist (Gal 3,13; 2Kor 5,21). Hat der Brauch, die Schuld des Hingerichteten am Kreuz anzuschlagen, zu dem Bild geführt oder nur die Erinnerung an aufgehängte Proklamationen. Deutlich ist auf alle Fälle, daß dieser Schulderlaß nur aufgrund des Kreuzestodes Jesu erfolgt ist."

Wie kommt es aber, daß die Erinnerungszeichen an dieses Ereignis doch als Zahlungsmittel im Umlauf sind und man den Eindruck gewinnt, es handle sich bei allen Formen des Geldes nur um Fälschungen, Kopien dieses einen an das Kreuz gehefteten Schuldscheines, dieser unmöglichen Tilgung, oder in derridascher Weise auch um die Tilgung der Unmöglichkeit? Man kann das Geschäft nicht ausschlagen. Doch halten wir uns an den Trost, den einfache Buchhalter spenden können, wenn sie zurecht bemerken, daß es einfach unmöglich ist, alle Außenstände auf nur einem kleinen Schein zu vermerken, so als ob es korrekt wäre, das Verrechnungsprinzip selbst mit der unendlichen Fülle an Daten in eins fallen zu lassen. Das Bestreben, immer größere Datenmengen auf zunehmend kleineren Speichern zu konzentrieren geht gewiß auf diesen *kapitalen Irrtum*[2] zurück, der die *Prinzipien* der Stellvertretung und der radikalen Vereinzelung in *einen* Ursprung zurückholen will. Diese Verheißung dieser Art Erlösung, wenn es denn eine Spezies dieser Kategorie geben darf, ist eine Bilanz, die am Ende keine Differenz aufweist, mit der vielleicht die Finanzbehörden ihr Auslangen finden (und mit ihnen der große Andere?). Betrachten wir einmal probehalber – weiterhin mit den kritischen Augen unseres einfachen Buchhalters – dieses Durchstreichen[3] des Schuldscheines (Das, obwohl die Erlösung alle Währungen und Kreditive außer Kraft setzt, auch wenn sie eine allumfassende wäre, die Schuld in Erinnerung behielte. Nicht nur das Papier der vormals gültigen Geldscheine wäre an den Rand der Wertlosigkeit gedrängt, sondern dieser entwertete Schuldschein selbst. Er müßte diese Wertlosigkeit in beinahe idealer Weise garantieren und an sich selbst bestätigen.), diese Aufhebung der Ökonomie als schlichte Währungsreform. Lassen wir dabei auch außer acht, ob es sich um irdische oder himmlische Ökonomien handelt, auch wenn wir Gefahr laufen, all die kleinen und großen, privaten und öffentlichen, heilsgeschichtlichen und wirtschaftlichen Katastrophen unter einem Unheil zu verrechnen.

Durch und in welche Kanäle (um die analerotischen Anklänge im Ohr zu behalten) fließt dieses Geld? Der Fall ist ausgeschlossen, daß sie jemals nur Gewinner hätte. Gespensterhaft jedenfalls mutet nicht zuletzt das internationale Währungssystem an, das jedoch realen Menschen das Leben kostet, den Tod zur Folge hat, der gerade eben besiegt wurde. Auch den Kriegsopfern, so sie das Massaker überlebt haben, ergeht es nicht anders. So sitzen die

---

2 Im dis-*kursiven* Irren.

3 Eine unmögliche Aufgabe wäre es, eine Werteskala der Entwertungen aufzustellen. Das Durchstreichen, das Zerreißen, das Verbrennen, das Sichtbarmachen, die Inflation, die Währungsreform, der Diebstahl, der falsche Ort, das Verfallen, *und* das Annageln.

ehemaligen Feinde vor dem Fernsehgerät und freuen sich gemeinsam mit den für den Krieg Verantwortlichen (den *dieser* Stellvertretung entzogenen Stellvertretern) über dessen Ende. Versammelt sind sie um das *Es muß weiter gehen* – und bringen kaum die Kraft auf, jener zu gedenken, die Opfer eines niemals offiziell (durch irgendein Kriegsrecht bestätigten) erklärten Krieges sind, geschweige denn, an dessen Beendigung mitzuwirken. Was sich zunächst wie eine unzulässige Vermengung der Ökonomien zu erkennen gibt, ist weitaus mehr als das verständnislose Murren der *Arbeiter im Weinberg* (Mt 20,1–16), es ist auch weitaus weniger, wenn nicht dessen Echo, das in den himmlischen Sphären nicht/nicht mehr vernommen wird. Der Schuldschein – als entwerteter – verheißt die Kompatibilität der Ökonomien der beiden Reiche. Ist er somit der Reisepaß der Gespenster, der ihre Einreise in gleicher Weise garantiert wie auch aufschiebt? (Vergessen wir es nicht: Wie entgehen die vielen Opfer der argumentativen Verrechnung auch derer, die sich mit ihnen solidarisieren? Ihre Trauerarbeit ist eine *der* Unterdrückung.)

Derridas Position hinsichtlich des Messias befände sich angesichts dieser Ökonomien, auf die wir in unserem Schlußkapitel nochmals zurückkommen, zwischen verzweifelnder Hoffnung und hoffender Verzweiflung des *Versprechens*, der strukturellen Öffnung der Messianizität[4], die diese Tragik eben nicht *ausspart*. Sie ist auch zugleich unendlich viel mehr und viel weniger als ein philosophischer Notgroschen, der einem an der Ökonomie zweifelnden und an ihrem baldigen Untergang Interessierten (den freudvoll Depressiven in Zeiten der Katastrophe[5]) zugeworfen wird – als Erinnerung daran, daß sie nicht aufhört zu spuken, nur weil man aufhört mit ihr/sie zu berechnen. Es sei denn, man stellt sich die Frage, wie sich denn diese Mißstimmigkeiten voneinander unterscheiden: jene der Ungerechtigkeit und jene, die die unendliche Dissymetrie der Beziehung zum anderen eröffnet.[6]

Sein Denken *erspart* uns weder diese Tragik noch die Überraschung einer Gabe. Auch dann nicht, wenn wir versucht wären, zwischen einem Menschen Jesus und einem *Gespenst* namens Christus zu unterscheiden. Dieses Phänomen Jesus/Christus ist nicht zu fassen. Auch nicht durch den *Gewaltakt* der Imitatio Christi des heiligen Franziskus, der zusammenhalten wollte, was nicht getrennt ist, was *nur* an Jesus/Christus nicht getrennt ist, in einer

---

4 Vgl. Jacques DERRIDA, Monolinguisme, 128 f.

5 Wie z.B. Cottard in: Albert CAMUS, La Peste, Paris 1947.

6 Vgl. Jacques DERRIDA, Marx' Gespenster, 45 und unten, 147.

einmaligen Stellvertretung, die sich jeder Kapitalisierung entzöge?[7]

Nahezu gespenstisch wäre das Wiederauftauchen – die Wi(e)dertaufe? – des Logos, des Herrn. Alles entscheidet sich daran, nicht nur ob Christus von den Toten auferstanden ist, sondern wie er es tat. Welcher Art ist sein Fleisch, ist es von dieser Welt? Doch dieses Buch ist nicht der richtige Rahmen, um die unüberschaubare Fülle der christologischen Ansätze ausreichend zu würdigen. Zu komplex sind die Fragen das Erkennen betreffend, die die Evangelien den ersten Zeugen der Auferstehung zuschreiben. Zu nah und zu zahlreich auch die verschiedensten exegetischen Positionen, die da von einer Auferstehung in den Glauben, in das Kerygma, einer/in eine Heilswirklichkeit sprechen, die sich jeder empirischen, positivistischen Sichtweise notwendig entziehen müßte – und nicht nur dieser, da die Evangelisten den Auferstandenen deutlich von aller Gespensterhaftigkeit fernhalten. Eine profunde Auseinandersetzung der Exegese mit Derridas

7 So sieht das (ohne das, was *wir* als derridasche Vorzeichen umschreiben) auch Leonardo BOFF, Zärtlichkeit und Kraft. Franz von Assisi mit den Augen der Armen gesehen, Düsseldorf 1983, 45 f.: „Für Franziskus ist das Evangelium Christus. Christus ist aber mit seinen *vestigia* (seinen ‚Spuren' in Worten und Taten) in ihrer konkreten historischen Gestalt mit der *Armut* identisch. Deshalb sind alle franziskanischen Primärschriften von der Wendung *sequi vestigia et paupertatem eius* (seinen Spuren und seiner Armut folgen) durchzogen. Das Novum des Poverello besteht nicht darin, daß er versucht hätte, das Evangelium radikal zu leben. Dies war – den historischen Untersuchungen zufolge – das gemeinsame Ideal aller wichtigen spirituellen Strömungen des 12. und 13. Jahrhunderts. Auch liegt es weder in der Nachfolge Jesu (das heißt in dem Willen, sein Leben aus der für Jesus charakteristischen Haltung zu gestalten) noch in der Nachahmung Jesu (das heißt in der Wiederholung seiner historischen Gesten). Dies alles lebten auch die evangelischen Armutsbewegungen vor Franziskus und während seiner Zeit. Franziskus wollte das Leben Jesu wiederholen und vergegenwärtigen. Deshalb richtet sich seine ganze Sorge auf die Wörtlichkeit des Evangeliums, und deshalb lehnt er jede Glosse zu ihm ab. Sein ganzes Leben lang war er sichtlich bemüht, das Geheimnis Jesu szenisch nachzugestalten ... Selbstverständlich geht es bei der Darstellung nicht nur um die äußere Seite, obschon auch diese entscheidend ist. Die äußeren Elemente sollen die Erfahrungen ermöglichen, sich mit Christus in seiner Menschlichkeit zu identifizieren. Die szenische Darstellung ist dann nicht mehr einfach Theaterspiel, sondern wird zum Leben in Übereinstimmung mit dem Weg Jesu." Diese Darstellung ist zärtliches Mit-leiden mit dem Leiden Gottes, Prä- und Repräsentation des Geheimnisses der Inkarnation verstanden als Kenosis. Worin unterscheidet sich aber die Nachahmung Jesu von der szenischen Nachgestaltung? Nach BOFF ist die Kenosis die Demütigung Gottes und dessen Identifikation mit dem Allerniedrigsten. Die szenische Nachgestaltung ist bei Franziskus nicht mehr *einfach Theaterspiel* sondern die Sorge um die *Wörtlichkeit* der Armut und des Allerniedrigsten, um die Buchstabierbarkeit des Logos, das Leiden *des* Mitleids.

Werk steht unseres Wissens noch aus. So findet sie bereits mit dem Werk Lévinas' statt, nicht ohne ihn als *seht her, einer der wichtigsten Philosophen der Neuzeit setzt sich mit wichtigen Glaubensfragen auseinander* in die christliche Apologetenschar einzugemeinden.

Es dürfte jedoch nicht darum gehen, Derrida zu christianisieren, und sei es auf dem Weg von Behauptungen wie dieser, daß das Christentum den Sinn des „Alten" Testaments erfülle, noch um eine Identifikation des Christentums als jüdischer Sekte, noch auch um „den" Sinn abrahamitischer Religionen, der sich durch das gemeinsame Prinzip der Messianizität eröffnete. (Es ist aber auch nicht von der Hand zu weisen, daß dieses Prinzip gemäß einer perversen oder pèreversen Logik die Inkarnation nach sich ziehen könnte, die Derrida zum Messias erklärte, was wiederum einer „Christianisierung" Derridas nahekäme, denn das Christentum wäre selbst das Prinzip der Messianizität, ist doch jeder Christ kraft der Taufe ein Gesalbter, wenn es nicht Wiedersalbungen in ihren Besonderungen gäbe . . .) Das *nächstes Jahr in Jerusalem* wird eines sein, das das Jerusalem heute nicht vergessen kann.[8]

8 Jacques DERRIDA, Marx' Gespenster, 263: „Es geht zunächst um das, was die originale Form einer Wiederkehr des Religiösen annimmt, sei sie fundamentalistisch oder nicht, und was alle Fragen der Nation des Staats, des internationalen Rechts, der Menschenrechte und der *Bill of Rights* überdeterminiert, kurz: um alles, was seinen Standort in der zumindest symptomatischen Figur Jerusalems konzentriert oder, hier und da, in der Figur seiner Wiederaneignung und des Systems von Allianzen, die sich ihm auferlegen. Wie soll man das eine mit dem anderen ins Verhältnis setzen, wie aber auch die beiden messianischen Räume auseinanderhalten, von denen wir hier unter demselben Namen sprechen? Wenn der messianische Appell einer universalen Struktur eigen ist, jener irreduziblen Bewegung der geschichtlichen Öffnung auf die Zukunft hin, also der Erfahrung selbst und ihrer Sprache (Erwartung, Versprechen, Verpflichtung gegenüber dem Ereignis dessen, was kommt, unmittelbares Bevorstehen, Dringlichkeit und Heilsforderung der Gerechtigkeit jenseits des Rechts, dem anderen gewährtes Unterpfand, insofern er nicht anwesend, gegenwärtig anwesend oder lebendig ist usw.), wie soll man ihn dann *mit* den Figuren des abrahamitischen Messianismus *denken*? Stellt er seine abstrakte Verödung oder seine ursprüngliche Bedingung dar? War der abrahamitische Messianismus nicht nur eine exemplarische Präfiguration, der vor dem Hintergrund, den wir hier zu benennen versuchen, gegebene *Vorname*?"

Die Randgänger der Philosophie, der Philosophien und der Kulturen, der Religionen, werden zurecht ihre mahnende Stimme erheben, wenn nun doch wieder – unausgesprochen, heimlich – von Zentrum und Peripherie, vom Herzen der Religion – des Autors und nicht Derridas – gehandelt wird, in der schrecklich vertrauten Sprache der Metaphysik, (Unserer Metaphysik, die es sich mit Derrida und den Marxisten gleichermaßen verscherzt.) wo sich doch am Rande die Reibungspunkte befinden, wo die Zentren der Macht ihre Werkzeuge einsetzen und sie nach Belieben verbrauchen und ersetzen. Wo der Preis für einen sinnvollen Tod, im Kampf, in der Leidenschaft, der Tod selbst war, wo die Aporien des Todes sich manifestierten in der komplexen Fügung des Unfügbaren, in der Architektur der Unterwelten, Schattenwelten. Wo doch der Jesus der Befreiungstheologie – Gibt es eine andere Theologie als diese? – selbst eine Randexistenz *par excellence* gewesen ist, aber Golgotha selbst in den Mittelpunkt der Welt rückt, und die Befreiung damit beginnen muß, aufzuzeigen, daß Golgotha überall ist: in Osttimor, in Rwanda, in El Salvador . . . Eine Schädelstätte des Kapitals.

Der Schuldschein war/ist somit auch ein Teil einer geheimnisvollen Landkarte, einer geopolitischen Ordnung, durchlöchert von Korrekturen und Radierungen, durch die man den Himmel sehen konnte, wenn man sie gegen das Licht hielt. Er regelt auch die Beziehungen, die Verkehrsordnungen zwischen Himmel und Erde, die Grundbedingungen für die vielen Währungsreformen im Tausch der Schätze des Himmels und der Erde, dessen Ränder im Mittelpunkt der *Interessen* aber nicht des *Interesses* stehen. (Das gilt auch für Reisen an die Ränder dieser Erde, wie zum Beispiel die des Kolumbus, wo sich an unserer Argumentation ein Widerspruch aufzutun scheint. Nicht die Ränder sind es, die an dieser Umgestaltung der Seekarten von Interesse sind, sondern es ist der Seeweg nach Indien, der gesucht wird, bei dem die Entdeckung fremder Länder *in Kauf* genommen wird.)

Diese Ränder sind auch die Gelenke, Artikulationen dessen, was man das Walten der Gewalt nennen kann, der Diskurse der Macht, aber auch dessen, was die Diskursmatheme Lacans ins Drehen bringt. Der Unterschied ist nicht allzu bedeutend, ob man diese Ränder in der Sprache der Biologie, als Kontaminationspunkte, als Öffnungen für allerlei Krankheits- und Gesundheitserreger bezeichnet, oder in der der Mechanik, wo die Weltmaschine allerleier Schmiermittel bedarf, um reibungslos zu funktionieren. Mit

Bakschisch, Schwarzgeldern oder Barmherzigkeit, was die biblische Tradition Almosen nennt.

Die Zentren der Macht, sie existieren zweifelsohne, eine Fahrt durch den Slumgürtel einer der großen Ballungsräume des Südens macht dies mehr als deutlich. Die Peripherie muß jedoch durch die enormen Ausmaße der Landflucht neu definiert werden. Die an sich schon lebensverachtenden patriarchalischen Besitzstrukturen in weiten Teilen der landwirtschaftlich genutzten Gebiete des Südens, die diesen Exodus nach wie vor auslösen, gehen bedrohliche Allianzen ein mit Großkonzernen, deren Produkte wir ja alle kennen. Inmitten dieser Städte stehen sie, die Betonburgen der Banken und Konzerne, die Kasernen und Verwaltungsapparate. Bewacht und von Bettlern gesäubert, die immer näher an diese geheiligten Symbole des Wirtschaftswachstums rücken. Ein Sturm auf eine dieser Bastionen würde kaum mehr eine Revolution auslösen, es würde auch kein zentraler Nerv des Systems getroffen, wo die Informationen zwischen Gott und der Welt, durch lückenlose Satellitensysteme gestützt, um den Erdball kreisen. Man würde mit Schwertern gegen Gespenster kämpfen. Bevor allerdings dieser Sturm in seiner Notwendigkeit oder Vergeblichkeit bedacht wird, gilt es daran zu erinnern, daß es zu den Menschenrechten gehört, ein Dach zu haben, das vor Regen, ein Haus mit festen Mauern, das vor Kälte schützt.

Diesen Inhalts ist also auch dieses Versprechen, diese Verheißung, aber auch diese Fehlleistung der „promesse“, jenseits und diesseits aller Dialektik, das sich auch der Gegensätzlichkeit von Aktiv(a) und Passiv(a) entzieht, der Reinheit und der Befleckung, dem Ursprung und dem Ziel:

> Der Tod, so sehr er Möglichkeit des Unmöglichen *als solchen*, oder ebenso des unmöglichen *als solchen* ist, ist eine Figur der Aporie in welcher ‚Tod‘ und der Tod – eine Metonymie, die den Namen jenseits des Namens und des Namens des Namens forträgt – alles, was nur als Unmögliches möglich, wenn es davon gibt/s'il y en a, ist: die Liebe, die Freundschaft, die Gabe, der andere, die Bezeugung, die Gastfreundschaft, ersetzen können.[9]

Gelobtes Land

Skizzieren wir auch noch kurz die An-Architektur der Aporien, um für eventuelle Grenzzwischenfälle gewappnet zu sein:

---

9 Jacques DERRIDA, Apories, 137.

Sie gehorchen einer pluralen Logik, die sie einander nicht entgegensetzt, sondern einander heimsuchen läßt. Erstens: Die „Non-Passage“ gleicht einer Undurchlässigkeit, der undurchsichtigen Existenz einer unüberwindbaren Grenze, einer verschlossenen Tür, einem unzugänglichen Geheimnis, einem Schibboleth. Zweitens: Es gibt keine Grenze, es gibt sie nicht mehr oder noch nicht, sie ist zu durchlässig, unbestimmt, keine Opposition zwischen zwei Rändern, kein Bei-sich-daheim, kein Beim-anderen-daheim, so wie auch weder Krieg noch Frieden sich allzusehr um Grenzen kümmern. Und „schließlich“ drittens: Es gäbe nicht einmal mehr den Ort einer Aporie, kein Trans- des Transports, der Transposition, der Transzendenz. Das Fehlen jeder topographischen und sogar topologischen Voraussetzung.[10] Die letzte Aporie, das ist die Unmöglichkeit der Aporie als solcher. Die Geworfenheit des Daseins wäre so eher Zerstreuung; Gewalt[11], Aufschub, Auseinandersetzung der Différance.

Der Widerstand ist nicht zu leugnen: Ja wo denn, um Himmels willen, soll denn diese Zerstreuung stattfinden, wenn es keinen Ort gibt, wo die Dekonstruktion ihr Haupt hinlegen könnte. Es müßte doch erst eine ursprüngliche, nicht einzuholende Sammlung geben, besser noch Einheit ohne Erinnerung und Rückkehr, gelobtes Land also vor, besser im Gelobten Land, ehe die Diaspora einsetzt. Sind wir Menschen denn nicht mehr als Parasiten[12], die in den Rissen des Seins hausen. Welcher Art ist der Narzißmus, der uns hier ausgetrieben werden soll, in einem nie endenden und nie begonnenem

---

10 Vgl. Ebenda, 44–48.

11 Siehe besonders das 1.Kapitel von Jacques DERRIDA, Gesetzeskraft. Der „mystische Grund der Autorität“, Frankfurt am Main 1991.

12 Vgl. Jacques DERRIDA, Die Signatur aushöhlen, in: Foreign Body, Vol. 3 (= Subverting the Signature. A Theory of the Parasite, in: Blast unLtd 2, Boston 1990), 1994, 2 f.: „‚Parasitus‘ auf Latein, wie im Griechischen ‚Parasitos‘, ist zunächst ein Tischgast, ein Eingeladener, ein Mitessender, und dies kann im besten Geist verstanden werden. Aber dann bleibt da die schlimmere Bedeutung, die schlimmste Bedeutung . . . ein Parasit in seiner guten Rolle ist zum Beispiel ein vom Staat, von den Geschenken der Stadt erhaltener Bürger. Ein *parasitus* kann ein Priester sein, der den weihenden Priestern bei bestimmten Riten der Kirche hilft und sich zu ihren Mahlzeiten eingeladen sieht. Somit ist er ein geladener Gast, der *parasitus*. Man könnte auch von allen Gästen sagen, sie seien Parasiten – nehmen Sie den Propheten Elijah, für den immer ein Platz gedeckt ist. Weil er immer unerwartet ankommen kann. Da man niemals auf ihn wartet, ihn zugleich aber erwartet – ihn immer erwartend – kann man vom Propheten sagen, daß er zum Parasiten bestimmt ist, durch Vorbestimmung. Der Messias ist ein Parasit.“ Jeder Arme (und nicht nur er), den wir im Namen Christi aufnehmen, ist somit ebenso ein Parasit, wie man von einem parasitären Prinzip der Intersubjektivität sprechen kann.

Exorzismus, durchgeführt von Priestern in einem Gottesdienst, einer Eucharistie absoluter Undankbarkeit. Der Widerstand ist zwecklos, wie die Gabe, das Gesetz, das wir empfangen, ohne dessen Spender zu sehen. Und auch innerhalb einer Ökonomie gibt es Geschäfte, die trotz sauberster Methoden zu schmutzig sind. Das ja, kein „Ja", zu dieser Logik der Aporien ist eine Quasi-Kapitulation vor den Grenzen des in sich geteilten Ursprünglichen.

Denken wir vor allem an die Gründungsakten neuer Staaten mit ihren Prioritätsansprüchen, mit ihren Hymnen, an ihre Ursprünge, Ur-Kunden, dann wird deutlich, daß Derrida nicht bloß die Grenzen der Logik und Begrifflichkeit im Auge hat. Es geht ihm in der „Gesetzeskraft" um die Dekonstruktion Benjaminscher Gegensätze von rechtsetzender und rechterhaltender Macht:

> So wie eine Strategie des Risses oder des (Ab)bruchs nie rein sein kann, weil der Anwalt oder der Angeklagte vor einem Gericht oder im Laufe eines im Gefängnis stattfindenden Hungerstreiks diese Strategie irgendwie ‚aushandeln' müssen, so ist auch der Gegensatz zwischen einem politischen Generalstreik, der einen anderen Staat wieder zu gründen sucht, und einem proletarischen Generalstreik, der den Staat zerstören will, nie ein reiner Gegensatz ... Es gehört zur Struktur der (be)gründenden Gewalt, daß sie eine Wiederholung ihrer selbst erfordert, daß sie jenes (be)gründet, was erhalten werden und erhaltbar sein muß: dem Erbe und der Überlieferung versprochen, dem Teilen. Eine Gründung (eine Grundlegung) ist ein Versprechen ... Selbst wenn ein Versprechen nicht in die Tat umgesetzt und gehalten wird, schreibt die Iterabilität das Versprechen des Erhaltens in den Augenblick der Gründung ein, der für den gewaltsamen Durchbruch sorgt. Sie schreibt so die Möglichkeit der Wiederholung in das Herz des Ursprünglichen ein; im Herzen des Ursprünglichen ist sie die Inschrift dieser Möglichkeit. Damit gibt es keine reine Rechtssetzung oder -gründung, es gibt keine reine (be)gründende Gewalt, ebensowenig wie es eine reine erhaltende Gewalt gibt. Die Setzung ist bereits Iterabilität, Ruf nach einer selbsterhaltenden Wiederholung. Die Erhaltung verhält sich ihrerseits wieder-gründend, um jenes erhalten zu können, was sie zu (be)gründen beansprucht. Es besteht also kein strenger Gegensatz zwischen der Setzung und der Erhaltung; es gibt allein das, was ich als *differantielle* [différantielle] Kontamination, die zwischen Setzung und Erhaltung sich ereignet, bezeichnen möchte .... Die Wiederholung ist die Möglichkeit der Einzigartigkeit des Einzigen, Einzigartigen – dessen paradoxale Iterabilität.[13]

Wenige Zeilen vor diesem Zitat erwähnt Derrida am Rande, aber man weiß, was ihm Ränder bedeuten, daß das Seminar der Cardozo Law School nur wenige Häuserblocks entfernt von der Hölle der Ungerechtigkeit stattfindet ...

---

13 Ebenda, 82–84.

Beraubt man – in handelsüblichen Vertragstermini ist dieser Vorgang kaum vorstellbar, denn der Raub hat etwas Überraschendes wie der eschatologische Dieb der Nacht – der heilsgeschichtlichen Einmaligkeit des Todes Jesu den Charakter der Stellvertretung, so befinden wir uns wiederum vor den Türen des Gesetzes, der Aporie des Todes.

Vielleicht ist es gleichgültig, um die Szene zu wechseln, auf welcher Seite der Türe man steht, da sie ja ohnehin nur für Einen bestimmt ist.[14] Die nächste Tür aber, so Kafka in seiner Gesetzesparabel, von einem noch mächtigeren Türhüter bewacht, wäre auch sie nur für Einen bestimmt? Gehört es nicht zur unumstößlichen Voraussetzung, daß die Tür nur in eine Richtung begehbar ist, zumindest für den armen, naiven Mann vom Lande? Würde sich Kafka heutzutage eines anderen Bildes bedienen, sich verabschieden von den guten alten Zeiten, wo die Bürokratie noch ein, der Machtapparat[15] gewesen ist, und sich einer Drehtüre bedienen, aus der man nicht herauskann?

Ergeht es ihm wie einer Maus, die geduldig vor der Falle sitzt?[16] Das Idiomatische und das Kategorische überkreuzen sich, denn die Katze aus Kafkas Kürzestgeschichte bringt ihre Eßgewohnheiten in die Literatur mit ein.[17]

---

14 Wir beziehen hier folgende Stellung: Jacques DERRIDA, Préjugés. Vor dem Gesetz, Wien 1992.

15 Nicht nur Gottes Mühlen mahlen langsam, auch die Vorgangsweise der Ämter erweckt manchmal den Eindruck, daß sie die in ihren Akten konservierten Konflikte so langsam weitergibt, bis sie einer „natürlichen" Lösung verfallen. Ein Quasi-Amtsweg-zum-Tode. Die Beamten, sie würden nicht Opfer des Spotts, der Ironie, der Karikatur werden, hätten sie nicht diesen besonderen Platz, den Freud ihnen in allen seinen Topologien zuweist. Die Verzögerung hat aber ihre tragischen und unerbittlichen Gesichter dort, wo in Todeszellen Menschen manchmal jahrzehntelang auf eine „Entscheidung" warten. Werden in zahlreichen Witzen Beamte als verschlafene, lichtscheue Kreaturen dargestellt, so vermischt sich mit dem Ärger darüber auch die Freude, denn Beamte in Diktaturen sind äußerst wache Wachebeamte. Zur Konstitution des Amts gehört auch dessen Umgehbarkeit, der kurze Dienstweg, denn der Beamte ist „der Bekannte der Anderen".

16 Religionskritiker werden nicht zögern, das Paradies als eine Falle zu bezeichnen.

17 Franz KAFKA, Kleine Fabel, in: Sämtliche Erzählungen, Frankfurt am Main 1996, 382. Wie müßte die Geschichte heutzutage erzählt werden? „Ach, sagte der kastrierte Stubenkater, die Welt wird von Tag zu Tag enger. Da nahm ihn sein Herrchen auf den

„‚Ach‘, sagte die Maus, ‚die Welt wird enger mit jedem Tag. Zuerst war sie so breit, daß ich Angst hatte, ich lief weiter und war glücklich daß ich endlich rechts und links in der Ferne Mauern sah, aber diese langen Mauern eilen so schnell auf einander zu daß ich schon im letzten Zimmer bin und dort im Winkel steht die Falle, in die ich laufe‘ ‚Du mußt nur die Laufrichtung ändern‘, sagte die Katze und fraß sie.“

Es hätte sich ausdifferenziert, wenn die Katze nicht, durch den Titel domestiziert, sich als Fabeltier erwiese, dazu noch einer Kleinen Fabel. Das tertium comparationis ist die entsetzlichste und unerbittlichste Form der möglichen Unmöglichkeit des Todes, und man sieht im Hintergrund die Gegner der Dekonstruktion(en) sich der Schadenfreude ergeben: Ja, das hat man davon, wenn man die Grenzen zwischen Verenden, Ableben und Sterben ins Wanken bringt. Auch wir kennen die Aporien des Todes. Wir wollen doch nur die Würde des Menschen bewahren und die Augen schützen (Als ob sie ohnehin nicht/nicht ohnehin diese Aufgabe hätten. Sind sie nicht wie Medizinmänner, die rechtzeitig vor dem Wechsel der Jahreszeiten den unaufhaltsamen Regen voraussagen? Und sollte er sich verzögern, das Strafmaß der Sünden bestimmen?) vor den Grimassen des Realen. Seht her, der Türhüter in der Gesetzesgeschichte, er vertritt das Unvertretbare des Gesetzes, erfüllt die schreckliche Pflicht, den Mann vom Lande zu erinnern, warum er gekommen ist:

Denn das Gesetz ist das Verbot/ene (*l'interdit*). Nomen und Attribut. Dies wäre der er schreckende *double-bind* seines eigentlichen Statthabens. Es ist das Verbot/ene: dies bedeutet nicht, daß es verbietet, sondern daß es selbst verboten ist, ein verbotener Ort. Es untersagt sich und widerspricht sich, indem es den Mann in seinen eigenen Widerspruch einsetzt: Man kann nicht bis zu ihm gelangen, und um eine *Beziehung (rapport)* durch die Achtung zu ihm zu haben, *muß man gerade keine, darf man keine* Beziehung zu ihm haben, *muß man die relatio unterbrechen.* Man darf nur mit seinen Vertretern, seinen Beispielen, seinen Wächtern *in Beziehung treten (entrer en relation).* Und diese sind ebenso Unterbrecher wie Boten. Man darf nicht wissen, wer es ist, was es ist, wo es ist, wo und wie es sich zeigt, von wo es kommt und von wo es spricht. Dies *fordert* die *Forderung* des Gesetzes (*Voilà ce qu'il faut au il faut de la loi.*) *Ci falt*, wie man im Mittelalter am Schluß einer Erzählung schrieb.

Schoß, zeigte ihm ein Bilderbuch mit Mäusen. Nach der Betrachtung der letzten Seite öffnete es ihm eine Futterdose, die nur für die besonderen Tage des Jahres bestimmt war. Zufrieden schlief er alsbald auf dem Sofa ein und träumte von einem frommen Missionar, der, als er in der Steppe von einem Löwen verfolgt, Gott anflehte, er möge dieses Untier doch fromm machen, und als er sich umblickte, sie knien sah und ihrem Gebet lauschte, das da ertönte: Komm Herr Jesus und sei unser Gast und segne, was du uns bescheret hast.“

Dies ist der Prozeß, das Urteil (le jugement), Verfahren (processus) und Urteil*, die ursprüngliche Teilung des Gesetzes. Das Gesetz ist verboten. Aber dieses widersprüchliche Selbst-Verbot (auto-interdiction) ermöglicht, daß der Mensch sich ‚frei' selbst bestimmen kann, obwohl diese Freiheit sich als Selbst-Verbot, in das Gesetz einzutreten, annulliert. Vor dem Gesetz ist der Mensch Subjekt des Gesetzes, indem er vor ihm erscheint. Gewiß. Aber vor ihm, weil er nicht in es eintreten kann, ist er auch außerhalb des Gesetzes (hors la loi, geächtet). Er ist nicht unter dem Gesetz oder im Gesetz. Subjekt des Gesetzes: außerhalb des Gesetzes.[18]

Der Türhüter, er bewahrt den Mann vom Lande vor dem Unglück, vor dem Tod, dem zu schnellen, der ein Leben beendet, das viel zu kurz gewesen sein wird. Was aber hier verzögert wird, nach Derrida, ist nicht der Zugang zu einem Genuß, zu einem höchsten Gut, sondern, bis zum Tod, der Eintritt in das Gesetz selbst, das die Verzögerung diktiert.

Das Gesetz untersagt, indem es die *‚férance'*, die Beziehung, die *relatio*, die Referenz interferiert und differenziert (*en différant*, aufschiebt). Der Ursprung der *différance* ist das, dem man sich *nicht* nähern, das man sich *nicht* präsentieren, sich repräsentieren und in das man vor allem *nicht* eindringen *darf* und kann. Dies ist das Gesetz des Gesetzes, der Prozeß eines Gesetzes, in Ansehung dessen man niemals sagen kann ‚da ist es', hier oder da ist es. Und es ist weder natürlich noch institutionell.[19]

Das Gesetz ist vielleicht doch das Genießen selbst, als Verbot/enes die Sünde dieses „selbst" des Genießens, als Genießen der Sünde, die Kraftkammer des Eros, der, wenn wir an *Das Unbehagen in der Kultur* Sigmund Freuds erinnern, eine Anstrengung machen wird, um sich im Kampf mit seinem ebenso unsterblichen Gegner, dem Thanatos, zu behaupten. Aber was, um Himmels willen, sind diese „himmlischen" Mächte?[20]

---

18 Jacques DERRIDA, Préjugés, 66 f.

19 Ebenda, 68.

20 Sigmund FREUD, Das Unbehagen in der Kultur, IX, 259. FREUD setzt die himmlischen Mächte unter Anführungszeichen, weil er sich auf ein Gedicht GOETHES aus *Wilhelm Meisters Lehrjahre* bezieht:
„Ihr führt ins Leben uns hinein,
Ihr laßt den Armen schuldig werden,
Dann überlaßt Ihr ihn der Pein,
Denn jede Schuld rächt sich auf Erden."
Und zu ihrer Erkenntnis gelangt man in der Strophe, die FREUD als bekannt voraussetzt:
„Wer nie sein Brot mit Tränen aß,
Wer nie die kummervollen Nächte
Auf seinem Bette weinend saß.

Die letzten Seiten, als Variante von *Totem und Tabu*, des siebenten Abschnitts, gehen dem Ursprung des Gewissens nach. Freuds phylogenetische Beweisführung, die in mythischen Vorzeiten erfolgte Tötung (Oder Ermordung, um die unüberschaubare Problematik der Entwicklung der Rechtssysteme anzudeuten, denn unsere Vorfahren hatten angeblich weit größere Mühe, ihre Aggressionen im Zaum zu halten. Das breite Spektrum, das von der Notwehr über die Körperverletzung mit tödlichen Folgen, die fahrlässige Tötung, den Totschlag bis hin zum Mord reicht, ist in seinen feinen Differenzierungen sicher eine Kulturleistung, sei sic auch von der Perspektive des freudschen Kulturpessimismus her betrachtet. Ein Höhepunkt wäre wohl mit der heiligen Tötungspflicht im Kriege erreicht, die sich doch den himmlischen Mächten gefährlich nähert. Wie bezeichnet unser Strafrecht aber die Toten, die am Straßenrand des „Fortschritts" verenden? Sie sind begraben in den Betonfundamenten unserer Grundrechte.) des Urvaters lautet kurz und lapidar so: „Wir können nicht über die Annahme hinaus, daß das Schuldgefühl der Menschheit aus dem Ödipuskomplex stammt und bei der Tötung des Vaters durch die Brüdervereinigung erworben wurde."[21] Es ist die menschheitsgeschichtliche Voraussetzung für das Gewissen, dem erst nach einem wirklich begangenen Verbrechen die Reue folgt. Freuds Privatmythos, so Lacan, hat viel Kritik hervorgerufen, als ob es wirklich darum ginge, ob diese eine Tat an irgendeinem Ort erstmalig und irgendwann stattgefunden hat. Wichtiger ist vielmehr die Folge von Verbrechen, der begangenen und nicht begangenen:

Und da die Aggressionsneigung gegen den Vater sich in den folgenden Geschlechtern wiederholte, blieb auch das Schuldgefühl bestehen und verstärkte sich von neuem durch jede unterdrückte und dem Über-Ich übertragene Aggression. Nun, meine ich, erfassen wir endlich zweierlei in voller Klarheit, den Anteil der Liebe an der Entstehung des Gewissens und die verhängnisvolle Unvermeidlichkeit des Schuldgefühls. Es ist wirklich nicht entscheidend, ob man den Vater getötet oder sich der Tat enthalten hat, man muß sich in beiden Fällen schuldig finden, denn das Schuldgefühl ist der Ausdruck des Ambivalenzkonflikts, des ewigen Kampfes zwischen dem Eros und dem Destruktions- oder Todestrieb. Dieser Konflikt wird angefacht, sobald den Menschen die Aufgabe des Zusammenlebens gestellt wird; solange diese Gemeinschaft nur die Form der Familie kennt, muß er sich im Ödipuskomplex äußern, das Gewissen einsetzen, das erste Schuldgefühl schaffen. Wenn eine Erweiterung dieser Gemeinschaft versucht wird, wird derselbe Konflikt in Formen, die von der Vergangenheit abhängig sind, fortgesetzt, verstärkt und hat eine weitere Steigerung des Schuldgefühls zur Folge. Da die Kultur einem inneren erotischen Antrieb gehorcht, der sie die Menschen zu einer innig

---

Der kennt euch nicht, ihr himmlischen Mächte."

21 Sigmund FREUD, Ebenda, 257.

verbundenen Masse vereinigen heißt, kann sie dies Ziel nur auf dem Wege einer immer wachsenden Verstärkung des Schuldgefühls erreichen. Was am Vater begonnen wurde, vollendet sich an der Masse. Ist die Kultur der notwendige Entwicklungsgang von der Familie zur Menschheit, so ist unlösbar mit ihr verbunden, als Folge des mitgeborenen Ambivalenzkonflikts, als Folge des ewigen Haders zwischen Liebe und Todesstreben, die Steigerung des Schuldgefühls vielleicht bis zu Höhen, die der Einzelne schwer erträglich findet.[22]

Wir haben die Sünde begangen, in diesem moralischen Antichambre zwischen dem „darf" und dem „kann" die Versuchsanordnung zu ändern, eine Maus voranzuschicken, die erproben soll, was geschieht, wenn man die Différance repräsentiert. Keine Gnade und kein Aufschub. Eine Umkehr? Und nicht nur die Liebe geht durch den Magen. Stellvertretung und radikale Vereinzelung, wie lassen sie sich zusammen denken? Allein der Titel, die Fabel rettet die Maus vor dem sicheren Tod. Aber wer hier stirbt, stellvertretend im Text, ist der Mensch.[23] Wer oder was aber tötet am Rande des Textes?

---

22 Ebenda, 258.

23 Die Struktur des Todesurteils, nach LEVI-STRAUSS, im Ineinandergreifen von Totemis mus und Opfer. Claude LEVI-STRAUSS, Das wilde Denken, 259 f.: „Der Totemismus beruht auf einer Homologie, die zwischen zwei parallelen Reihen postuliert wird – der der natürlichen Arten und der der sozialen Gruppen –, deren jeweilige Begriffe, das dürfen wir nicht vergessen, sich nicht je zwei und zwei ähneln; nur die Gesamtbeziehung zwischen den Reihen ist homomorph: die formale Korrelation zwischen zwei Systemen von Unterschieden, deren jeder einen Gegensatzpol bildet. Bei der Opferung übernimmt die (kontinuierliche und nicht mehr die diskontinuierliche, in eine Richtung gehende und nicht mehr umkehrbare) Reihe der natürlichen Arten die Rolle der Vermittlung zwischen zwei polaren Begriffen, von denen der eine der Opferer und der andere die Gottheit ist und zwischen denen anfangs keine Homologie besteht, ja überhaupt keine Beziehung irgendwelcher Art: da es gerade das Ziel der Opferung ist, eine Beziehung herzustellen (die nicht Ähnlichkeit ist sondern Kontiguuität), und zwar mittels einer Reihe von sukzessiven Identifizierungen, die in beiden Richtungen verlaufen können, je nachdem, ob das Opfer ein Sühneopfer ist oder einen Gemeinschaftsritus darstellt . . . Damit nicht genug. Ist die Beziehung zwischen dem Menschen und der Gottheit durch die Weihung des Opfertiers einmal gesichert, so zerreißt die Opferung diese Beziehung durch die Vernichtung des Opfertiers . . . Das Schema der Opferung liegt in einer irreversiblen Operation (Vernichtung des Opfers), um in einem anderen Bereich eine gleichfalls irreversible Operation (Gewährung der göttlichen Gnade) auszulösen, deren Notwendigkeit sich aus der vorhergehenden Vereinigung zweier ‚Gefäße' ergibt, die nicht auf gleicher Ebene liegen." Doch ist das Opfer nicht auch der Versuch, die Irreversibilität der Gnade in Griff/in den Begriff zu bekommen? Ein Rand der Gabe, der Blick auf den trotz aller Gefaßtheit überraschten Blick des Opfers.
Nach BATAILLE ist dieses Ineinandergreifen durch das Fest gegeben: „Le problème incessant posé par l'impossibilité d'être humain sans être une chose et d'échapper aux

Keineswegs jedoch soll hier der Eindruck erweckt werden, daß die Ernährungsweisen von Tieren eine direkte Beziehung zur menschlichen Aggression unterhielten. Auch die Verhaltensweisen von Tieren in der Literatur, von der Urschlange im Paradies, so die Heilige Schrift zur Literatur zählt, über die Löwen, Adler, Panther in der Heraldik und Heldenepik bis hin zu den lieblichen Tiergeschichten unserer Haustiere, sie alle verweigern sich dem „eigentlichen" Sinn, dem Verstehen, dem Gesetz, der Gerechtigkeit. Ihre Weltarmut macht uns reich, könnte man schnell und bedeutungsschwer sagen. Reich an Bedeutung, denn breit ist das Spektrum, das am einen Ende die gnadenlose Jagd, am anderen das Tier als „eigentlich" besseres Lebewesen aufweist, das seinesgleichen nicht ausrottet, übervorteilt etc. Nicht zuletzt unterliegt es den Gesetzen der Ambivalenz, der Zärtlichkeit, dem Vatermord. Vertritt es in gewissem Sinne, „wie" der Traum, die Mythen einen Teil unserer Urgeschichte?[24] Folgen auch wir dem einzigen Lichtstrahl der psychoanalytischen Erfahrung in dieses Dunkel.

Das Verhältnis des Kindes zum Tiere hat viel Ähnlichkeit mit dem des Primitiven zum Tiere. Das Kind zeigt noch keine Spur von jenem Hochmut, welcher dann den erwachsenen Kulturmenschen bewegt, seine eigene Natur durch eine scharfe Grenzlinie von allem anderen Animalischen abzusetzen. Es gesteht dem Tiere ohne Bedenken die volle Ebenbürtigkeit zu; im ungehemmten Bekennen zu seinen Bedürfnissen fühlt es sich wohl dem Tiere verwandter als dem ihm wahrscheinlich rätselhaften Erwachsenen.[25]

---

limites des choses sans revenir au sommeil animal reçoit la solution limitée de la fête." (Georges BATAILLE, Théorie de la religion, Paris 1973, 72.)

24 DERRIDA verweist in *Falschgeld*, 210–216 auf KANTS *Die Religion innerhalb der Grenzen der bloßen Vernunft*, Stuttgart 1974, 42 [32]: „Um also einen Grund des Moralisch-Bösen im Menschen anzugeben, enthält die *Sinnlichkeit* zu wenig: denn sie macht den Menschen, indem sie die Triebfedern, die aus der Freiheit entspringen können, wegnimmt, zu einem bloß *Tierischen*; eine vom moralischen Gesetze aber freisprechende, gleichsam *boshafte Vernunft*, (ein schlechthin böser Wille), enthält dagegen zu viel, weil dadurch der Widerstreit gegen das Gesetz selbst zur Triebfeder (denn ohne alle Triebfeder kann die Willkür nicht bestimmt werden) erhoben, und so das Subjekt zu einem *teuflischen* Wesen gemacht werden würde. – Keines von beiden aber ist auf den Menschen anwendbar."

25 Sigmund FREUD, Totem und Tabu, IX, 412.

Es ist Zeit zu erwachen.

Man fängt an zu träumen, man würde gern das Idiomatische und das Kategorische zusammenfügen. ... Es gibt den Traum, und es gibt das Erwachen. Es ist nicht die Realität, die aufweckt, es ist das, was ich, um es dem Phantasma entgegenzusetzen, als ihre eigene Möglichkeit, die unerbittliche Strenge ihres Gesetzes, vorziehe, Notwendigkeit (Nécessité) zu nennen. Für sie gibt es keinen – idiomatischen oder kategorischen – Sinn ohne den Traum, auch nicht ohne das Phantasma. Und das ist die Tragödie, die Irrschickung des Schicksals (la destinerrance du destin).[26]

Nehmt es nicht persönlich, rufen einander auch Soldaten zu, die Killer ihren Opfern. Die Notwendigkeit, die das Phantasma und den Traum als für den Sinn konstitutiv betrachtet, gestattet es uns vielleicht, das Animalische des Menschen zu *begreifen*: Gleich ob wir es als einen Pol des Menschseins begreifen, das Kant durch das Kreditiv der Freiheit in Schach hält, als domestizierte Natur, als Wiederauftauchen des Primitiven, als Sehnsucht nach Instinktsicherheit und Unmittelbarkeit, es ist Element der Tragödie des Menschen. Und kein Spiel der Projektionen kommt ihm bei. Ob als Brüder und Schwestern im franziskanischen Geist, als Nahrungsmittel, als Träger reiner Eigenschaften, als Totem, eben auch als domestizierte Tiere verweisen diese Inkorporationen des Animalischen auf die Tragödie der Domestizierung des Menschen/der Menschen, denen man die Seelen raubt, durch die als Mission verkaufte Versklavung von Mitgliedern außereuropäischer Kulturen, durch ihre Idealisierung als reine, wilde und unschuldige Geschöpfe, denen man die Seele formt, den Kindern, den Frauen. Ein Hauch – *ruach?* – von Ursprung.

Stimmungen

Die theologische Diskussion um die Erbschuld und die durch sie vermittelte Gnade, die seit Jahrhunderten, beinahe Jahrtausenden die Bibliotheken bereichert, über Pelagius, Augustinus bis hin zum Jansenistenstreit, läßt wenig Raum für den Kampf der Mythen und Symbole, die durch eine philosophische Wiederaufnahme erkennen ließen, daß das gelobte Land bereits von Menschen bewohnt ist.[27] Jede Protologie und all das, was mit ihr

---

26 Jacques DERRIDA, Préjugés, 81.

27 Vgl. Paul RICOEUR, *La symbolique du mal*, besonders Seite 243, wo er anläßlich der Interpretation des Sündenfalls von der *structure quasi-extérieure* der Versuchung

einhergeht, Lehren vom Urzustand des Menschen, Aufforderungen, zur Natur zurückzukehren, Erziehungsrichtlinien, die das unschuldige Kind zum Opfer haben, gehen mit Eschatologien einher, an denen es wahrlich nicht mangelt. Und doch ergibt es ein ungewohntes Bild, wenn man die übliche Perspektive, die ja die von den Eltern auf die Kinder weitergegebene Last im Blickfeld hat, etwas verändert. (So, als ob es einen großen Unterschied machte, ob man die Last auf dem Rücken hat oder sie vorne am Bauch trägt. Oder, um ein Bild von Duerr[28] zu verwenden, gleicht man einer Ziege, die einer Rübe nachrennt, die vor ihren Augen von einem Stock herabhängt, der an ihrem Körper befestigt ist?) Vom Erbe der Väter, von Legitimationen der Herrschaft, vom Auftrag, das Werk der Vorfahren fortzuführen ist doch

---

spricht. Die Gestalt der Schlange widersetzt sich durchaus erfolgreich der moralisierenden Bestrebungen der Erbsündentheologie und den Philosophien, die sich als voraussetzungslose, „spekulative" begreift/begreifen: „C'est donc finalement comme index la situation de l'homme au coeur de l'être dans lequel il se meut, existe et veut, que le symbole nous parle. Dès lors la tâche du philosophe guidé par le symbole serait de rompre l'enceinte enchantée de la conscience de soi, briser le privilège de la réflexion. Le symbole donne à penser que le *Cogito* est à l'intérieur de l'être et non l'inverse; la seconde naïveté serait ainsi une seconde révolution copernicienne: l'être qui se pose lui-même dans le *Cogito* doit encore découvrir que l'acte même par lequel il s'arrache à la totalité ne cesse de participer à l'être qui l'interpelle en chaque symbole. Tous les symboles de la culpabilité – déviation, errance, captivité, – tous les mythes – chaos, aveuglement, mélange, chute, – disent la situation de l'être de l'homme dans l'être du monde; la tâche est alors, à partir des symboles, d'élaborer des concepts existentiaux, c'est-à-dire non seulement des structures de la réflexion, mais des structures de l'existence en tant que l'existence est l'être de l'homme. C'est alors que se posera le problème de savoir comment s'articule sur l'être de l'homme et sur le néant de sa finitude, le quasi-être et le quasi-néant du mal humain . . . „ (332). Die quasi-äußerliche Versuchung liegt nahe, daß man für die Symbolik des Bösen nur das derridasche Konzept der Schrift einsetzen müsse, (Es wäre den Einsatz wert, es muß ja nicht gleich eine pascalsche Wette sein.) um die ihnen gemeinsame Basis (also weder Anabasis noch Katabasis) des jüdisch/christlichen Denkens hervorzuheben. Die voraussetzungslose Philosophie, welches Gespenst muß hier Ricoeur beschwören, durch das *plein du langage*, das DERRIDA, wir haben es gesehen, in ein quasi-transzendentales, quasi-funktionales Geheimnis zurücknimmt, so es diese Fülle jemals gegeben hat. Für beide gilt, ob noch innerhalb der Grenzen der philosophischen Hermeneutik, oder aber auch noch an deren Innenrand, oder am Zwischenrand, das gelobte Land ist bereits bewohnt. Das gilt auch für den Himmel, von dem einst ein Exeget, auf die Frage, ob es ihm etwas ausmache, wenn er dort Leute trifft, die er nicht ausstehen kann, behauptete: In seinem Haus gibt es viele Wohnungen.

28 Hans Peter DUERR, Ni Dieu – ni mètre, Frankfurt am Main 1985, 11.

immer schon gesprochen worden.[29] Um wieviel weniger ist jedoch von Söhnen die Rede, von Söhnen der Revolutionäre, und gar von Töchtern, die das Werk der Befreiung im Geiste ihrer Vorbilder zu Ende führen sollen.[30]

---

29 Dazu eine Szene aus SARTRES *Das Spiel ist aus*: „Sie [Pierre und der Greis, sein Cicerone im *Reich* der Toten] setzen ihren Weg fort, werden aber bald aufgehalten durch eine Gruppe, die ihnen entgegenkommt. An der Spitze geht ein kleiner Mann, der blöde und degeneriert aussieht. Ihm folgt seine ganze vornehme männliche Ahnenreihe vom neunzehnten Jahrhundert bis zum Mittelalter, alles stattliche und schöne Leute von hohem Wuchs. Der lebende Sproß dieser vornehmen Familie bleibt stehen und zündet sich eine Zigarette an; die Ahnenreihe hinter ihm bleibt ebenfalls stehen und verfolgt mit staunender Aufmerksamkeit jede seiner Bewegungen. Pierre kann einen belustigten Ausruf nicht unterdrücken: ‚Was ist denn das für ein Fastnachtsumzug?' Kaum ist ihm diese unvorsichtige Bemerkung entfahren, als einige von den Vornehmen ihm wütende und betroffene Blicke zuwerfen. Diskret erklärt der Greis: ‚Eine uralte Familie von hohem Adel. Die Leute laufen hinter ihrem letzten Sproß her . . . ' ‚Na', murmelt Pierre, ‚schön ist er nicht. Auf den können sie nicht stolz sein. Und warum laufen sie hinter ihm her?' Der Greis zuckt gottergeben die Achseln. ‚Sie warten nur, bis er tot ist, um ihn dann anschnauzen zu können.' Inzwischen hat der Sproß seine Zigarette entzündet und setzt sich wieder in Marsch mit einem hochtrabenden und albernen Gesicht, gefolgt von seinen sämtlichen Ahnen, die ihn mit aufmerksamen und tiefbetrübten Blicken verfolgen." (31)

30 Derrida spricht in *Marx' Gespenster* von einer neuen Internationalen, die sich um die Wunden „unserer" Weltordnung (132–137) herum sammelt. (Wir werden noch darauf zurückkommen.) „Die Verantwortung, noch einmal, wäre hier die eines Erben. Ob sie es wollen und wissen oder nicht, alle Menschen auf der ganzen Erde sind heute in gewissem Maß die Erben Marx' und des Marxismus. Das heißt, wie wir soeben sagten, Erben der absoluten Einzigartigkeit eines Projekts – oder eines Versprechens – von philosophischer oder wissenschaftlicher Form. Diese Form ist im Prinzip nicht religiös im Sinn der positiven Religion; sie ist nicht mythologisch; sie also nicht national – denn selbst jenseits des Bundes mit einem auserwählten Volk gibt es keine Nationalität, keinen Nationalismus, die nicht religiös oder mythologisch wären, sagen wir im weitesten Sinne ‚mystisch'. Die Form dieses Versprechens oder dieses Projekts bleibt absolut einzigartig. Sein Ereignis ist gleichzeitig singulär, total und unauslöschlich – aber auf andere Weise unauslöschlich als durch Verneinung und im Verlauf einer Trauerarbeit, die die Wirkung eines Traumas nur verschieben kann, ohne sie auszulöschen . . . Was man auch immer von diesem Ereignis denken mag, vom manchmal erschreckenden Scheitern dessen, was sich so vorgewagt hatte, von den ökonomisch-technischen und ökologischen Desastern und den totalitären Perversionen, denen es stattgegeben hat (Perversionen, von denen manche seit langem sagen, daß sie gerade keine Perversionen sind, also keine pathologischen und akzidentellen Abirrungen, sondern die notwendige Entwicklung einer von Geburt an vorhandenen Wesenslogik, einer ursprünglichen Störung – sagen wir unsererseits, stark verkürzt und ohne dieser Hypothese zu widersprechen, der Effekt einer *ontologischen* Behandlung der Spektralität des Gespenstischen); was immer man auch von dem Trauma denken mag, das im Gedächtnis des

Im ödipalen Panoptikum sind sie kaum voneinander zu unterscheiden, der Adelige, der Bürger, der seinen zahlreichen Kindern den selben Lebensstandard gönnen will, und der väterliche Revolutionär, der, obwohl dem Tod die Stirn bietend, kein Herr ist. Das Gelobte Land, aus psychoanalytischer Sicht, das Reich der Zärtlichkeit, das errichtet wird auf den Gräbern des Vaters der Urhorde, die Heimkehr in den Mutterleib, das Eintauchen in den narzißtischen Ozean der Allmacht, alle müssen wir hinein, und um die Zeitekstasen ernst zu nehmen, wir sind immer schon Vertriebene.[31] Was hilft es dann zu verstehen, daß auch die Revolutionäre sich unter die Autorität eines Vaters stellen, um einen anderen Vater zu töten, der mit dem leiblichen in den seltensten Fällen identisch ist. Daß der Kreislauf von Geben und Nehmen sich so einfach darstellt, wo alle unter dem Gesetz stehen, die Schuld abzutragen, und diejenigen am besten zurande kommen, die meinen, sie könnten sie wirklich bezahlen. Durch ihre eigenen Hände können sie das selbstverständlich nicht leisten, und wen erstaunt es noch, daß sie, die Gläubigen, darangehen, den Gläubiger zu töten, und meinen, die Schuld sei somit nicht mehr existent. So erst geben sie dem Recht auf Erbe die eigentliche Rechtfertigung, falls sie nicht ohnehin nur einen dieser Steuerpächter oder Mitläufer von dieser römischen/lateinischen „circonvallazione" herunterschießen. Diese Wahrheiten sind an jedem Zeitungskiosk erhältlich. Und die Entrüstung, die sich dadurch Ausdruck verschaffen könnte, daß diese Wahrheiten nur dann zur gesellschaftspolitischen Veränderung beitragen, wenn sich ein Obdachloser mit diesem dort erhältlichen Papier zudeckt, macht die Winternächte unter den Brücken auch nicht wesentlich wärmer. Und seien es auch die Brücken des Pontifex maximus.

Menschen daraus folgen kann, dieses einzigartige Unterfangen hat stattgefunden. Auch wenn es nicht gehalten wurde, mindestens nicht in der Form seiner Aussage, auch wenn es auf die Gegenwart eines ontologischen Inhalts zugestürzt ist, so wird doch ein messianisches Versprechen neuer Art der Geschichte sein inaugurales und einzigartiges Zeichen eingebrannt haben. Und ob wir es wollen oder nicht, welches Bewußtsein wir auch immer davon haben, wir können nicht nicht die Erben davon sein. Keine Erbschaft ohne Appell an die Verantwortlichkeit. Eine Erbschaft ist immer die Reaffirmation einer Schuld/dette, aber eine kritische, selektive, filternde Reaffirmation . . ." (147 f.) Wer aber wäre nicht lieber der selektierende, kritische Erbe eines Multimillionärs? Dieses Erbe jedoch könnte man ausschlagen . . .

31 So schwer verdaulich der primäre Narzißmus für die Ich-Psychologie schon gewesen ist, die letzte Zuflucht FREUDS, der absolut primäre Narzißmus, ist uneinnehmbar. (Zu FREUDS Schwanken bezüglich des Ortes, von dem die Libido ausströmt, siehe III, 326–330.) Soll man ihn mit HEIDEGGER verstehen, als sich ängstigende Freiheit zum Tode? (Sein und Zeit, 266.)

Die Gleichmacherei angesichts des Todes, des absoluten Herrn, die Versammlung aller Klassenunterschiede in das „immer schon" als „noch nicht", der Sorge, als Wiederkehr derselben im Wettlauf der Entschlossenheit, die Illusionslosigkeit Freuds, was Marxismus und Christentum betrifft, verknappt uns gar das Genießen der Kurzweil und des Verfallens.

In vielen Zungen wird heute das Pathos der Endlichkeit deklamiert, wird die Hinfälligkeit des Menschen, die Unzulänglichkeit seiner Vernunft, die Begrenztheit seiner Macht betont und zur Bescheidung vor dem Unerforschlichen zur tragischen Übernahme des Scheiterns aufgerufen. Der ausdrückliche Einstand in die Endlichkeit unseres Daseins ist zu einer Lebensstimmung geworden, die gang und gäbe ist. Und diese allgemeine Gangbarkeit hat die verdächtige Tendenz zur Verflachung in sich; in seines Nichts durchbohrendem Gefühle genießt der desillusionierte Mensch unserer Zeit sein nihilistisches Existenzbewußtsein. Wo aber in unserer Gegenwart Philosophie wach und am Werk ist, ist die Endlichkeit des menschlichen Daseins nicht bloß offenbar in der düsteren Stimmung, die das Faktum hinnimmt, sondern ist offenbar im Denken, das die Endlichkeit als ein Problem zu begreifen sucht.[32]

Diese Analyse Finks, mit all ihrer vorsichtigen Kritik an der düsteren Seite des heideggerschen Denkens, hat nicht viel von ihrer Stimmigkeit eingebüßt, der Weckruf hat uns durchaus ereilt, er ist Teil der Musik unseres Jahrhunderts. Doch beleuchtet er nur eine Seite des ambivalenten Geschehens, des Vaters, der Väter der abrahamitischen Religionen. Die großen Demaskierer haben nur einen Strick des double bind zerhackt – man muß ihn nicht unbedingt auf die Zahl zwei reduzieren, es genügt zu sagen, er, der große Andere hält immer einen in Reserve, im Namen der Freiheit (Ein hoffnungsloser Zyniker könnte behaupten, es reiche zwar ein Strick, aber man brauche zwei Knoten um jemanden zu erhängen.) – haben der Güte und der Liebe Gottes das Antlitz des Unentrinnbaren, des Sinnlosen entgegengehalten, die Reaktionsbildung, die Zärtlichkeit nach phantasierten und realisierten Vatermorden als das wohlverdrängte Fundament unserer abendländischen Zivilisation und Kultur freigelegt. Aber was ist der Lärm der beiden Weltkriege gegen die Seinsvergessenheit. Der Ruf, kann er sich von einer Unterstellung der Existenz Gottes freimachen, ist er nicht Protest gegen den, der es in seiner Allmacht sogar ermöglicht, seinen Tod zu verkünden? Der Himmel wird uns zwar dadurch erspart, denn wer könnte schon Vorfreude empfinden beim Gedanken, demjenigen ins Antlitz zu blicken, der der Absurdität des Leidens dieser Welt Sinn verleihen könnte. Die Philosophie hatte fürwahr Ermunterung nötig, und nicht nur sie, sondern auch ihre

32 Eugen FINK, Hegel, Frankfurt am Main 1977, 180.

Konsumenten. So groß die Erschütterung nach den Greueltaten des Zweiten Weltkriegs waren, die Glücksmaschinen lassen sich durch die Nord-Südkonflikte nicht aus dem Rhythmus bringen. Konnte man nach den Jahren des Wiederaufbaus noch damit rechnen, auf breite Zustimmung zu stoßen, wenn man mit gelehrter Hoffnung Menschenrechte einforderte, den atomaren Wahnsinn anklagte, und Sympathien für Revolutionen in Lateinamerika zeigte, so ist man heutzutage ziemlich unschlüssig darüber, wen man eigentlich kritisieren sollte, wen man erreichen wollte, der nicht schon mehr wüßte, als ihm lieb ist.

All dies liest sich wie ein Kommentar zu einem Börsenbericht der großen ökonomischen Institution, mit seinen vielen Diskursen. Der Klassenkampf und mit ihm das gelobte Land des Paradieses der Werktätigen kommt in diesem Index nicht mehr vor. Das Heer – es möge keines werden – der Arbeitslosen erkennt sich nicht mehr als Klasse, die ihre Rechte erkämpft.

> Die Arbeitslosigkeit, diese mehr oder weniger gut kalkulierte Störung eines neuen Marktes, neuer Technologien, einer neuen, weltweiten Wettbewerbsfähigkeit, hätte heute zweifellos, wie die Arbeit oder die Produktion, einen anderen Namen verdient. Um so mehr, als die Tele-Arbeit ihr eine neue Dimension einschreibt, die die Methoden des traditionellen Kalküls ebenso stört wie die begriffliche Opposition zwischen Arbeit und Nicht-Arbeit, zwischen Aktivität, Beschäftigung und ihrem Gegenteil. Diese reguläre Störung wird gemeistert, kalkuliert, ‚sozialisiert', das heißt größtenteils verleugnet – und ist doch gleichzeitig nicht auf das Vorhersagbare reduzierbar, wie das Leiden selbst, ein Leiden, das um so mehr und um so unzugänglicher leidet, als es seine gewohnte Sprache und seine gewohnten Modelle verloren hat, seit es sich in dem alten Wort ‚Arbeitslosigkeit' und der Szene, die dieses Wort lange benannt hat, nicht mehr wiedererkennt. Die Funktion von sozialer Inaktivität, Nicht-Arbeit oder Unterbeschäftigung tritt in ein neues Zeitalter ein. Die ‚neue Arbeitslosigkeit' ähnelt der Arbeitslosigkeit in den Formen ihrer Erfahrung und ihres Kalküls so wenig wie das, was man in Frankreich die ‚neue Armut' nennt, der Armut ähnelt.[33]

Eine der wenigen – sie hält, nicht ganz freiwillig, so die berechtigten Anliegen des Marxismus am Leben – Institutionen, die, diesmal in heilvoller Verspätung, noch vom Klassenkampf spricht, scheint die katholische Kirche zu sein. Sie tut dies in vehementer Ablehnung gegen ihre Erzfeinde, gegen das, was sie den Kapitalismus nennt, und gegen die Theologien/Theologen der Befreiung und der Revolution. Die guten alten Mächte des Bösen, sie bevölkern also nicht nur Videogames und Cartoons, sondern sie suchen auch noch die Sakristeien heim. Der Sarkasmus ist allerdings mehr als unange-

33 Jacques DERRIDA, Marx' Gespenster, Frankfurt am Main 1995, 132 f.

bracht, wenn an den Pforten des globalen Dorfes die Begrüßungskomitees ihre Vorbereitungen treffen, um eine „charismatische" Führerfigur zu empfangen. Die Unkenntlichkeit, aber auch die Unerkennbarkeit der ökonomischen Strukturen, die Verzweiflung darüber, daß man die Wirtschaftsberichte der großen Zeitungen ohne intensives Fachstudium nicht mehr lesen kann, wird zu einem gewissen Teil durch die aufdringliche Medienpräsenz – mediale Präsenz, welche gespensterhafte Mitte wird hier vermittelt – unserer Politiker in Schach gehalten. Sie sind auch zuweilen leutselig, zum Anfassen. Und nachdem ihr vordringliches Ziel die Privatisierung ist, privatisieren sie sich gewissermaßen selbst, für Augenblicke, bis sie wieder in ihre an Leichenwagen gemahnende Dienstautos steigen. Der Ruf nach Führern, nach klaren Schnitten und Stichen ertönt unüberhörbar. Nationale Konflikte indes haben das, was man die dunklen Geschäfte nennt, kaum noch jemals wesentlich behindert, im Gegenteil. So bleibt der Stimme der Vernunft meist nichts anderes übrig, als sich der Medien des aufgeklärten Liberalismus zu bedienen, der demokratischen Schadensbegrenzung, der rebellierenden Unterordnung.

Der neuen Marktordnung entspricht auch eine Form der organisierten Barmherzigkeit. Nichtstaatliche Organisationen, wenn sie auch staatliche Gelder verwalten, sind mit der Abwicklung von Projekten und den jeweiligen politischen Verhältnissen vertraut. Das muß so sein. Unwillkürlich stellt sich alsbald die Frage, ob diese kleinen und großen Hilfswerke sich nicht wie kleine Rädchen in diese sauberste aller bisherigen ökonomischen Verknappungsmaschinen fügen. Das Gesetz, dem sie unterliegen, das Kalkül der Schadensbegrenzung, ist eines, das deren Funktionstüchtigkeit fortwährend in Frage stellen muß. Wir haben gesehen, daß die Sorge auch die Toten nicht der Vorhandenheit preisgibt, mit der Einschränkung allerdings, daß sie zuerst die uns Nahestehenden betrifft. Alle, die dem, wir wollen es in unserer, weite Bereiche des Alltags regulierenden Wirtschaftssprache zu Unrecht so nennen, alle also, die dem Erschütterungsgewerbe angehören, halten das Gerücht aufrecht, es handle sich bei den vielen Opfern unserer ökonomischen Ordnung doch um Menschen. Sie verbreiten düstere Gestimmtheit, möchte man meinen, und brechen herein in die gute Stube als ungeladene Gäste. Muß man noch eigens daran erinnern, daß man das Unglück nicht erst in Stimmung bringen muß? Entwicklungshelfer und Solidaritätsarbeiter benötigen keinen Heideggerkurs, um sich über ihre Konflikte im Hin und Her, der Ent-Fernung, der unterschiedlichen Lebenswelten klar zu werden. Teil ihres Konflikts mit uns ist jedoch die Frage ihrer Beherrschbarkeit und Fruchtbarmachung für, seien wir einmal gehobener Stimmung, politische Veränderung.

In der Gestimmtheit ist immer schon stimmungsmäßig das Dasein als *das* Seiende er schlossen, dem das Dasein in seinem Sein überantwortet wurde als dem Sein, das es existierend zu sein hat. Erschlossen besagt nicht, als solches erkannt. Und gerade in der gleichgültigsten und harmlosesten Alltäglichkeit kann das Sein des Daseins als nacktes ‚Daß es ist und zu sein hat' aufbrechen. Das pure ‚daß es ist' zeigt sich, das Woher und Wohin bleiben im Dunkel. Daß das Dasein ebenso alltäglich dergleichen Stimmungen nicht ‚nachgibt', das heißt ihrem Erschließen nicht nachgeht und sich nicht vor das Erschlossene bringen läßt, ist kein Beweis *gegen* den phänomenalen Tatbestand der stimmungsmäßigen Erschlossenheit des Seins des Da in seinem Daß, sondern ein Beleg dafür. Das Dasein weicht zumeist *ontisch*-existenziell dem in der Stimmung erschlossenen Dasein aus; das besagt *ontologisch*-existenzial: in dem, woran solche Stimmung sich nicht kehrt, ist das Dasein in seinem Überantwortetsein an das Da enthüllt. Im Ausweichen selbst *ist* das Da erschlossenes.[34]

Heidegger besteht darauf, daß sie weder an der apodiktischen Gewißheit theoretischen Erkennens von purem Vorhandenen meßbar, noch in das Refugium des Irrationalen abzuschieben ist. Herr einer Stimmung, setzt er fort, werden wir nur je aus einer Gegenstimmung. In diesem Kampf der Stimmungen wird die Richtung des Ausweichens, der (entschlossenen?) Flucht bestimmt. Aber die Befindlichkeit drückt sich auch vorsichtiger aus, wenn er meint: „*Die Befindlichkeit erschließt das Dasein in seiner Geworfenheit und zunächst und zumeist in der Weise der ausweichenden Abkehr.*"[35] Sie ver schließt aber auch hartnäckiger als jedes Nicht-wahrnehmen. Das Ineinander und Auseinander von Schließen und Öffnen wird zusammen- und auseinandergehalten von der möglichen Unmöglichkeit des Todes, von dem, was er Gleichursprünglichkeit nennt. Dies bedeutet aber auch, daß es eine Vielzahl von Stimmungen geben muß, in einer nicht unwesentlichen Relativierung des „immer schon", die erst so etwas wie Freiheit, und sei es die zum Tode, ermöglicht, den Raum der Ekstase freigibt. Das „zunächst" und „zumeist" macht auch den Weg zur Flucht (vor Heideggers Entschlossenheit?) frei, der die Jemeinigkeit nicht preisgibt. Die Gefahr ist nicht zu unterschätzen, diese Jemeinigkeit als Voraussetzung für die Stellvertretung zu postulieren, in einer Dialektik, die weder Hegel noch Heidegger Gerechtigkeit erwiese. Es wäre bereits viel gewonnen, nähme man die feinen

34 Martin HEIDEGGER, Sein und Zeit, 134 f.
35 Ebenda, 136.

Differenzierungen und Abstufungen der Stimmungen, der Sorge und ihrer Modi deutlicher zu Kenntnis:

> Das Für-, Wider-, Ohne-einandersein, das Aneinandervorbeigehen, das Einander-nichts-angehen sind mögliche Weisen der Fürsorge. Und gerade die zuletzt genannten Modi der Defizienz und Indifferenz charakterisieren das alltägliche und durchschnittliche Miteinandersein ... Diese indifferenten Modi des Miteinanderseins verleiten die ontologische Interpretation leicht dazu, dieses Sein zunächst als pures Vorhandensein mehrerer Subjekte auszulegen. Es scheinen nur gerigfügige Spielarten derselben Seinsart vorzuliegen und doch besteht ontologisch zwischen dem ‚gleichgültigen' Zusammenvorkommen beliebiger Dinge und dem Einander-nichts-angehen miteinander Seiender ein wesenhafter Unterschied. Die Fürsorge hat hinsichtlich ihrer positiven Modi zwei extreme Möglichkeiten. Sie kann dem Anderen die ‚Sorge' gleichsam abnehmen und im Besorgen sich an seine Stelle setzen, für ihn *einspringen.* Diese Fürsorge übernimmt das, was zu besorgen ist, für den Anderen. Dieser wird dabei aus seiner Stelle geworfen, er tritt zurück, um nachträglich das Besorgte als fertig Verfügbares zu übernehmen, bzw. sich ganz davon zu entlasten. In solcher Fürsorge kann der Andere zum Abhängigen und Beherrschten werden, mag diese Herrschaft auch eine stillschweigende sein und dem Beherrschten verborgen bleiben ... Ihr gegenüber besteht die Möglichkeit einer Fürsorge, die für den Anderen nicht so sehr einspringt, als daß sie ihm in seinem existenziellen Seinkönnen *vorausspringt,* nicht um ihm die ‚Sorge' abzunehmen, sondern erst eigentlich als solche zurückzugeben. Diese Fürsorge, die wesentlich die eigentliche Sorge – das heißt die Existenz des Anderen betrifft und nicht ein *Was*, das er besorgt, verhilft dem Anderen dazu, *in* seiner Sorge sich durchsichtig und *für* sie *frei* zu werden.[36]

Sind wir auch geworfen, so fallen einige doch weicher als andere. Die mannigfachen Mischformen dieser Fürsorge sind, gesteht selbst der Meister aus Deutschland, nicht seine Sache. Schon gar nicht der Marktwert der Einspringer und Vorspringer. Die sozialen Grenzen werden auch hier nur verschwommen sichtbar; eine Dimension des Uneigentlichen, die Würde des Verfallens erforderte es, genauer zu definieren, was eigentliche Verbundenheit sein soll, rechte Sachlichkeit, die den anderen in seiner Freiheit erst freigibt.

Die Aporien des Todes, die aufgehobenen Grenzbalken zwischen den regionalen und der fundamentalen Ontologie nehmen auch andererseits viel von der Würde des Todes, stellen den Rettungsversuch in Frage, der die Menschen vor dem Verenden bewahren will. Mag es auch nur ein Dasein sein, das verenden muß, dann ist alles vergeblich. Entwicklungspolitische Aufklärungsarbeit wird so notgedrungen apokalyptisch, wie anders soll es zu

---

36 Ebenda, 122 f.

verkraften sein, implizit oder explizit, verwickelnd, zu sagen, daß es Menschen gibt, die verenden. Noch ist da aber von Menschen die Rede und ihrer „destinerrance“. Macht sie nicht die Rache und die Angst vor ihr spürbar, sie könnten doch kommen, und im Namen ihrer Brüder Gerechtigkeit fordern, eines Tages. Wie hört sich der Ruf nach Erlösung an, nach politischer Gerechtigkeit? In religiösen „Termini“ könnte man sagen: Komm, Erlöser, komm, und würde sich im selben Augenblick an Dostojewskis Großinquisitor erinnern. Oder an Derridas Apokalypse ohne Apokalypse, eine ohne Vision, ohne Wahrheit und auch Offenbarung.[37] Schrecken und Entsetzen lösen jedenfalls diese Filmemacher des Elends aus, die ihre Kamera endlose Minuten lang auf übergroße Kinderaugen richten und uns quälend, das Opfer folternd, für alle Beteiligten das Verenden in das Ableben zurückholen, den Tod präsentieren wollen, als ob wir nicht wüßten, daß das Geschäft mit dem Tod ihn zur Folge hat. Das Kind, stellvertretend für eine Unzahl anderer, gezeigt uns, die wir zu später Sendestunde stellvertretend noch ausharren. Niemand würde diese Bilder in einer politischen Veranstaltung zeigen; man muß Menschen, die nicht im Raum sind, nicht übelnehmen, daß sie die Flucht ergreifen.

Abgesehen von vielen aufrichtigen Bestrebungen um Solidarität mit Ausgegrenzten und Opfern unserer Ökonomie hier und dort, scheint sich aber folgendes Zerrbild immer stärker aufzudrängen. Am liebsten würde man die Opfergroschen jedem Armen persönlich in die Hand drücken (Wir werden im nächsten Abschnitt Derridas Falschgeld/falsches Geld genauer unter die Lupe nehmen.), dieser müßte irgendwie dankbar und stolz, jedoch nicht zu unabhängig wirken, von seinem trotz der Armut reichen Leben erzählen, Willen zur Besserung zeigen, die Güte des Augenblicks geduldig erwarten, sich zielstrebig im Kreis der Hilfe bewegen, da es doch heißt, er bekäme Hilfe zur Selbsthilfe.

So mechanisch die Bilder des Elends über unsere Fernempfangsgeräte laufen, so geflissen wird, Gott sei Dank noch, die Brieftasche gezückt oder ein Bankauftrag getätigt. Nicht unbedeutende Geldbeträge werden so verbucht, gemeinsam mit Betriebskosten, Steuerzahlungen und Kreditkosten, um sich die Toten vom Eigenheim zu halten. Es sei denn, um die Geschmacklosigkeit auf den Punkt zu bringen und ein Tabu zu brechen, man trägt eine brasilianische Hornhaut oder eine honduranische Niere.

Die landläufigen Grenzen zwischen Leben und Tod sind undicht, auch die

37 Vgl. Jacques DERRIDA, D’un ton apocalyptique adopté naguère en philosophie, Paris 1983, 95.

zwischen Dasein und Vorhandenem. Die milde Gabe, ist sie das letzte Indiz dafür, daß das Man ein Existenzial ist? Und ein Rest an neutestamentlicher Argumentation, die des „um wieviel mehr“[38], sucht Heidegger, wenn auch in seiner Umkehrung heim, um die Grenzen des Daseins zu sichern: „Wenn schon das Sein des alltäglichen Miteinanderseins, das sich scheinbar ontologisch der puren Vorhandenheit nähert, von dieser grundsätzlich verschieden ist, dann wird das Sein des eigentlichen Selbst noch weniger als Vorhandenheit begriffen werden können. Das *eigentliche Selbstsein* beruht nicht auf einem vom Man abgelösten Ausnahmezustand des Subjekts, sondern *ist eine existenzielle Modifikation des Man als eines wesenhaften Existenzials.*“[39]

Um den einen Tod, um den einen Vater, in einer großen adamitischen Familie wird die Menschheit versammelt, im Kreis von Schuld und Wiedergutmachung. Im Tod, in heldenhafter Übernahme der Existenzialschuld. Rufen wir uns jedoch die Aporien des Todes in Erinnerung, so wird deutlich, daß wir zum Tod als solchen keinen Rapport[40] haben, sondern nur zum Sterben, Ableben, zum Tod des anderen, der nicht der andere ist.[41] So oszilliert die Bedeutung der Suche nach dem Gelobten Land, als Anteil, als Erbe, als Auftrag, als Lohn, als Sold der Soldaten der Eldorados, als luftige Höhen des Jammertales, zwischen Heimsuche und Heimsuchung. Wenn man im ödipalen Register bleiben will, als Suche nach der unberührten Mutter Erde.

Die Verfallsgeschichte ist, nach Heidegger, nicht identisch mit dem, was die Theologie als Sündenfall bezeichnet, die Gleichursprünglichkeit steht dieser heillosen oder heilvollen Kreditverlängerung, diesem Glaubensakt entgegen. Wie jedoch ist das Diesseits zu ertragen, diese entsetzlichste aller Konsequenzen dessen, was *Sein und Zeit* als noch rohe Ontologie bezeichnet, wenn

38 Als ein Beispiel: „Wer von euch kann mit all seiner Sorge sein Leben auch nur um eine kleine Zeitspanne verlängern? Und was sorgt ihr euch um eure Kleidung? Lernt von den Lilien, die auf dem Feld wachsen: Sie arbeiten nicht und spinnen nicht. Doch ich sage euch: Selbst Salomo war in seiner Pracht nicht gekleidet wie eine von ihnen. Wenn aber Gott schon das Gras so prächtig kleidet, das heute auf dem Felde steht und morgen ins Feuer geworfen wird, wieviel mehr dann euch, ihr Kleingläubigen!“ (Mt 6,27–30)

39 Martin HEIDEGGER, Sein und Zeit, 130.

40 Bedienen auch wir uns eines wichtigen Werkzeugs der Dekonstruktion, des Wörterbuchs, wo folgendes rapportiert wird: Bericht, Erzählung, Denunziation, Ertrag, Bezug, Verwandtschaft, Beziehung, gemeinsamer Zug . . .

41 Vgl. Jacques DERRIDA, Apories, 133.

das Sein des Seienden, das mit-da-ist, als Vorhandenheit begriffen wird?[42] Und wie – dies trotz der Zugeständnisse an das Man, die Stellvertretung, die Fürsorge, die als Forderung aufgestellt wird – sich der Freiheit zum Tode stellen? Denn die existenziale Analyse ist nicht nur fundamentalontologische Betrachtung, sondern ist auch „immer schon“ moralische Anstalt. Wie das Andenken bewahren an die unzähligen Opfer des Nationalsozialismus? Wie mit der Geschichte des Massenmordes umgehen an denen, wo man sich weigern sollte, sie „Indios“ zu nennen und daran festzuhalten, daß dies in „Amerika“ passiert sei?

Wir wollten, wie es Derrida vorschlägt[43], am Fundament der Fundamentalontologie ein wenig rütteln, ja sogar es mit Ehrfurcht und Staunen besichtigen, wie man es mit den Tempeln der *amerikanischen Indios* tut.

42 Martin HEIDEGGER, Sein und Zeit, 130.
43 Jacques DERRIDA, Apories, 137 f.

8. In god we trust

Derrida führt im *Falschgeld* eine minutiöse Analyse des Baudelaireschen Prosagedichts *Das falsche Geldstück*[1] durch.

Während wir uns von dem Tabakladen entfernten, begann mein Freund, die verschiedenen Münzsorten seines Geldes sorgfältig zu sondern; die kleinen Goldstücke wanderten in die linke, die kleinen Silberstücke in die rechte Westentasche, in die linke Hosentasche ließ er eine größere Menge Kupfermünzen gleiten, und in die rechte endlich ein silbernes Zweifrankenstück, das er einer besonderen Prüfung unterzogen hatte.
‚Was für eine wunderliche umständliche Art, sein Geld auf sich zu verteilen', sprach ich bei mir selbst.
Wir begegneten einem Armen, der uns zitternd seine Mütze hinhielt. – Ich kenne nichts Quälenderes als die stumme Beredsamkeit dieser flehenden Augen, aus denen für den fühlenden Menschen, der darin zu lesen versteht, soviel Demut und zugleich so viele Vorwürfe sprechen. Er gewahrt dort etwas, das an Tiefe der vieldeutigen Empfindung nahekommt, wie sie in den tränenden Augen geschlagener Hunde liegt.
Die Spende meines Freundes war sehr viel ansehnlicher als die meine, und ich sagte zu ihm: ‚Nächst dem Vergnügen, sich überraschen zu lassen, gibt es kein größeres, als einem anderen eine Überraschung zu bereiten.' – ‚Es war das falsche Geldstück', antwortete er gelassen, als wollte er seine Freigebigkeit rechtfertigen.

Wir werden diesem Bettler, vorerst, nichts geben. Es ist auch alles andere als sicher, ob es sich bei dieser vorwurfserweckenden Person überhaupt um einen Bettler handelt. Sozialgeschichtliche Studien, Geschichte(n) von unten und nicht zuletzt Foucaults Archivarbeiten legen Zeugnis ab von dieser Grenzziehung zwischen Opfern der (a-)sozialen ökonomischen Strukturen, die sozusagen unverschuldet vom Produktionsprozeß ausgeschlossen wurden und solchen, die das Betteln bewußt betreiben und, bestünde die Möglichkeit, sich in die Arbeitswelt einzugliedern, gar nicht

1 Jacques DERRIDA, Falschgeld (Im Anhang) und Charles BAUDELAIRE, La fausse monnaie, in: Le spleen de Paris – Petits poèmes en proses (= Oeuvres complètes, Band I) Paris 1975, 323. Die deutsche Ausgabe wird zitiert nach der Übersetzung von F. KEMP in: Sämtliche Werke/Briefe (= Band 8), München 1985, 221 f.

die Absicht haben, ihre „lichtscheue und dunkle" Existenzweise aufzugeben.[2] Die Ausschließungsverfahren aus der großen Familie der Werktätigen sind so zahlreich wie die verschiedenen, nebeneinander und zeitgleich operierenden Machtsysteme, gleich welchem Verstehens- oder Nichtverstehensmodell man sie eingliedert, unterordnet oder absondert. Die Zeit ist aus den Fugen geraten[3] und, wäre man nicht gewarnt vor den Schrecken, die nicht so sehr die Gespenster selbst als vielmehr ihre vergeblichen Beschwörungen auslösen, ihre Eingliederungen und Fluchtversuche (Wir lassen hier offen, wer wen verfolgt, die abgrundtiefe „Natur" des Men-

---

2 Vgl. Michel FOUCAULT, Histoire de la folie à l'âge classique, Paris 1972, 427, wo er, anläßlich der großen Rezession in Frankreich um 1770, folgendes feststellt: „Nach und nach hebt sich das Elend von den alten moralischen Konfusionen ab. Man hat gesehen, daß die Arbeitslosigkeit im Laufe der Krisen eine Gestalt annahm, die es nicht mehr gestattete, sie mit jener der Faulheit zu verwechseln; man hat gesehen, wie sich die Bedürftigkeit und das erzwungene Nichtstun sich am Land verbreitete, gerade dort, wo man die unmittelbarsten und reinsten Formen des moralischen Lebens zu erkennen vermeint hatte; all das hat offenbart, daß das Elend vielleicht nicht nur zur Ordnung des Fehlens/faute gehörte." Zum selben Themenkomplex und zur selben Epoche siehe auch: Michel FOUCAULT, Überwachen und Strafen, Frankfurt 1977, 280 f.: „Das Eigenartige der Disziplinen ist, daß sie versuchen, angesichts der Vielfältigkeiten eine Machttaktik zu definieren, die drei Kriterien entspricht: die Ausübung der Macht soll möglichst geringe Kosten verursachen (wirtschaftlich ist das möglich durch geringe Ausgaben; politisch durch Diskretion, geringes Aufsehen, relative Unsichtbarkeit, Erregung von möglichst wenig Widerstand); die Wirkung der gesellschaftlichen Macht soll möglichst intensiv sein und sich so weit wie möglich erstrecken, ohne Niederlagen oder Lücken zu riskieren; schließlich soll sich diese ‚ökonomische' Steigerung der Macht mit der Leistungsfähigkeit der Apparate verbinden ... „Der demographische Wachstumsstoß und das Anwachsen des Produktionsapparates führen zu einer Umgestaltung der Disziplinarprozeduren der Feudalmacht: „... nicht nur, weil sie die Staatsmacht viel kostete; weil das System der käuflichen Ämter und der Verpachtungen auf der Bevölkerung schwer lastete; weil sie aufgrund der Widerstände, die sie hervorrief, sich ständig wieder verstärken mußte; weil sie sich wesentlich kraft ‚Enthebung' durchsetzte: Eintreibung von Geld oder von Naturalien durch die Steuererhebung des Monarchen, des Grundherrn, der Kirche; Beschlagnahme von Menschen oder ihrer Zeit durch Fronarbeit oder Aushebung; Einsperrung oder Ausweisung von Landstreichern. Die Entwicklung der Disziplinen markiert das Auftreten elementarer Machttechniken, die einer ganz anderen Ökonomie zugehören: es handelt sich um Machtmechanismen, die nicht durch Abschöpfung wirken, sondern im Gegenteil durch Wertschöpfung, indem sie sich in die Produktivität der Apparate, in die Steigerung dieser Produktivität und in die Ausnutzung der Produkte vollständig integrieren. An die Stelle des Prinzips von Gewalt/Beraubung setzen die Disziplinen das Prinzip von Milde/Produktion/Profit."

3 Wir (ver)folgen hier natürlich *Marx' Gespenster* ohne Marx' Gespenster zu verfolgen.

schen die trostreiche Wiederkehr ihrer Opfer, das Ungespenst der Erlösung die unerlösbare Kreatur, denn es ist nicht ausgeschlossen, daß sich gute, unerträgliche Geister sich nur deshalb vertreiben lassen, weil sie es mit Menschen ebensowenig aushalten wie diese mit ihnen. Und wenn es ein Diesseits der Naivität gibt, müßte sie auch von verschiedenen Gespensterklassen sprechen.), so könnte man meinen, sie, diese Verfahren, ordneten sich einem einzigen Machtsystem, einer Tiefenstruktur unter, als wären sie und ihre unterschiedlichen Diskurse die Organe eines Hauptes, eines Kapitals.

Was geschieht nicht alles in dieser Anachronie! Vielleicht ‚*the time*', die Zeit selbst, justament, immer als ‚unsere Zeit', die Epoche oder die Welt zwischen uns, den Unseren jeden Tag, im Heutigen des Heute, der Gegenwart als unserer Gegenwart. Vor allem, wenn's zwischen uns justament ‚nicht läuft': wenns ‚schlecht läuft', wenn's ‚nicht geht', wenn's schlimm kommt. Aber mit dem anderen, muß es da nicht dieses Unverfugte, diese Mißstimmigkeit des ‚es geht schlecht' geben, damit das Gute sich ankündigt oder wenigstens das Gerechte? Das Unverfugte, ist es nicht die Möglichkeit selbst des anderen? Wie soll man zwischen zwei Mißstimmigkeiten unterscheiden, zwischen der Mißstimmigkeit des Ungerechten und jener, die die unendliche Dissymetrie der Beziehung zum anderen öffnet, das heißt den Ort für die Gerechtigkeit? Nicht für die kalkulierbare und distributive Gerechtigkeit. Nicht für das Recht, das Kalkül der Genugtuung, die Ökonomie der Rache oder der Strafe (wenn nämlich Hamlet eine Tragödie der Rache oder der Strafe im Dreieck oder im Kreis eines Ödipus ist, der einen Schritt weiter in der Verdrängung gegangen ist [Freud, Jones usw.], dann muß man auch die Möglichkeit eines Schrittes über die Verdrängung hinaus bedenken; es gibt ein Jenseits der Ökonomie der Verdrängung, dessen Gesetz sie dazu treibt, im Verlauf einer Geschichte *sich selbst zu überborden,* und sei es die Geschich te des Theaters oder der Politik zwischen *König Ödipus* und *Hamlet*). Nicht für den kalkulierbaren Ausgleich also, für die Zählbarkeit oder die symmetrisierende und synchrone Zurechenbarkeit von Subjekten oder Objekten, nicht für ein *Üben von Gerechtigkeit,* das sich darauf beschränkte, zu sanktionieren, zu restituieren und dem Recht Genüge zu tun, sondern für die Gerechtigkeit als Unkalkulierbarkeit der Gabe und Singularität des anökonomischen Aus-setzens an den anderen.[4]

In der Tat sind diese Mißstimmungen von der Art, daß sie sich einer letztbegründenden Moral und Ontologie entziehen, ja sich dem Kalkül, dem Logos verweigern. Das Andere, von dem Derrida spricht, ist nicht die allen Mißstimmungen zugrundeliegende Stimmung, die in berechenbarer Weise von der alles regelnden Symmetrie abweichen. Das Unverfugte[5] in

4 Jacques DERRIDA, Marx' Gespenster, 45 f. (Die Bemerkung in der eckigen Klammer ist eine DERRIDAS.)

5 DERRIDA verweist in *Falschgeld*, 204, auf HEIDEGGERS *Spruch des Anaximander*,

der Anwesenheit des Anwesenden selbst, diese radikale Anachronie, Ungleichzeitigkeit der gegenwärtigen Zeit mit sich selbst, von ihm aus wird Derrida den Versuch unternehmen, das Gespenst zu denken. Es ist der Versuch, Heideggers Deutung des *Spruch des Anaximander*[6] der Sammlung zu entreißen. „Auf jeden Fall geht es darum, zu geben. Die *Dikè* zu geben. Nicht darum, Gerechtigkeit wiederzugeben, sie zurückzugeben gemäß der Strafe, der Bezahlung oder der Buße, wie zumeist übersetzt wird (Nietzsche und Diels). Es geht hier vor allem um ein Geben ohne Rückerstattung, ohne Kalkül, ohne Zählbarkeit. So entzieht Heidegger ein solches Geben jedem Horizont der Schuld, der Schuldigkeit, des Rechts und vielleicht sogar der Pflicht."[7] Diese Gabe, so meint Derrida, wenn sie zwar dem Kalkül und der Moral entzogen wird, ist das Geben dessen, was man nicht hat und was daher dem anderen nur zukommen kann, geht „das Risiko ein, diese ganze Bewegung der Gerechtigkeit unter dem Zeichen der Präsenz einzuschreiben, und sei es auch der Präsenz im Sinn des *Anwesens,* des Ereignisses als Ankunft im Anwesen, des Seins als mit sich selbst verfugter Anwesenheit, des Eigenen des anderen als Präsenz . . ."[8]

---

in: Holzwege, Frankfurt 1994, 356 (329). Fügen wir jedoch noch aus dem Schlußwort folgendes hinzu: „Der Mensch ist auf dem Sprunge, sich auf das Ganze der Erde und ihrer Atmosphäre zu stürzen, das verborgene Walten der Natur in der Form von Kräften an sich zu reißen und dem Geschichtsgang dem Planen und Ordnen einer Erdenregierung zu unterwerfen. Derselbe aufständige Mensch ist außerstande, einfach zu sagen, was *ist*, zu sagen, *was* dies *ist*, daß ein Ding *ist*. Das Ganze des Seienden ist der eine Gegenstand eines einzigen Willens zur Eroberung. Das Einfache des Seins ist in einer einzigen Vergessenheit verschüttet. Welcher Sterbliche vermag den Abgrund dieser Wirrnis auszudenken? Man kann versuchen, vor diesem Abgrund die Augen zu schließen. Man kann ein Blendwerk hinter dem anderen errichten. Der Abgrund weicht nicht. Die Theorien über die Natur, die Lehren über die Geschichte lösen die Wirrnis nicht. Sie verwirren alles in das Unkennbare, weil sie selbst sich aus der Wirre nähren, die über dem Unterschied des Seienden und des Seins liegt. Ist überhaupt Rettung? Sie ist erst und ist nur, wenn die Gefahr *ist*. Die Gefahr *ist*, wenn das Sein selbst ins Letzte geht und die Vergessenheit, die aus ihm selbst kommt, umkehrt . . ." (372 f. [343]).

6 HEIDEGGER zitiert NIETZSCHES Übersetzung des Spruchs (DK 12 A 9): „Woher die Dinge ihre Entstehung haben, dahin müssen sie auch zu Grunde gehen, nach der Notwendigkeit; denn sie müssen Buße zahlen und für ihre Ungerechtigkeiten gerichtet werden, gemäß der Ordnung der Zeit." (Ebenda 321 [296]).

7 Jacques DERRIDA, Marx' Gespenster, 50.

8 Ebenda, 52 f.

Wir kennen Derridas Position (Disposition?) hinsichtlich der absoluten Vorgängigkeit, der Heterogenität des „pré-“ im „présent“, des Sichauslieferns an die Singularität des anderen, der Bedingung der Dekonstruktion, die selbst in Dekonstruktion begriffen ist, der Verfügung, im Bruch des Un-Fugs zu verbleiben.[9] Das erinnerte gewiß an den radikalen Nominalismus, wo Gott sich jedes Einzeldinges annimmt, es im und am Leben hält, sich sozusagen exappropriiert, wenn dem nicht Derridas beständige Distanz*nahme* zur negativen Theologie entgegenstünde.[10] Wie wäre das Machtgefüge zu denken, dessen Lücken, dessen Risse, dessen Gefälle nicht nur das Wirken der Gewalt, des Waltens, ahnen läßt, dessen Brüche die Dialektik der Aufklärung[11] nicht müde ist zu offenbaren, sondern schlimmer noch, die Absurdität und Grausamkeit des Schicksals allzuvieler entläßt. Das ist sicherlich der altbekannte Diskurs der Gerechtigkeit, der Moral, ein Rückfall, wenn es denn Fortschritt gibt, in die Teleologie, die Rechtfertigung, die Theodizee. Als ob wir vergeblich – *vergeblich* – die Mühen der Dekonstruktion auf uns genommen hätten.

Das Ächzen der Maschinen

Es scheint so, als kümmere sich die Maschinerie der Ungerechtigkeit nicht allzusehr um die radikalen Formprinzipien eines Messianismus ohne Messias, und der Verdacht ist mehr als begründet, daß das Gefüge sich genausogut der Anachronie bedient, daß es sogar, und nicht nur Marx' Gespenster, Gespenster *überhaupt* in seinen Dienst stellt. Es kümmerte sich auch kaum um die explosionsartige Veränderung dessen, was Foucault als die Dispositive der Macht bezeichnet. Diese Haltung wäre nicht jene, oder nur jene, die sich der Opposition von Aktiv(a) und Passiv(a) entzieht, sie wäre trostloser als es Freudscher Kulturpessimismus jemals gewesen ist, sie wäre nicht einmal Zweckpessimismus, sondern Pessimismus ohne Zweck, erblindete tragische Weltsicht. Selbst Derrida meint, daß es ohne die Philosophie Karl Marx' keine Dekonstruktion

---

9 Vgl. Ebenda 54.

10 Dies sei vorerst gesagt, in aller *Gelassenheit*, die zu erreichen wir aufschieben müssen. Vgl. Jacques DERRIDA, Sauf le nom, Paris 1993, 90 f.

11 Max HORKHEIMER, Theodor W. ADORNO, Dialektik der Aufklärung. Philosophische Fragmente, Frankfurt am Main 1988.

geben könne.[12] Es hätte auch keinen Sinn mehr, von ökonomischen Kreisläufen zu sprechen, nicht von Kapital und nicht von Mehrwert. Natürlich, der Zirkularität käme eine gewisse Empirizität zu, aber sie wäre nur die Verzweiflungstat einer Deutung, die im Inneren, oder, was würde dies schon ändern, am Rande des Gefüges sich einschreibt. Auch das Aufbegehren gegen das Unausweichliche wäre eine Fügung des Unfügbaren. Oder alttestamentlich formuliert, ein Jubeljahr ohne Neuverteilung der von Gott erborgten Güter.

Lacan würde es das Versiegen des Begehrens nennen, dort, wo den Thanatos nichts mehr zwingt, einen Umweg zu nehmen. Es wäre die Hölle, ohne das ganze sadomasochistische Instrumentarium der Folter und Lust. Vielleicht nur die Freundlichkeit der Gesten der Gefängniswärter, ein letztes Schulterklopfen, ein Bedauern darüber, daß man ja nur seine Pflicht erfülle. Es wäre das Krankheitsbild der Depression, dessen Korrelat nicht die Gesundheit wäre, sondern die Manie, wo es dann gälte, zwischen diesen beiden Extremen das goldene Mittelmaß zu finden.

Was wäre schon auszurichten, gegen diese mächtigen Zahnräder. Was bliebe denn, wenn nicht die kleinen Kreisläufe des Sicheinfindens, wenn nicht die Barmherzigkeit des Unabänderlichen, die milde Gabe. Wie wäre denn das Dasein zu fristen ohne die Narkotika des Narzißmus, ob primärer oder sekundärer, das spielt hier keine Rolle.[13]

---

12 Jacques DERRIDA, Marx' Gespenster, 149 f.: „Die Dekonstruktion hat, zumindest in meinen Augen, immer nur Sinn und Interesse gehabt als eine Radikalisierung, das heißt auch *in der Tradition* eines gewissen Marxismus, in einem gewissen *marxistischen Geist*. Es hat diese vom Marxismus versuchte Radikalisierung gegeben, die sich die Dekonstruktion nennt (und in der, wie einige bemerkt haben werden ein bestimmter *ökonomischer* Begriff der *differäntiellen* Ökonomie und der Exappropriation, das heißt der Gabe, eine führende Rolle spielt, wie auch der Begriff der Arbeit, gebunden an die *Differänz* und an die Trauerarbeit im allgemeinen). Wenn dieses Unterfangen in der Strategie seiner Bezugnahmen auf Marx vorsichtig und sparsam, aber selten negativ war, dann deswegen, weil die marxistische Ontologie, die Nennung des Namens Marx, die Legitimation nach Marx in gewisser Weise zu solide *überprüft* waren. Sie schienen mit einer Orthodoxie, mit Apparaten und Strategien verlötet, deren geringster Fehler nicht nur darin bestand, daß sie als solche keine Zukunft hatten, der Zukunft selbst beraubt waren."

13 Sigmund FREUD, Zur Einführung des Narzißmus, III, 57: „Es besteht aber auch die Neigung, alle kulturellen Erwerbungen, deren Anerkennung man seinem Narzißmus abgezwungen hat, vor dem Kinde zu suspendieren und die Ansprüche auf längst aufgegebene Vorrechte bei ihm zu erneuern. Das Kind soll es besser haben als seine Eltern, es soll den Notwendigkeiten, die man als im Leben herrschend anerkannt hat, nicht unter-

Auch, und nicht nur er, auch Kant schreckt davor zurück:

Der Mensch wäre eine Marionette, oder ein Vaucansonsches Automat, gezimmert und aufgezogen von dem obersten Meister aller Kunstwerke, und das Selbstbewußtsein würde es zwar zu einem denkenden Automate machen, in welchem aber das Bewußtsein seiner Spontaneität, wenn sie für Freiheit gehalten wird, bloße Täuschung wäre, indem sie nur komparativ so genannt zu werden verdient, weil die nächsten bestimmenden Ursachen seiner Bewegung, und eine lange Reihe derselben zu ihren bestimmenden Ursachen hinauf, zwar innerlich sind, die letzte und höchste aber doch gänzlich in einer fremden Hand angetroffen wird.[14]

Die Maxime des freien Willens führen auch bei Kant an die Grenzen der Macht, an den Rand des Galgens, wo es für Menschen zumindest denkbar ist, sein/ihr Leben für ein Prinzip zu opfern. Der Narzißmus, der Eigendünkel sollen der Vernunft nichts anhaben, doch als scharfsinniger Beobachter gesteht er zu, daß, „um ein entweder noch ungebildetes, oder auch verwildertes Gemüt zuerst ins Gleis des Moralisch-Guten zu bringen, es einiger vorbereitender Anleitungen bedürfe, es durch seinen eigenen Vorteil zu locken, oder durch Schaden zu schrecken; allein, sobald dieses Maschinenwerk, dieses Gängelband nur einige Wirkung getan hat, so muß durchaus der reine moralische Bewegungsgrund an die Seele gebracht werden, der nicht allein dadurch, daß er der einzige ist, welcher einen Charakter (praktische konsequente Denkungsart nach unveränderlichen Maximen) gründet, sondern auch darum, weil er den Menschen seine

---

worfen sein. Krankheit, Tod, Verzicht auf Genuß, Einschränkung des eigenen Willens sollen für das Kind nicht gelten, die Gesetze der Natur wie der Gesellschaft vor ihm haltmachen, es soll wirklich wieder Mittelpunkt und Kern der Schöpfung sein. *His Majesty the Baby*, wie man sich einst selbst dünkte. Es soll die unausgeführten Wunschträume der Eltern erfüllen, ein großer Mann und Held werden an Stelle des Vaters, einen Prinzen zum Gemahl bekommen zur späten Entschädigung der Mutter. Der heikelste Punkt des narzißtischen Systems, die von der Realität hart bedrängte Unsterblichkeit des Ichs, hat ihre Sicherung in der Zuflucht zum Kinde gewonnen. Die rührende, im Grunde so kindliche Elternliebe ist nichts anderes als der wiedergeborene Narzißmus der Eltern, der in seiner Umwandlung der Objektliebe sein einstiges Wesen unverkennbar offenbart." Das wäre die blendend weiße Pädagogik, so daß einem schwarz vor den Augen wird. Verwunderlich jedoch ist, daß FREUD bereits im Jahre 1914 von dieser kindlichen Elternliebe spricht, so als ob sie damals die Norm gewesen wäre und nicht die finstere Pädagogik der gutgemeinten Prügelstrafen, wie sie von den Reformpädagogen unserer Tage diesem Zeitabschnitt zugeordnet wird.

14 Immanuel KANT, Kritik der praktischen Vernunft, Stuttgart 1973, 162 (im Original 181).

eigene Würde fühlen lehrt, dem Gemüte eine ihm selbst unerwartete Kraft gibt, sich von aller sinnlichen Anhänglichkeit, so fern sie herrschend werden will, loszureißen, und in der Unabhängigkeit seiner intelligiblen Natur und der Seelengröße, dazu er sich bestimmt sieht, für die Opfer, die er darbringt, reichliche Entschädigung zu finden."[15]

Kein Spiel ohne Spieler

Mit welcher Pädagogik, mit welcher Typik, die die reine, praktische Vernunft vor Empirizismus und Mystizismus bewahren soll, auch das Leben zwischen Sternenhimmel und Sittengesetz gestaltet wird, weder die Sterne werden herabfallen, noch das Gesetz wird an Gültigkeit verlieren. Alle Entlastungs- und Belastungsmodelle, die Odo Marquard in *Der angeklagte und der entlastete Mensch*[16] angesichts der Bewirtschaftung der Übel dieser Welt auflistet, sind eingeschrieben in dieses große Kursbuch des Gebens und Nehmens.

„Aber es ist die Frage, ob das unbedingte Herstellen der menschlichen Gesellschaft durch die Freiheit notwendig den Charakter einer Erzeugung der Vernunftform haben muß", meint Eugen Fink. Die Freiheit kann auch in einer anderen Perspektive als der einer praktischen Vernunft gesehen werden. „Die Formung des Daseins, die baut und zerstört, die fügt und bricht, eine Sinngestalt setzt und ebenso wieder aufhebt, ist die Freiheit – als Spiel verstanden. . . . Hier gibt es keinen ‚Endzustand', hinter dem nichts mehr kommen kann, wo alle Geschichte endet und die Monotonie der endlosen Wiederholung herrscht. Die Spielfreiheit als schöpferischer Quellgrund der menschlichen Sozialverfassung, als die eigentlich produktive Macht des Sinnentwurfs der Rangordnungen, der Werte, der Kasten und Klassen – ist ein Gedanke, der einer ernsten Prüfung wert ist."[17]

---

15 Ebenda, 238 f. (271 f.)

16 In: Odo MARQUARD, Abschied vom Prinzipiellen, Stuttgart 1987.

17 Eugen FINK, Die Gewalt des Menschen, Frankfurt 1974, 132 f. Fügen wir noch hinzu: „Im Haushalt des Lebens kommt dem Spiele die besondere Bedeutung der entlastenden Befreiung, man kann fast sagen: der Erlösung zu. Es beglückt, indem es das Dasein vor sich selbst bringt, es im Spiegel eines unwirklichen Scheins gerade in seiner Wesensverfassung anschaubar macht, ohne diese Selbstbegegnung mit der schweren mühevollen Spannung des Denkens zu befrachten. Das Spiel leistet leichter und in bildhafter Deut-

Diese spielerischen Sinnentwürfe tauchen aus den dunklen Lebenstiefen des Daseins auf, ohne dabei nur irrational oder mythisch zu sein. Sie sind eher der Versuch, bedrohliche Gespenster der Totalitarismen gegenander auszuspielen, um rechtzeitig die Flucht ergreifen zu können, ohne sich der Verantwortung zu

---

lichkeit, was die denkende Reflexion nur in einer unablässigen Störung und Verstörung der Naivität des menschlichen Lebens zuwegebringt: eben die Selbstvergegenwärtigung des Daseins. Das Spiel läßt Sinn erscheinen. Das gilt gleichermaßen für das harmlos aussehende Kinderspiel wie für die Tragödie." Ist es ein Probewahn, kontrollierter Traum, Regression im Dienste des Ich, wie die Ich-Psychologen sagen, oder der Rand des Wahns des Anderen? Die Therapeuten, die sich der spielerischen Mittel des Psychodramas bedienen, werden nicht müde, vor den Gefahren dieser menschlichen Naivität zu warnen. Trifft es nur für die Hysteriker zu, daß sie sich den Unterschied nicht spielerisch erarbeiten, der sich zeigt zwischen „ein Spiel spielen" und zu „spielen, daß man spielt"? Summum bonum, das Spiel der Spiele. Jubilatorische Zerrissenheit, um es in Anlehnung (und nicht narzißtisch) an Lacan zu sagen, wenn sich das Dasein im Spiegel eines unwirklichen Scheins in seiner Wesensverfassung anschaubar macht. Fink weiß selbstverständlich darum, und man muß seine Ausführungen über das Spiel in ihrer Verzahnung mit denen des Todes und der Herrschaft lesen. (Vgl. diesbezüglich auch seine Medidation aus dem Jahre 1964: Eugen FINK, Metaphysik und Tod, Stuttgart-Berlin-Köln-Mainz 1969, Kapitel 19 und 20.) Tut man dies nicht, ereilt uns die Kritik Deleuzes dessen, was er das menschliche, seßhafte Spiel nennt: „Diese menschliche Verfahrensweise, diese falsche Spielweise verbirgt ihre Voraussetzungen nicht: Es sind dies moralische Voraussetzungen, die Hypothese ist hier die Hypothese von Gut und Böse und das Spiel ein moralischer Lernprozeß. Das Modell dieses schlechten Spiels liegt in der Wette Pascals, hinsichtlich der Art, wie sie den Zufall fragmentiert, dessen Stücke verteilt, um menschliche Existenzweisen zuzuteilen, und zwar unter der konstanten Regel der Existenz eines niemals infragegestellten Gottes. Von der platonischen Lotterie bis hin zum leibnizschen Schachspiel in *De rerum originatione radicali* aber stößt man auf diese gleiche Konzeption des Spiels, die insgesamt ins Netz des Notwendigen, des Hypothetischen und der hypothetischen Notwendigkeit eingeschrieben ist (kategorisches oder apodiktisches Prinzip, Hypothese, Konsequenz). Dieses Spiel verschmilzt bereits mit dem Vollzug der Repräsentation, es weist all deren Elemente auf, die höhere Identität des Prinzips, den Gegensatz der Hypothesen, die Ähnlichkeit der numerisch geschiedenen Würfe, die Verhältnismäßigkeit im Bezug zwischen Hypothese und Konsequenz. Ganz anders das göttliche Spiel, jenes Spiel, von dem vielleicht Heraklit spricht, das Spiel, das Mallarmé mit soviel religiöser Scheu und Reue, das Nietzsche mit so großer Entschiedenheit anruft – ein Spiel, das unserem Verständnis den größten Widerstand entgegensetzt und sich in der Welt der Repräsentation nicht beherrschen läßt." (Gilles DELEUZE, Differenz und Wiederholung, München 1992, 352.) Ein nomadenhaftes Spiel also, auf zwei Tischen, die Würfel in den Himmel geworfen, ohne Identität des Spielers und Ähnlichkeit dessen, „der für die Konsequenzen aufkommt oder von ihnen profitiert." (Ebenda, 353.) Vielleicht ein Spiel von Obdachlosen?

entziehen, ohne die Ernsthaftigkeit von Regeln in Frage zu stellen. Wie anders sollte es denn angesichts der Universalität allzu gewisser Vernunftformen gelingen, den Verstand nicht zu verlieren. Jeden Satz Eugen Finks[18] könnten wir unterschreiben, doch setzen wir unser depressives Ja-aber-Spiel noch etwas fort, ohne es allerdings zu Ende zu spielen. (Solange zumindest uns das Ereignis nicht übel mitspielt. Falls wir aber in der Tat Figur, Ort oder Einsatz in einem perfekten Spiel sind, besteht noch immer die Aussicht, daß wir der Risikofaktor darin sind, ansonsten es keinen Sinn hätte, überhaupt von einem Spiel zu sprechen. Eine mögliche falsche Karte, falsche Unendlichkeiten produzierend, wahrlich eine dunkle Ökonomie der Selbstreflexion, die am Rande des Todes beginnt. Doch ebenso ist nicht garantiert, daß der perfekte Spieler, wenn es ihn gibt, nicht ein neues Spiel beginnt, mit neuen Karten, ohne uns, das Risiko des Simulacrums.) In einer Art dämonischer Litanei rufen wir nicht die Schutzheiligen an, sondern, wie man es mit Kindern manchmal tut, die bösen Geister, um sie zu beschwören.

Ein der FLMN nahestehender salvadorensischer Abgeordneter meinte nach der ersten ernstzunehmenden Wahl nach dem Bürgerkrieg, er gehe jetzt in die Politik wie jemand, der wenig Geld hat, ein Casino betritt, in dem die Karten gefälscht sind. Auch in ehrlichen, beinahe staatlichen Spielhallen gibt es nur einen Gewinner, wer wüßte das nicht. Und wenn auch ein Teil der Erträge im Rahmen der Öffentlichkeitsarbeit in caritative Unternehmungen fließt. Der Vorhang geht auf und gibt die Bühne frei für eine Szene, die zwar nicht so unerbittlich ist wie Kafkas Katz-und-Maus-Spiel, aber deutlich macht, daß die Freiheit des Einsatzes, der Beendigung einer Partie ihren Preis hat. Aber trifft der Ausdruck „Spiel" überhaupt zu, wenn man gezwungen ist, es zu spielen, wenn das ganze Register der frühkindlichen Sexualität schicksalhaft in die ohnehin schon kalkulierbare Freiheit hineinspielt?[19] Die Freiheit des Kalküls dramatisiert sich (und dies meist ohne Katharsis), wenn einigen eine Position innerhalb eines Spiels zugeteilt wird, die sie mit allen Mitteln oder Methoden, manchmal freundlich, manchmal grausam aus dem Spiel ausschließt.

---

18 Auch er hat seine Gespenster, die sich aus der kosmologischen Differenz erheben, deren Beschwörer unter dem Namen des historischen Relativismus spuken: „Dieser Spuk ist doch auf das Vorurteil gegründet, *daß das Seiende immer dasselbe sei*, unverändert an sich beruhe – und nur die menschlichen Auffassungen von ihm wechselten." (Eugen FINK, Welt und Endlichkeit, 23.)

19 Vgl. Sigmund FREUD, Dostojewski und die Vatertötung, X, 267–286.

Fink unterscheidet zweierlei Zuschauer eines Spiels. Da ist einmal der unbeteiligte Zuschauer, der das Spielverhalten anderer Mitmenschen wahrnimmt, spielende Kinder, Sportler, Kartenspieler usw. „Wir sehen auch als unbeteiligte Zeugen etwa die Arbeit anderer Leute, ihr politisches Verhalten oder auch den Spaziergang der Liebenden. Unvermutet können wir auch Zeuge eines Unfalls, eines fremden Todes werden. All solche Zeugenschaft geschieht im ‚Vorübergehen'. Überhaupt ist das Aneinander-Vorübergehen die hauptsächlichste Art und Weise der menschlichen Co-Existenz. Das ist nicht mit dem Unterton einer Klage oder gar einer Anklage gesagt."[20] Gewiß ist es so, daß das Spiel in *gleicher* Weise ein Grundphänomen des Daseins ist (dar stellt?) wie der Tod. Er bricht jedoch ein in die Szene, unvermutet, man weiß nicht, ob er die Regel ist, sie bestimmt, ob er der Einsatz ist, der Gegner wie in Bergmans Film „Das Buch mit sieben Siegeln", oder der in Aussicht stehende Gewinn, dem man sich spielerisch nähert, die Zeit totschlagend, das Spiel im Spiel der Reflexion garantierende stumme Gesprächspartner im Selbstgespräch. Sämtliche Aporien des Todes werden sichtbar im Vorübergang des Verendens, Ablebens und Sterbens. Er ist der Trost und Schutz der Intimität (im doppelten Genitiv), dann vor allem, wenn Fink bemerkt, daß die Intimsphäre nicht früher ist als die alle Nähen umstehende Zone des „Fremden".[21]

Auch der Ausgeschlossene gehört zum Spiel, das ist die Grundbedingung für die Vielzahl, und einige, gottlob nicht alle, davon sind tödlich. „Das Spiel ist Zerreißen der Präsenz", meint Derrida[22] in seiner Auseinandersetzung mit dem Strukturbegriff bei Lévi-Strauss und dessen Geburtsurkunde in der *Einleitung in das Werk von Marcel Mauss*.[23] Das Ausgeschlossene, die Abwesenheit eines Zentrums oder eines Ursprungs ist die Bewegung der Supplementarität. Das Zeichen, das dieses Zentrum ersetzt, fügt sich als flottierender Signifikant dem Signifikat hinzu und bringt so erst das Spiel der Struktur in Gang.

---

20 Eugen FINK, Grundphänomene des menschlichen Daseins, Freiburg-München 1979, 390 f.

21 Ebenda, 391.

22 Jacques DERRIDA, Die Struktur, das Zeichen und das Spiel im Diskurs der Wissen schaften der Menschen, in: Die Schrift und die Differenz, Frankfurt 1985, 440.

23 In: Marcel MAUSS, Soziologie und Anthropologie, Frankfurt 1989. Verweisen wir der Vollständigkeit halber auch noch auf DERRIDAS *Falschgeld*.

Das Spiel ist immerfort ein Spiel von Abwesenheit und Präsenz, doch will man es radikal denken, so muß es der Alternative von Präsenz und Abwesenheit vorausgehend gedacht werden. Wenn Lévi-Strauss, besser als irgendein anderer, das Spiel der Wiederholung und die Wiederholung des Spiels sichtbar werden läßt, so nimmt man bei ihm doch eine Art Ethik der Präsenz, Heimweh nach dem Ursprung, nach der archaischen und natürlichen Unschuld, nach einer Reinheit der Präsenz und dem Sich-selbst-Gegenwärtig sein in der Rede wahr . . . Der verlorenen oder unmöglichen Präsenz des abwesenden Ursprungs zugewandt, ist diese strukturalistische Thematik der zerbrochenen Unmittelbarkeit also die traurige, *negative*, nostalgische, schuldige und rousseauistische Kehrseite jenes Denkens des Spiels, dessen andere Seite Nietzsches *Bejahung* darstellt, die fröhliche Bejahung des Spiels der Welt und der Unschuld der Zukunft, die Bejahung einer Welt aus Zeichen ohne Fehl, ohne Wahrheit, ohne Ursprung, die einer tätigen Deutung offen ist. *Diese Bejahung bestimmt demnach das Nicht-Zentrum anders denn als Verlust des Zentrums*. Sie spielt, ohne sich abzusichern. Denn es gibt ein *sicheres Spiel*: dasjenige, das sich beschränkt auf die *Substitution vorgegebener, existierender und präsenter Stücke*. Im absoluten Zufall liefert sich die Bejahung überdies der genetischen Unbestimmtheit aus, dem *seminalen* Abenteuer der Spur.[24]

Beide völlig unversöhnbare Ansätze versöhnen sich dennoch in einer dunklen Ökonomie. Soll man sagen in einer unmöglichen Wahl, die Derrida nicht scheut, als Geburt des Neuen – in seiner Gestalt der Nicht-Gestalt, in der unförmigen, stummen, embryonalen und schreckenerregenden Form der Monstrosität – zu bezeichnen?

Wie sollen wir aber diejenigen bezeichnen, die vor den Türen dieser Unmöglichkeit selbst stehen? Bekümmern sich die Finanzspekulationen um die Folgen ihres Spiels? Es ist ein sicheres Spiel, todsicher. Und ohne etwas von Volks- oder Weltwirtschaft zu verstehen, drängt sich der Verdacht auf, daß man nicht betrügen muß, um zu gewinnen, zu töten, zumindest vor keiner einzigen Institution, sei sie national oder international, erscheinen muß, um sich für das unvorstellbare Ausmaß an Grausamkeit zu rechtfertigen. (Lohnenswert, aber unbedankt wäre es auch, wenn man die verschiedensten Rechtssysteme nach dem „rein" quantitativen Kriterium der Strafbemessungen für die verschiedensten kriminellen Handlungen untersuchen würde. In ein Diagramm würden dann die verschiedenen Maximal- und Minimalstrafen eingetragen und so eine haltlose Werteskala veranschaulicht. So würde man die Strafen für Kindesmißhandlungen, Körperverletzungen, Tierquälereien und Eigen-

24 Ebenda, 440 f. Das Zerreißen der Präsenz ist auch ein wichtiges Thema in der Auseinandersetzung mit Lacan und dessen *phallogocentrisme*. In: *Le facteur de la vérité* und *Spéculer – sur „Freud"*. Beide Aufsätze finden sich in: *La carte postale*.

tumsdelikte einander gegenüberstellen. Desgleichen müßte man auch festlegen, innerhalb welchen Finanzbereichs Diebstähle nicht ohnehin der Bedeutungslosigkeit oder der politischen Verantwortungslosigkeit anheimfallen. Eine unendliche Aufgabe.) Es geschieht am hellichten Tag, ohne Rücksicht auf die bisweilen beträchtlichen Unterschiede der sozialen Systeme und Wertsysteme verschiedenster Kulturen. Wer wüßte es nicht, sagen wir nochmals, um das Lamento einigermaßen zu skandieren.

In weiser (oder doch nur weißer?) Voraussicht fügen wir uns dieser Macht, diesen Mächten. Sie verfügt über genügend Mittel, um uns mit allerlei Zuwendungen bei guter Laune zu halten. Will man ihr einigermaßen beikommen, entschließt man sich, ihr ein deutliches Nein, oder ein So-nicht – ein ontotheologisches Problem, je nachdem, für welches Spiel man sich entscheidet, für das sichere, für das göttliche; was hieße dann überhaupt Entscheidung – entgegenzusetzen, so gilt das, was Foucault zu bedenken gibt:

Der Begriff der Unterdrückung seinerseits ist unzuverlässiger oder jedenfalls hatte ich sehr viel größere Schwierigkeiten, mich von ihm freizumachen, insofern er tatsächlich so gut zu einer ganzen Reihe von Erscheinungen zu passen scheint, die von den Machtwirkungen abhängen. Als ich ‚Wahnsinn und Gesellschaft' schrieb, habe ich mich zumindest implizit dieses Begriffs bedient: ich glaube, ich vermutete damals eine Art lebhaften, wechselhaften und ungeduldigen Wahnsinn, den der Mechanismus der Macht und der Psychiatrie zu unterdrücken und zum Schweigen zu verteilen vermocht hätte. Heute erscheint er mir als völlig inadäquat, um zur Klärung dessen zu dienen, was genau an der Macht produktiv ist. Wenn man die Machtwirkungen mit Hilfe des Begriffs der Unterdrückung definiert, so folgt daraus eine rein juristische Konzeption eben dieser Macht; sie wird mit einem Gesetz identifiziert, das nein sagt, sie wäre vor allem eine Instanz, die Verbote ausspricht. Ich glaube, daß dies in Wirklichkeit eine völlig negative, beschränkte, zu kurz gefaßte Auffassung der Macht ist, die seltsamer Weise ein wenig von allen Seiten geteilt wurde. Wenn sie nur repressiv wäre, wenn sie niemals etwas anderes tun würde als nein sagen, ja glauben Sie denn wirklich, daß man ihr gehorchen würde? Der Grund dafür, daß die Macht herrscht, daß man sie akzeptiert, liegt ganz einfach darin, daß sie nicht nur als neinsagende Gewalt auf uns lastet, sondern in Wirklichkeit die Körper durchdringt, Dinge produziert, Lust verursacht, Wissen hervorbringt, Diskurse produziert; man muß sie als ein produktives Netz auffassen, das den ganzen sozialen Körper überzieht und nicht so sehr als negative Instanz, deren Funktion in der Unterdrückung besteht.[25]

Es ist nicht nur die Vergnügungsindustrie, deren Hilfeleistungen zumeist

25 Michel FOUCAULT, Wahrheit und Macht, in: Dispositive der Macht. Michel Foucault. Über Sexualität, Wissen und Wahrheit, Berlin 1978, 34 f.

darin bestehen, indem sie die Helden unserer alltäglichen Fernsehkost durch eine gute Fee aus dem Sumpf des Selbstmitleids rettet. Es sind auch die altbewährten Methoden, die Solidarität der Betroffenen von Arbeitslosigkeit, der an Zahl stetig steigenden Opfer der Wirtschaftskriege zu verhindern. Der Mechanismus ist altbewährt, wir kennen ihn alle aus der Alltagswelt und Organisationspraxis von Wirtschaftsbetrieben, wo in größter Einträchtigkeit die Entlohnung nach dem Leistungsprinzip, die ständige Drohung – ob ausgesprochen oder nicht – der Entlassung, die Angst, bei zu langer Krankheit gekündigt zu werden, die unheimlichen Aufstiegschancen, die damit verbundene sorgfältig konstruierte Hierarchie, die Sorge um das Wohlergehen des Betriebes, Konkurrenzkampf, Solidarität und Mobbing nebeneinander existieren. Jeder in der Kunst der Motivation, Rationalisierung und Gewinnoptimierung geschulte Manager weiß es, daß ein Unternehmen nicht gedeiht, wenn es ständig seine Mitarbeiter in Angst und Schrecken hält, die Skala der Unterwerfung wird vielmehr durch emotionale Bereiche erweitert. Der Arbeiter soll nicht nur seine Arbeit lieben, er soll sich auch mit dem Unternehmen identifizieren.[26] Ist ein Mitglied dieser großen Familie etwas kritisch, klagt es

26 Marcel MAUSS, Soziologie und Anthropologie, Band 2, Frankfurt am Main 1989, 136 so: „Wir sahen bereits, daß bedeutende Gruppen und Verbände unserer kapitalistischen Unternehmen ihre Angestellten gruppenweise an sich zu binden suchen. Andererseits versichern alle syndikalistischen Gruppen, die der Arbeitgeber wie die der Lohnempfänger, daß sie das allgemeine Interesse mit ebensoviel Eifer verteidigen und repräsentieren wie das partikulare Interesse ihrer Mitglieder oder der Korporation selbst. Diese schönen Reden sind zwar mit vielen Metaphern aufgeputzt; dennoch muß man zugeben, daß nicht nur Ethik und Philosophie, sondern auch die ökonomische Meinung und Praxis beginnen, sich zu diesem ‚sozialen' Niveau zu erheben. Man spürt, daß es keinen besseren Weg gibt, Menschen zur Arbeit zu bringen, als dadurch, daß man ihnen die Gewißheit gibt, ihr Leben lang loyal bezahlt zu werden für die Arbeit, die sie loyal ausgeführt haben, und zwar sowohl für andere wie für sich selbst. Der austauschende Produzent spürt wieder, wie er es schon immer gespürt hat – doch diesmal schärfer –, daß er mehr als nur Produkte oder Arbeitszeit austauscht, daß er ein Stück von sich selbst gibt: seine Zeit und sein Leben. Also möchte er für diese Gabe, wie bescheiden auch immer, entschädigt werden. Ihm diese Entschädigung verweigern hieße, ihn zur Faulheit und zu geringerer Leistung zu treiben." Erinnert sei hier auch an die schadensbegrenzende und mildernde Missionsarbeit des Las Casas und einiger seiner Ordensbrüder, die, wo die militärische Gewalt der Spanier nichts ausrichten konnte, die Indigenas mit der Liebe Christi unter das Joch der Kolonialmacht beugten. Auch der Vorschlag, statt der schwachen Indios afrikanische Sklaven in den Encomiendas einzusetzen, geht in die selbe Richtung. Auch die umsatzfördernde Menschlichkeit der Jesuitenmission in Paraguay ist eine Facette, besser eine Grimasse des Kapitalismus.

vielleicht über umwelt- und gesundheitsschädigende Konsequenzen der Produkte, die es mitproduziert, gelingt es ihm, zur Einforderung sozialer Verbesserungen eine ihn unterstützende Basis zu finden, beginnt das Spiel der Entsolidarisierung. Die Ausländerfeindlichkeit ist vielleicht das globalste, primitivste, banalste und gefährlichste Produkt dieser Strategie, gnadenlos erkannt, durchleuchtet und dennoch resistent wie alle Feindbilder, gleich welcher psychoanalytischer oder soziologischen Theorie man den Vorzug gibt, gleich, ob sie dem autoritären Charakter oder psychotischen Ursprüngen oder Entmischungen von Eros und Aggression zugeschrieben werden. Es gibt aber neben der Kündigung auch die Beförderung, das verstärkte Einbinden kritischer Elemente in die Unternehmensverantwortung, selten auch in die Leitung. Nichts jedoch scheint schwieriger, als das Gespenst der Arbeitslosigkeit zu beschwichtigen. Wer erinnert sich nicht an die von Arbeitern der Rüstungsindustrie verprügelten Friedensaktivisten, an die von Chemiearbeitern vertriebenen Umweltschützer. Der soziale Druck hat so zugenommen, daß auch die solidaritätszersetzenden Gratifikationen die Unternehmensbudgets immer weniger belasten.

Jedes Lamento muß einmal verstummen, und sei es nur, um Atem zu holen. Diesen Augenblick gilt es zu nutzen. Als Repräsentanten und Reisende in Sachen Elend haben wir uns sehr ungeschickt verhalten, Hoffnungsschimmer im Keim erstickt, neue Perspektiven versperrt. Wie aber ist es möglich, den Schrecken und den Aufruf zur Veränderung in die Philosophie einzulassen[27], ohne zum Trittbrettfahrer des Elends zu verkommen. Versuchen wir ein neues Spiel und halten wir uns wiederum an Foucault, um das zu verhindern, was Camus so unerbittlich denunziert:

Es gibt in der Tat keine Versöhnung zwischen einem von der Geschichte völlig getrennten Gott und einer aller Transzendenz ledigen Geschichte. Ihre Vertreter auf Erden sind

---

27 Als ob wir nicht wüßten, daß die Philosophie Beschwörung dieses Schreckens ist, sie einiges an neuen Schrecken verursacht. Obendrein scheint es nebensächlich zu sein, ob dieser Schrecken neu ist oder das Zucken, die Ekstase irgendeines Grundschreckens des Immer-schon. Zu zweit schreckt und erschreckt es sich leichter, im Trost und in der Verschwörung, im Bannen und Loslassen. Wie ist das Von-woher des Ereignisses zu denken, in einer Umschrift der Zuschreibung? Der Zufallsgenerator der Pest, die strikte Neutralität der Bakterien, bis hin zu den faschistoiden Natur- und Auslesebegriffen, . . . der schrecklichste, aber auch hoffnunggebende, zumindest doppelte Genitiv, das Nein der Verantwortung.

tatsächlich der Yogi und der Kommissar. Doch der Unterschied zwischen diesen beiden Menschentypen ist nicht, wie man gesagt hat, der Unterschied zwischen der nichtigen Reinheit und der Wirksamkeit. Der erstere entscheidet sich nur für die Unwirksamkeit der Enthaltung, der letztere für die der Zerstörung. Weil beide den vermittelnden Wert verwerfen, den die Revolte hingegen offenbart, bieten sie uns, vom Wirklichen gleicherweise entfernt, nur zwei Beispiele der Ohnmacht, die des Guten und die des Bösen.[28]

Diese Versöhnung zwischen zwei sicheren Spielen, wie Deleuze sagen würde, findet nicht statt, der Yogi und der Kommissar, diese beiden Gestalten des Bewußtseins, oder vielleicht treffender der Bewußtlosigkeit, sind nicht im Widerstreit. Ihre Opposition ist nur die Gegenüberstellung von Zahnrädern, die ineinander greifen. Zu diesem ist nur die Revolte fähig, die, wenn sie eine Philosophie begründen könnte, eine Philosophie der Grenzen, des Wagnisses und der berechneten Unwissenheit wäre. Unerhörte Großmut und Kraft der Liebe im Hier und Jetzt:

Es gibt zweifellos ein Übel, das die Menschen in ihrem rasenden Wunsch nach Einheit anhäufen. Aber ein anderes Übel liegt dieser ungeordneten Bewegung zugrunde. Vor diesem Übel, vor dem Tod, schreit der Mensch von innen heraus nach Gerechtigkeit. Das geschichtliche Christentum hat auf diesen Protest gegen das Böse mit der Verkündigung des Königreichs geantwortet, darauf mit dem ewigen Leben, das den Glauben verlangt. Aber das Leiden nützt die Hoffnung und den Glauben ab; es bleibt allein und ohne Erklärung. Die Massen, der Arbeit, des Leidens und des Sterbens müde, sind Massen ohne Gott. Unser Platz ist nunmehr an ihrer Seite, fern von den alten und neuen Doktoren.[29]

Wie sollte nun der Ohnmacht des Guten und des Bösen die Stirn geboten werden, von welcher Wirklichkeit ist die zerstörerische Kraft, die, wenn es denn nur eine ist, sich selbst entfremdete. Camus ist zu klug und zu vorsichtig, um dieser Macht in welcher Gestalt auch immer eine Grund- oder Endgestalt zuzuordnen.

Die Revolte stößt andauernd an das Böse, von wo aus sie nur einen neuen Anlauf nehmen kann. Der Mensch kann alles in sich zügeln, was Zügelung verdient. Er muß in der Schöpfung alles in Ordnung bringen, was in Ordnung gebracht werden kann. Und darauf werden die Kinder immer zu Unrecht sterben, selbst in der vollkommenen Gesellschaft. Auch bei seiner größten Anstrengung kann der Mensch sich nur vornehmen, den Schmerz mengenmäßig zu vermindern. Aber Leiden und Ungerechtigkeit werden bleiben und, wie begrenzt auch immer, nie aufhören, der Skandal zu sein.[30]

---

28 Albert CAMUS, Der Mensch in der Revolte, 233.
29 Ebenda, 246.
30 Ebenda, 245.

Es ist das Maß des Unmöglichen, das klare, helle Sonnenlicht des mediterranen Denkens, auch Nietzsches Mittag. Opfer manchmal, aber nicht immer Parade, wie Derrida vielleicht sagen würde, und gleichgültig ob diese Verminderung der Schmerzen einem onto-theologischen Programm angehört, Geschäft mit Gott, den Göttern, Sinnfindung gelangweilter Wohlstandsüberdrüssiger, Wiederkehr der Heroen der mittlerweile von einigen 68ern als Pubertätserscheinung abgetanen Begeisterung für die Revolte ist, ebensowenig wie das Gespenst der vollkommenen Gesellschaft läßt sich auch die Auflehnung vertreiben, ihre Hoffnung und ihr Verzicht.[31]

---

31 *Der Mensch in der Revolte* und die Auseinandersetzung mit ihm in *Les temps modernes* hat die ohnehin schon nicht unkomplizierte Freundschaft mit SARTRE zum Stillstand gebracht. SARTRE selbst schien, so man seinem Nachruf auf CAMUS Glauben schenkt, dieser Debatte nicht allzuviel Bedeutung zuzumessen, aber der Ton in seiner Antwort auf die Antwort Camus' auf die Kritik Jeansons ist doch von ungewöhnlicher Schärfe. So von Bürger zu Bürger, die die papiernen Arbeiterheere aufeinander loslassen, im Kampf um die authentischere Authentizität der Fürsprache und Revolte: „Freilich, Sie sind ja nur Wortführer: Sie sprechen – angeblich – ‚im Namen jenes Elends, das tausend Anwälte, aber keinen einzigen Bruder hervorbringt.' In diesem Fall strekken wir allerdings die Waffen: wenn es stimmt, daß das Elend zu Ihnen gekommen ist und gesagt hat: ‚Geh hin und sprich in meinem Namen', bleibt uns nichts anderes übrig, als zu schweigen und auf seine Stimme zu hören. Nur muß ich gestehen, daß Ihr Gedankengang mir ein wenig unklar ist: sind Sie, der Sie im Namen des Elends sprechen, sein Anwalt, sein Bruder oder sein Anwalts-Bruder? Und wenn Sie der Bruder der Elenden sind, wie sind Sie es denn geworden? Da Sie es nicht von Geburt sein können, müssen Sie es wohl aus eigener Wahl geworden sein. Aber nein: Sie *suchen* sich ja ihre Elenden *aus*, und ich glaube nicht, daß sie der Bruder des arbeitslosen Kommunisten in Bologna oder des elenden Tagelöhners sind, der in Indochina gegen Bao Dai und die Kolonialherrschaft kämpft. Auf Grund Ihrer Stellung? Mag sein, daß Sie einmal arm waren, aber jetzt sind Sie es nicht mehr; Sie sind ein Bourgeois wie Jeanson und ich. Aus Hingabe also? Wenn diese aber nicht dauernd anhält, geraten wir in gefährliche Nähe zu Madame Boucicaut und den Almosen, und wenn man, um sich Bruder der Elenden nennen zu können, ihnen jeden Augenblick seines Lebens widmen muß, dann sind Sie nicht ihr Bruder: wie groß Ihre Fürsorge auch sein mag, sie ist nicht ihr einziger Beweggrund, und Sie gleichen nur ganz von weitem dem heiligen Vinzenz von Paul oder einer ‚Schwester der Armen'." (Jean-Paul SARTRE, Porträts und Perspektiven, Reinbek bei Hamburg 1971, 75 f.) SARTRE wirft ihm vor, sein Engagement nicht auf eigene Gefahr zu beweisen. Doch geht es CAMUS in erster Linie um die Solidarität, die ein zu „Anwaltsehren" gekommene Proletariersohn in eben dieser Sprache erwecken kann. Vgl. dazu noch: Olivier TODD, Albert CAMUS. Une vie, Paris 1996, 555–572. Diese Sprache kritisiert auch Gilles DELEUZE in einem Artikel über SARTRE: „Camus, hélas, tantôt c'était le vertuisme gonflé, tantôt l'absurdité de seconde main." (Gil-

Das Skandalhafte des Skandals durchschlägt alle Schutzbarrieren, hintergeht alle Empfangskomitees, kennt alle Parolen der Tag- und Nachtwachen, bleibt unbemerkt, vielleicht wie die Gabe, so es sie gibt, ist unerträglich wie die Grimasse des Realen und die Langeweile des Ereignisses. Wenn es nicht schon da wäre, eigentlicher als das Eigentliche, Schonung vor dem Immer-schon. Dieses heideggersche Zuspiel ist aber nicht irgendein Mißton, so wie eine Totenglocke uns aus der Zerstreuung ruft, sondern der Versuch, Stimmen zu hören inmitten des Lärms der Dauersirenen des globalen Dorfes. Das Skandalhafte sinkt zur Stimmung herab, es gehört zur gespenstischen Stimmungsmache, zur klaglosen Emotionalisierung, zur Verkaufsstrategie von Produkten, die mehr versprechen, was sie behalten, als sie halten, was sie versprechen. „Der Mensch ist auf dem Sprunge, sich auf das Ganze der Erde und ihrer Atmosphäre zu stürzen"[32], aber der erste Schritt scheint der zu sein, sich auf andere Menschen zu stürzen, nachdem die Laufbahn durch polizeiliche Maßnahmen freigemacht wurde. Dem Unbehagen, um einen weiteren Stimmungsbericht anklingen zu lassen, von dem Freud spricht, stellt sich der Eros der Wissenschaft entgegen, aber das Denkverbot, das ihm zufolge die Religion im Dienste ihrer Selbsterhaltung ausgehen ließ[33], ist es nicht einem freiwilligen Denkverzicht gewichen im Dienste der Wissenschaft, von dem auch zu einem nicht geringen Teil die Psychoanalyse selbst betroffen ist. Die sarkastische Neufassung von Erinnern, Wiederholen und Durcharbeiten, wie müßte sie jetzt heißen?[34]

---

les DELEUZE, Il a été mon maître, in: Arts 978, 1964, 8 f. Zit. nach Julia KRISTEVA, Sens et non-sens de la révolte, Paris 1996, 330.) Als mittelmäßig begabte Anwaltsgehilfen haben wir keineswegs Anspruch auf Absurditäten aus erster Hand noch den Scharfblick, zwischen Brüdern und Brüder der Brüder zu unterscheiden.

32 Martin HEIDEGGER, Holzwege, 372 (343).

33 Vgl. Sigmund FREUD, Neue Folge der Vorlesungen 35, I, 598.

34 Diese Anpassungsphänomene der Psychoanalyse an den Gesundungsmarkt sind durchaus auch vom Gründer so gewollt. Mindestens zweierlei gilt es aber zu bedenken. Einmal ist es die Vatergestalt Freuds und das Anerkennungsverfahren, das darüber zu entscheiden hat, wer denn nun ein legitimer Sohn dieser neuen Wissenschaft ist, die von der Brüderhorde praktizierten Ausschließungsprozeduren, die vor allem Lacan und dessen Söhne trafen, dessen Söhne sich wiederum in zahlreiche Sezessionsscharmützel verstrickten, manchmal in Trauer zu Lebzeiten. Andererseits hat Freud selbst darauf hingewiesen, daß der Psychoanalytiker sich der Scheu entledigen sollte, über die Kosten der Kur zu sprechen. Daß die Psychoanalyse durchaus nicht eine großbürgerliche Veranstaltung sein muß, beweisen zum Beispiel die Arbeiten Maria Langers in Nicaragua oder diejenigen Rabanals in Peru wo er, auf die sozialen Unterschiede zwischen Thera-

Die neuen und die alten Doktoren, ihre Diskurse von Mensch, Welt, Gesellschaft und Macht einerseits und Isolation, Norden, Süden, Familie und Ohnmacht andererseits (?), sind sie nicht Ausdruck der Abnützungserscheinungen eines Europa, das, so Camus, nicht mehr zu lieben imstande ist, wo das Denken zwar über globale Dimensionen verfügt, aber der Skandal zur lokalen Lähmung führt? Der Nationalismus und der Kosmopolitismus haben stets gemeinsame kapitale Interessen, um wiederum mit einem kleinen Zitat die ganze derridasche Begriffslawine loszutreten und mit ihr den europäischen Pflichtenkatalog des anderen Kaps.[35] Das heißt unbegrenzte Verantwortung, Ausruhen verboten auf jeder Art von gutem Gewissen: „Niemals aber sollte man von der Ermordung eines Menschen wie von einer Figur sprechen, noch nicht einmal wie von einer exemplarischen Figur in einer Logik des Emblems, einer Rhetorik der Fahne oder des Martyriums. Das Leben eines Menschen, so einzigartig wie sein Tod, wird immer mehr als ein Paradigma sein und immer etwas anderes als ein Symbol. Und es ist dieses selbst, was ein Eigenname immer nennen sollte."[36] Keine Philosophie

---

peuten und Patienten angesprochen, meint: „In der vorliegenden Studie galt unser besonderes Augenmerk der Qualität der Beziehung zwischen Patienten und Therapeuten, unter besonderer Berücksichtigung des Verhältnisses zwischen Vertretern unterschiedlicher ethnischer Gruppen und sozialer Schichten. Die Lebenswirklichkeit der Therapeuten erschien den Ansiedlern als diametral entgegengesetzt zu ihrem eigenen Erfahrungshintergrund. In den Falldarstellungen wurde ausführlich auf die Kluft zwischen diesen Gruppen hingewiesen, wie auch auf die Chancen, die Unterschiede zwischen ihnen im Kontext des psychoanalytischen Prozesses so weit zu relativieren, daß es zu einer wirklichen zwischenmenschlichen Begegnung kommen kann. Auf der anderen Seite erlaubte die Besonderheit der Beziehung zwischen Mittelschichttherapeuten und Angehörigen der Unterschicht, ein für die peruanische Gesellschaft repräsentatives Phänomen offenzulegen, nämlich daß die von den Auswirkungen des sozialen Zerfalls betroffene Mittelschicht sich immer weniger von der Unterschicht abhebt und angsterfüllt auf Abstand geht. Der psychoanalytische Therapieverlauf legt offen, daß tiefgreifende soziale Veränderungen nur dann möglich sind, wenn sie einhergehen mit einer veränderten Bewußtseinslage der Betroffenen. Dies macht die gängige Vorstellung hinfällig, daß Veränderungen in erster Linie von außen herrühren müßten und den eigenen Einflußmöglichkeiten entzogen seien. Die innerpsychischen Veränderungen stellen vielmehr eine Voraussetzung für die Entwicklung von Solidarität und friedvollem Zusammenleben. Auf dieser Grundlage würde die regressions- und abhängigkeitsfördernde Wirkung von Hilfsprojekten abgemildert werden und langfristig eine Basis für qualitative Veränderungen der Gesellschaft geschaffen werden." (César RODRIGUEZ RABANAL, Elend und Gewalt, Frankfurt am Main 1995, 222.)

35 Jacques DERRIDA, L'autre cap, Paris 1991, 75–78.

36 Jacques DERRIDA, Marx' Gespenster, 7.

kann es vergessen. Nicht Kapitalismus noch Solidarität sind imstande, die Arbeit auf sich zu nehmen, die Namen der unzähligen Namenlosen auszulöschen, noch die Mühen der Trauer einem glücklichen, erlösenden Ende zuzuführen. Selbst diese Alternative ist Teil der Dialektik von Macht und Ohnmacht, und man entrinnt ihr nicht. Gilt dies aber auch für die Empörung, für das klare Nein als Antwort auf die Totalitarismen, und was als viel schwieriger sich darstellt, als Verzicht auf die vielen kleinen und großen Vergünstigungen der Macht, der Mächte, die in Diktaturen so deutlich sichtbar werden, wo man sich arrangieren muß, weil diejenigen, die den Tätern/Opfern nahestehen, als Geisel/Geißel genommen werden? Man entrinnt ihr nicht, aber man wird – wer ist das? – nicht immer mit Haut und Haar von ihr verschlungen, schon gar nicht in europäischen Demokratien. Schon gar nicht geht man hierzulande ein tödliches Risiko ein, höchstens empfängt man ein mitleidiges und abschätziges Lächeln von Ermüdeten und Verzweifelten. (Ein einfacher Versuch genügt: Sagen Sie der Verkäuferin in einem Supermarkt, die Bananen die hier verkauft werden, seien Mörderbananen. Nichts gibt die Stimmung besser wieder, die Beschwichtigungen, die Neutralisierungen und ihre Modulationen.)

Soll man so vom Skandal sprechen, wie Foucault von diskursiven Ereignissen spricht, von Zäsuren, die den Augenblick zersplittern und das Subjekt in eine Vielzahl möglicher Positionen und Funktionen zerreißen? (Wiewohl die Sorge um das Subjekt in seinem letzten großen Werk, *Sexualität und Wahrheit*[37] immer wiederkehren wird, als Subjekt.)

Und wenn diese diskursiven und diskontinuierlichen Serien innerhalb gewisser Grenzen jeweils ihre eigene Regelhaftigkeit haben, so lassen sich zwischen ihren Elementen zweifellos keine Beziehungen einer mechanischen Kausalität oder einer idealen Notwendigkeit herstellen. Der Zufall muß als Kategorie in die Produktion des Ereignisses eingehen. Auch hier wird deutlich, daß es keine Theorie gibt, welche die Beziehungen zwischen dem Zufall und dem Denken zu denken ermöglicht. Die geringfügige Verschiebung, die hier für die Geschichte der Ideen vorgeschlagen wird und die darin besteht, daß man nicht Vorstellungen hinter den Diskursen behandelt, sondern Diskurse als geregelte und diskrete Serie von Ereignissen – diese winzige Verschiebung ist vielleicht so etwas wie eine kleine (und widerwärtige) Maschinerie, welche es erlaubt, den *Zufall*, das *Diskontinuierliche* und die *Materialität* in die Wurzel des Denkens einzulassen.[38]

---

37 Michel FOUCAULT, Sexualität und Wahrheit III. Die Sorge um sich, Frankfurt am Main 1986.

38 Michel FOUCAULT, Die Ordnung des Diskurses, Frankfurt am Main 1991, 38.

Eine winzige Verschiebung, die es gestattet, die Materialität vielleicht auch des Schweigens in die Wurzel des Denkens einzulassen, nicht nur das Schweigen als Atempause, als Epochè, als Psychè, als paranoides Atmen von Stimmen, als Pause im Wechselgesang der Mönche, als vorwurfsvolles Schweigen nach einer Auseinandersetzung, als seliges Schweigen, sondern auch das – ehrfurchtsvolle, nichts zerreden wollende – Schweigen vieler Philosophen, das wir hier ein wenig zusammenfügen, wie Heinrich Bölls Dr. Murke.[39] Gibt es aber eine Hierarchie des Schweigens, innerhalb des Schweigens, so vielfältig wie die Kontexte, die es zum Sprechen bringt, oder aber auch umgekehrt, das sie zum Sprechen bringt? Wo jenseits, am Rande, innerhalb, ein Schweigen herrschte, das absolut, unantastbar alle Stimmen, Stimmungen in das eine Spiel einschwingen läßt, in den Diskurs des Herren ohne Entrinnen, ohne Überraschung. Wo der Skandal und sein Aufschrei nur der unerträgliche Lärm der Weltmaschine selbst wäre. Anders, nicht anders als das andere, ist das Denken der Gabe, über die man weder sprechen noch schweigen kann.

Indes, unser, Derridas, Baudelaires, des Erzählers und seines Freundes Bettler wartet noch immer.[40] Wer erinnert sich nicht an die Szene in

39 Heinrich BÖLL, Doktor Murkes gesammeltes Schweigen, Köln 1996.

40 Eine Fußangel statt einer Fußnote: Vielleicht hat er inzwischen auch einige gute Bücher gelesen, um sich auf den Empfang der falschen Münze vorzubereiten. Aber Peter V. ZIMA meint in *Die Dekonstruktion*, Tübingen/Basel 1994, 79 f. folgendes: „Die Literatur ist jedoch (allen Behauptungen Platos zum Trotz) nicht mit einer falschen Münze, mit falschen Aussagen oder mit irgendeiner Falschheit zu vergleichen. Indem er von einer falschen Analogie zwischen literarischer Fiktion und der gefälschten Münze ausgeht, setzt sich Derrida über den wesentlichen Unterschied zwischen einer *ästhetischen Illusion* und dem, was schlicht *falsch*, widerlegbar oder unecht ist, hinweg . . . Indem er all das vernachlässigt, was die ästhetische Illusion als *Konstruktion einer zweiten Realität*, einer *möglichen Welt* (Hintikka, Eco), von falschen Münzen oder Behauptungen unterscheidet, kann Derrida auch die *semantischen und narrativen Tatsachen* in Baudelaires Text vernachlässigen und sich auf pragmatischer Ebene Spekulationen hingeben, die man mit Eco als „Überinterpretation bezeichnen könnte, weil sie über die ‚Grenzen der Interpretation' hinausgehen." Es ist jedoch nicht auszuschließen, daß Literaturwissenschaft gerade der spekulative Prozeß der Rechtfertigung der Kapitalisierung der unvermeidlichen Überinterpretation als Lektüre ist. Das setzt jedoch nicht eine demokratische, hierarchische (gemäß der Monarchie des Herrensignifikanten) Beurteilung der Prozeßordnungen außer kraft, deren Kriterien auch dekonstruierbar sind. So mag man sich selbst entscheiden: „Derrida selber macht in seiner *Gram matologie* darauf aufmerksam, daß ohne das ganze Instrumentarium der traditionellen Kritik die Lektüre Gefahr läuft, in alle Richtungen zu wuchern und jede beliebige Interpretati-

Buñuels Milchstraße, wo die beiden Bettler, Pilger ein Luxusrestaurant betreten, der Oberkellner als servus servorum die Natur Christi sorgfältig mit Worten tranchierend, von ebendemselben unsachte vor die Tür gesetzt werden. Sie schweigen aber nicht so vorwurfsvoll wie es die Bettler tun:

> Die Bitte ist nicht allein ein Flehen, sie ist auch die Figur des Gesetzes. Die beiden Freunde sind zur Zahlung verdammt, verschuldet und schuldig, sobald es sie anblickt/angeht/regarde, sobald das Ding/chose, das arme Ding sie anblickt/angeht, ohne mit ihnen zu reden/causer. Sie sind ermahnt zu zahlen und sich zu entledigen. Sie müssen wiedergutmachen und in den symbolischen Zirkel wiedereintreten. Sie befinden sich in einem Prozeß, sie erscheinen vor der Instanz des Gabenempfängers wie vor dem Gesetz; so daß sich schließlich am Ende des Prozesses die Frage nach ihrer *Erkenntlichkeit*, nach ihrer Dankbarkeit demjenigen gegen über stellt, der ihre Entschädigung akzeptiert und sie von ihrer anfänglichen Schuldigkeit, von ihrer *situativen* Schuldigkeit freispricht, indem er ihnen erlaubt, sich ihrer Schulden zu entledigen. Bei dieser Geschichte handelt es sich also um einen Prozeß, den Verlauf/processus eines Prozesses. Die beiden Freunde schreiten voran, sie gehen vor, dann gehen sie weiter und gehen die ganze Zeit der Geschichte hindurch, im Schritt der Geschichte, die auch die Zeit einer juridischen Prozedur ist: Beschuldigung, Gesetz und Gericht, um mit einem Urteilsspruch zu enden.[41]

Das Almosen im engeren Sinn als religiöse Pflicht zur Linderung der schlimmsten Nöte des Jammertales hat außerhalb des kirchlichen Bereiches seine Geltung verloren. (Gewiß ist es möglich, auch hier die Säkularisierungsdebatte mit sozialpolitischen Vorzeichen zu führen. Wir müssen die Ursprungsphantasien, die sie auslöst und belebt nicht noch zusätzlich verstärken, sie bedürfen unseres Angelds nicht, sie sind mächtig genug. Das peinlich memorierende Szenario der alljährlichen Fußwaschung im Vatikan muß nicht durch symbolhaften Fischfang in einer Panzerzille am See Genezareth ergänzt werden. Diese Parodie der Rückkehr zur Einfachheit der galiläischen Fischer wäre eine entsetzliche Verhöhnung der

---

on zu autorisieren. Natürlich, fügt Derrida, nachdem er von diesem notwendigen ‚guard rail' der Interpretation gesprochen hat, hinzu, daß dieser die Interpretation zwar schützt, aber nicht öffnet. Niemand steht dem Öffnen der Interpretation wohlwollender gegenüber als ich; dennoch besteht das Problem nicht im Feststellen *dessen, was man öffnen muß, um zu schützen*, sondern vielmehr *dessen, was man schützen muß, um zu öffnen*." (Umberto ECO, Die Grenzen der Interpretation, München-Wien 1992, 42.) Die Texte jedoch, die Solidarität hervorrufen wollen, rennen mit Brechstangen gegen offene Türen an, vergeblich, wie die Eingeschlossenen in BUÑUELS „Würgeengel". Vergeblich, zu wiederholten Malen, gegen den Sinn der Zeit. (Vgl. Gilles DELEUZE, Cinéma 1. L'image-mouvement, Paris 1983, 186.)

41 Jacques DERRIDA, Falschgeld, 186 f.

Hoffnung der Befreiungstheologie.) Das Almosen erfüllt, so Derrida, „seinerseits eine geregelte und regelnde Funktion, es ist keine grundlose Gabe mehr noch, wenn man so will, eine gnadenreiche, wie es eine reine Gabe sein sollte. Es ist weder grundlos noch gnadenreich."[42] Himmlisches Geschäft also, wie wir es bereits mehrmals aufgezeigt haben, dessen Kundenliste einfach konkurrenzlos wäre, wo die Versuchung stets von neuem auftaucht, die Dynamik der zirkulären Prozesse einfach der Gabe zuzuschreiben. Sie alle existieren gleichzeitig: der Opferstock, die direkt an den Betroffenen abgelieferte milde Gabe, die allseits als Idealfall der Entwicklungshilfe beschriebene effektive Spende, nachhaltig bis ewig dauerhaft und mit minimiertem Verwaltungsaufwand, das System der Sozialversicherungen, die zahlreichen Aufbewahrungsanstalten von Arbeitslosen mit ihren multifunktionalen Einrichtungen als Teil von Bildungseinrichtungen, Kasernen und Gefängnissen, und schließlich auch die nach wie vor existierende Gruppe der „klassischen" Bettler, die man in unseren Breitengraden weitestgehend als Zigeuner bezeichnet. Diese Anachronie gilt, wie wir ja bereits mehrmals angedeutet haben, auch für die Planwirtschaft des globalen Dorfes: muslimische Ölscheichs handeln mit calvinistischen Managern, Großhandelsketten mit Sklaventreibern, Flagellanten einer katholischen Millionärssekte mahnen zur Umkehr – wahrlich ein multikulturelles Projekt. Man stelle sich jedoch vor, auf einer Kaffeepackung stünde folgendes: Diesen verbraucherfreundlichen Preis garantieren wir durch an Sklavenarbeit erinnernde Lohnminimierung unter ständiger Mißachtung von Umweltschutzmaßnahmen.

Die Gabe der Entgröbung

Man betrat also Konsumtempel, an deren Produkten das Blut klebt, brachte dem Götzen Geld Menschenopfer dar, um noch ein Beispiel – diesmal aus dem christlichen Bereich – der Aufrüttelungspraxis anzuführen, wie sie vor ungefähr zehn Jahren noch häufig anzutreffen war. Wir begegnen dieser Schwierigkeit wahrlich nicht zum ersten Mal, und sie verfolgt uns von der ersten Zeile an, ist sie doch eines der Hauptgespenster in dieser mittäglichen Verdunkelungsszene. Welchen Diskurs man auch mit welchen Analysen und Methoden entlarvt, diese Überra-

42 Ebenda, 178.

schungselemente der Aufklärung, der Demaskierung führen nicht nur zu Lähmungserscheinungen, sondern lösen auch Rechtfertigungsstrategien aus, die uns allen vertraut sind. Wie also geben, wenn die Gabe konstitutiv unrein ist, wenn also dieses Zugeständnis schon ein bedeutsamer Schritt ist, der sich der Gewaltsamkeit nicht verschließt? Wenn, was zu bedenken ist, die Gewaltsamkeit *sich* überraschend der Gewalt der Todesmaschine von Macht und Ohnmacht entziehen soll und wir auf Hegels Anerkennung verzichten müssen?[43]

Eine derartige Gewaltsamkeit kann selbst die Bedingung für die Gabe, als ihre konstitutive Unreinheit, betrachtet werden, sobald die Gabe in einem *Zirkulationsprozeß* begriffen ist, sobald sie der Erkenntlichkeit, der Wahrung, der Verschuldung und dem Kredit versprochen ist, aber auch sobald sie – über den Zirkel hinaus – exzessiv und dadurch überraschen *sein muß. Die Gewaltsamkeit scheint innerhalb und außerhalb des Zirkels irreduzibel, sei es um ihn zu wiederholen, oder sei es, um ihn zu unterbrechen* . . . Wenn sie rein und frei von möglicher Wiederaneignung

43 Diese Frage stellt auch DERRIDA an das Werk BATAILLES in *Von der beschränkten zur allgemeinen Ökonomie. Ein rückhaltloser Hegelianismus.* (In: Jacques DERRIDA, Die Schrift und die Differenz.) „Alle der Souveränität zugeteilten Attribute sind der (Hegelschen) Logik der Herrschaft entlehnt. Wir, ebenso wie Bataille, können und dürfen über keinen anderen Begriff, sogar über kein anderes Zeichen, Wort- und Sinneinheit verfügen. Das Zeichen ‚Souveränität' ist in seiner Entgegensetzung zur Knechtschaft schon demselben Grund wie das der Herrschaft entsprungen. Entnimmt man es seinem Funktionszusammenhang, ist es durch nichts von diesem unterschieden. Man wäre sogar in der Lage, im Batailleschen Text einen ganzen Bereich abzusondern, durch den die Souveränität in einer klassischen Philosophie des *Subjekts* und vor allem in jenem *Voluntarismus* stecken bleibt, von dem Heidegger gezeigt hat, daß er bei Hegel und Nietzsche sich noch mit dem Wesen der Metaphysik deckt. Da der Raum, der die Logik der Herrschaft und, wenn man so will, die Nicht-Logik der Souveränität trennt, sich im Kern des Begriffs selbst weder einschreiben lassen kann noch darf (denn was hier festgestellt wird, ist, daß es keinen Sinnkern, kein begriffliches Atom gibt, sondern daß sich der Begriff im Gewebe der Differenzen bildet), muß er sich in die Verkettung oder in den Funktionszusammenhang einer Schrift einschreiben lassen. *Diese* mündige Schrift wird *Schrift* genannt werden, weil sie den *Logos* (des Sinns, der Herrschaft, der Präsenz usw.) *exzediert.* In dieser Schrift – die Bataille suchte – erfahren die*selben* Begriffe, die scheinbar in sich unverändert bleiben, eine Sinnmutation, oder werden vielmehr, wenn sie auch scheinbar unangefochten bleiben, durch den Sinnverlust bewegt, auf den sie maßlos hingleiten und in den sie maßlos hinabstürzen." (405) So muß sich die Souveränität „rückhaltlos verausgaben, verlieren, das Bewußtsein, ihre Erinnerung an sich selbst, wie auch ihre Innerlichkeit verlieren; gegen die *Erinnerung*, gegen den Geiz, der sich den Sinn aneignet, muß sie das *Vergessen praktizieren*, die *aktive Vergeßlichkeit*, von der Nietzsche spricht, und, als tiefste Subversion der Herrschaft, nicht mehr versuchen, ihre Anerkennung zu erzwingen." (402)

bleibt, dann benennt die Überraschung jenen Augenblick von Wahnsinn, der die Zeit zerreißt und alle Berechnungen abbrechen läßt.[44]

Die Zeit ist zerrissen und die Berechnungen bleiben offen, die Überraschung ist doppelt und mehrfach im spekulären Apparat gebrochen und wieder gebündelt, so daß sich die verschiedensten Diskurse der/über die Ökonomie(n) wieder deutlich zu Wort melden.[45] Deutlich sichtbar oder fühlbar werden auch die unterschiedlichen Werkstücke, Hobelspäne und Keile der Dekonstruktion, das Verworfene, Fragmentarische, der Abfall von dem die formgebende, zielgerichtete Vernunft nicht mehr spricht. Mancher Versuch einer Rekonstruktion ist vergebens, die Spuren sind verwischt, endgültig, vergessen, zu Asche verbrannt. Doch ist die Gewaltsamkeit die konstitutive Unreinheit der Gabe, verleitet sie nicht auch zu einer ebenso konstitutiven Unreinheit des Kalküls, des Logos, die bestimmen ließe, wo in kluger Unbeherrschtheit der ökonomische Zirkel unterbrochen wird, in kalkulierter Bedrängnis, die die Notwehr erfordert, wenn es gilt, sich mit den Opfern der untragbaren Ausbeutung gerade im Nord-Süd-Konflikt zu solidarisieren? Muß nicht auch die Dekonstruktion sich in dieser Klugheit üben, den Blick schärfen für die oft verborgenen Artikulationen, da auch sie ans Werk gehen muß, mehr noch, muß sie nicht erst einmal wie der Psychoanalytiker in gleichschwebender Aufmerksamkeit den Rechtfertigungen und Rationalisierungen, ganz einfach den Erzählungen des Analysanden Gehör schenken.[46] Vergeblich jedoch wird man von Derrida eine Ethik erwarten, die den bereits unzähligen Opferparaden

---

44 Jacques DERRIDA, Falschgeld, 188 f.

45 Hier hätte die Archäologie FOUCAULTS ihre Gültigkeit. So meint DELEUZE: „In jedem Dispositiv müssen wir die Linien der jüngsten Vergangenheit und die der nahen Zukunft entmischen: den Anteil des Archivs und den des Aktuellen, den Anteil der Geschichte und den des Werdens, *den Anteil der Analytik und den der Diagnostik.* Foucault ist ein großer Philosoph, weil er sich der Geschichte bedient hat zum Nutzen von etwas anderem: wie Nietzsche sagte, gegen die Zeit und dadurch auf die Zeit zu wirken, zugunsten einer, wie ich hoffe, kommenden Zeit. Denn was Foucaults Auffassung zufolge als das Aktuelle oder als das Neue auftaucht, nannte Nietzsche das Unzeitgemäße, das Inaktuelle, das Werden, das sich mit der Geschichte gabelt, diese Diagnostik, die nebst anderen Wegen sich des Relais der Analyse bedient. Nicht zum Zweck der Voraussage, sondern der Aufmerksamkeit für das Unbekannte wegen, das an die Tür klopft." In: Gilles DELEUZE, Was ist ein Dispositiv?, in: François EWALD, Bernhard WALDENFELS (Hg.), Spiele der Wahrheit. Michel Foucaults Denken, Frankfurt am Main 1991, 160 f.

46 Siehe z.B. Jacques DERRIDA, „Etre juste avec Freud", in: Résistances de la psychoanalyse, Paris 1996, 97 f.

eine weitere hinzufügen wird, und paradox formuliert, in der Hoffnung, daß dies überhaupt möglich ist.[47] Zwischen der konstitutiven Unreinheit und dem Straßenstaub der Städte des Südens gibt es keine Vermittlung.

Wie also geben, wenn sich die Spende notwendig zerstreuen muß, wenn sie der Anachronie, der gleichzeitigen Ungleichzeitigkeit und vice versa der ungleichzeitigen Gleichzeitigkeit der verschiedensten Register ausgeliefert ist, wo alle Eintragungen den mühsamen und gewaltsamen Versuch darstellen, die Gabe in den ökonomischen Zirkel einzubringen. So betrachtet ist die Spende – um die häufigsten Orte ihres präventiven Zuspätkommens in Erinnerung zu rufen – immer milde Gabe, Almosen mit allen berechtigten Bedenken behaftet, das Unrecht stabilisierendes Element einer Institution, Erfüllung einer Pflicht; sie ist auch der von der Öffentlichkeit eingehobene und verteilte Beitrag des Staatsbürgers; der im Vertrauen in eine Hilfsorganisation ihr anvertrauter Geldbetrag; der Inhalt des Opferstocks, der Schatz im Himmel; sie gehört auch dem Register Psychoanalyse an, als Objekt der frühkindlichen Sexualität; und nicht zuletzt ist sie auch Teil kultischen Geschehens und dessen Interpretationen der Anthropologie, Ethnologie, Literaturwissenschaft . . ., um einmal nur das Spektrum des Spenders in Betracht zu ziehen. Wir vermischen hier vorsätzlich theoretische und praktische Aspekte, denn sie hat keinen reinen, wahren Kern, der magnetisch je nach Kontext der verschiedensten Motive, Rechtfertigungen, moralischer Verpflichtungen seine jeweiligen Interpretationsstrukturen um sie kreisen läßt. Die Gabe ist eben nicht das, das fehlende strukturelle Zentrum supplierende Element.

Die Schichtungen, Überlagerungen und Koalitionen sind zahlreich und dienen nicht selten auch dazu, sich der Spendenpflicht zu entziehen. Im Kontrast dazu steht das erbärmliche Almosen, das wirklich Leben retten kann, zur Erhöhung des narzißtischen Lebensgefühls, zur Öffentlichkeitsarbeit von Großkonzernen, Banken und Politikern. Das Theater kann beginnen, die Szene ist frei für die hohe Schauspielkunst, die Hypokrisie, wo Philosophen der Befreiung dargestellt werden, wie sie sich gegenseitig die Hausschuhe an den Kopf werfen im Kampf um die Gerechtigkeit, wo das alle Verwechslungen in Wohlgefallen auflösende Rettungswort bis ins Unerträgliche so lange auf sich

---

47 Eine Nostalgie dieser Ethik findet sich in Anselm HAVERKAMP, Kritik der Gewalt und die Möglichkeit von Gerechtigkeit: Benjamin in Deconstruction. In: Anselm HAVERKAMP (Hg.), Gewalt und Gerechtigkeit. Derrida – Benjamin, Frankfurt am Main 1994.

warten läßt, bis man es nicht mehr hören will. Dummheit und Kitsch als Hauptdarsteller der nackten Wahrheit, die sie bekleiden. Aber Foucault und Deleuze mahnen uns eindringlich, hinter, vor, jenseits dieser Illusion der Metaphysik die Differenz zu unterwerfen:

Die Intelligenz antwortet der Dummheit nicht: sie ist ja der Sieg über die Dummheit, die kategoriale Kunst der Irrtumsvermeidung. Der Gelehrte ist intelligent. Das Denken hingegen sieht der Dummheit ins Auge und der Philosoph betrachtet sie. Lange verweilt er bei ihr und senkt seinen Blick in diesen lichtlosen Schädel. Es ist sein Totenschädel, seine Versuchung, vielleicht seine Sehnsucht, sein katatonisches Theater. Am Ende wäre Denken dies: ganz intensiv, ganz aus der Nähe, beinahe sich in ihr verlierend, die Dummheit betrachten; der Überdruß, die Unbeweglichkeit, eine große Müdigkeit, eine gezielte Stummheit, die Trägheit bilden die Kehrseite des Denkens – oder vielmehr seine Begleitung, seine tägliche undankbare und vorübergehende Vorübung. Der Philosoph muß über hinreichend bösen Willen verfügen, um nicht das Spiel von Wahrheit und Irrtum mitzuspielen: dieses böse Wollen, das sich im Paradox verwirklicht, befreit ihn von den Kategorien. Aber er muß auch genügend ‚schlechte Laune' haben, um Aug in Auge bei der Dummheit zu verweilen, um sie bewegungslos anzustarren, um sich ihr zu nähern und sie nachzuahmen, um sie langsam in sich selber aufzusteigen zu lassen (das nennt man gemeinhin: in seine Gedanken versunken sein) und um schließlich am Ende dieser langen Übung den Schock der Differenz zu erwarten.[48]

Was nicht wiederkommt, meint er, ist das Analoge, das Gleiche, das Identische. Die Differenz jedoch, sie kommt wieder. Eine Umwertung aller Werte möchte man meinen, wenn das Sein nicht die von der Krümmung des Kreises gelöste Wi(e)derkehr wäre. Ein Mehrwert, der sich im Kapital sammelt, bis dieses Haupt zerbirst, als Kehrbild des Schöpfungsaktes, wenn es denn eine Ökonomie dieser Verschwendung gibt, als Vorder- und Rückseite eines gezogenen Wechsels. Drastischer und ins Religiöse gewendet, bis die Opferpriester in/an ihrem Tempelschatz ersticken. Dies wäre allerdings eine kapitalistische Lesart, die sich – zirkulär – immer wieder selbst bestätigt, ja bestätigen muß, mit aller Gewalt, in aller Gewalt, und zu dem Schluß käme, daß es genügte, einen Repräsentanten zu beseitigen, um neue Strukturen zu schaffen. Ein Mysterienspiel, das dadurch erschüttert, weil jeden von uns die Wahl treffen könnte und vergessen macht, daß einige Zuschauer die Kräfte verlassen, einigen der Geduldsfaden reißt, einige von den Logenplätzen herabblikken, aus sicherer Entfernung. Das ist der Schock der Differenz, der die Spiele voneinander unterscheidet, auf den auch Ernst Bloch in seinem Buch über Thomas Münzer hinweist:

---

48 Michel FOUCAULT, Theatrum philosophicum, in: Gilles DELEUZE, Michel FOUCAULT, Der Faden ist gerissen, Berlin 1977, 49 f.

Vielmehr haßte er [Münzer] das Lob des Schweißes und der *falschen, auferzwungenen* Entsagung, setzte in der ökonomisch-politischen Sphäre gerade die Forderung soviel Sonntags und Müßiggangs wie möglich, und erst die Angst, die überbleibt, das echte, fruchtbare, sozial unlösliche Leid, die Sorge der Todesstunde mitten im Leben, die Verzweiflung des anfangenden Christen und aller Bereitung rücken an den Ort der ihr zugeborenen und metaökonomischen und metapolitischen Tiefe. Wie also Münzer in der Gewaltpredigt bereits die Güte reinlich herausgehoben hatte, fern aller Vermischung mit bloßer Duldsamkeit gegen das Unrecht, so zerreißt nun der revolutionäre Asket auch noch die Äquivokation des wahren, christlichen Leids, der echten Gelassenheit mit den Ungeheuerlichkeiten des Zuchthauses, mit der bloßen Ideologie erlogener Christusförmigkeit; so daß die große ökonomisch-politische Entlastung erscheint, zugleich mit ihrem Wozu, mit der Entgröbung als echter Religion Christi.[49]

Auch wenn man die Hoffnung Blochs nicht teilt, die Sinnfindung des echten Leides und ihres zugeborenen Ortes in die Wüste der Wüste verweist, muß die Hand kräftig genug sein, um die Würfel in den Himmel zu werfen. Der Hunger ist kein philosophisches Argument, manchmal nur ein Einwurf eines selbsternannten Anwalts des Elends, beredte Verschwiegenheit der Hypokrisie, *Pantomime*, aber auch Anlaß, auf eigene Gefahr hin, ihm etwas anzuschreiben. Die Entgröbung tut not, ohne allerdings zu vergessen, daß auch sie eschatologische Züge trägt, einer Eschatologie innerhalb der Wartefrist, die uns allen zugedacht ist, mit dem Ziel, dem Leiden seinen Sinn zu geben. Sie ist aber ebenso ein Vorgriff auf den Sinn, als dessen Bedingung sie sich ausgibt, in grenzenloser Verausgabung. Plötzlich meint man, eine Stimme aus der Tiefe der Bühne zu vernehmen, die spricht: Die Menschen sind Würfel, und sie sind gefallen. Eine Stimme eines Gespenstes, das unser Unvermögen, unsere Todeswünsche und Sehnsüchte vertritt, das zwischen Vorgriff und Würgegriff nicht unterscheiden will.[50] Ich bin die Spende, ruft es, das Publikum lacht sein elektronisch generiertes Lachen angesichts des reflexhaften, reflektierten, wiederholten Bemühens, zwischen der ergebenen Verzweiflung der Fundamentalontologie, den verschiedenen Gestalten des Bewußtseins, ihren Dekonstruktionen und den vermittelten und unvermittelten Alltagsbanalitäten, Maximen und Appellen einen Weg der Entgröbung zu finden.

---

49 Ernst BLOCH, Thomas Münzer als Theologe der Revolution, Frankfurt am Main 1985, 186.

50 Vgl. Jacques DERRIDA, L'oreille de Heidegger (Geschlecht IV), in: Ders., Politiques de l'amitié, Paris 1994.

„Meine Spende lebt."
Allonge vor der Einzahlung bitte abtrennen!
In Afrika, Asien, Lateinamerika.
Augustsammlung 1997. Jede noch so kleine Spende kann
Leben retten und einem Flüchtling wieder Zukunft schenken.
Caritas
Ohne Ihre Hilfe sind wir hilflos.

9. Meine Spende lebt

Von Zeit zu Zeit finden sich unter den vielen Drucksorten, die unsere Briefkästen füllen, auch Spendenangebote großer caritativer Organisationen, die nicht müde werden, mit den Mitteln und Methoden ultimativer Werbepsychologie die Glaubwürdigkeit ihrer Arbeitsweise anzupreisen. Zumeist wirft sie der ökologiebewußte anonyme – An einen Haushalt – Empfänger in den für das Altpapier vorgesehenen Behälter und kümmert sich nicht weiter um diese kleinen Kunstwerke der Ästhetik des Schrekkens, die in wohldurchdachter Dosis Mitleidserweckung, Schuldgefühle, überschaubare Handlungsanweisung und Trost vermengen. Doch bevor sie das Vertrauen in eine persönlich, direkt verbesserbare kleine Welt erwecken, müssen diese Papiere etwas an sich haben, das die schnelle Entsorgung verhindert. Erst wenn dies gelungen ist, kann die eigentliche Strategie der Bilder und Texte zum Tragen kommen.

Phantasmen

Die Werbung teilt so manches mit den von uns untersuchten Phänomenen. Sie arbeitet gewiß mit den allerfeinsten Methoden der Semiotik, Psychoanalyse und Soziologie der verschiedensten Richtungen, zielt auf Sehnsüchte und Ängste und ihre Traktate haben vieles gemeinsam mit einer Anthropologie des Todes und der Sexualität und erwecken Bedürfnisse, von deren Existenz wir allerdings zugut Bescheid wissen, um sie zu kennen. Der Inhalt der Werbung, die ihrerseits selbst wieder ein Produkt des Marktes ist, ihre Botschaft ist banal. Es heißt: Du sollst dieses und jenes kaufen, denn dann . . . Wer wüßte nicht die Qualität der Werbung von der des angepriesenen Produktes zu unterscheiden. Höchstens aus Kindermund hört man wie vielleicht aus Andersens Märchen, daß der Kaiser ja nackt ist, oder bedrohlicher noch, daß er ja tot sei und erstaunt die Erwachsenen fragen, warum sie denn begeistert rufen: Es lebe der

Kaiser! Der Kaiser und das Geheimnis liegen in der Verwunderung darüber begraben, daß wir diese Produkte dennoch kaufen, die Gemeinschaft stiften, so als ob sie Musterstücke aus einer der Werkstätten der Trauerarbeit wären.

Die vom Kind aus Andersens Märchen mit entwaffnender Unschuld getätigte Feststellung, daß der Kaiser keine Kleider habe, wird in der Regel als ein exemplarisches Wort aufgefaßt, welches uns von der spießigen Hypokrisie erlöse und uns zwinge, dem wirklichen Stand der Dinge ins Auge zu sehen. Was man aber lieber stillschweigend übergeht, sind die katastrophalen Konsequenzen einer solchen befreienden Geste für ihre Umgebung, für das intersubjektive Netz, in dem sie stattfindet: Indem man offen ausspricht, daß der Kaiser keine Kleider hat, beabsichtigt man nur, sich der unnötigen Hypokrisie und Vorspiegelung falscher Tatsachen zu entledigen. Nach der Tat, wenn es schon zu spät ist, bemerkt man plötzlich, daß man mehr erhält, als man erwartet hat – daß sich nämlich die Gemeinschaft, deren Mitglied man war, aufgelöst hat. Aus diesem Grund ist es vielleicht an der Zeit, den üblichen Lobgesang auf die Geste des Kindes aufzugeben und es als den Prototypen des unschuldigen Plappermauls zu begreifen, das, indem es unbesonnen ausschwätzt, was besser unbesprochen bliebe, soll das bestehende intersubjektive Netz seine Konsistenz bewahren, unwissentlich und unfreiwillig die Katastrophe in Gang setzt.[1]

Und dennoch: Es muß nicht *dieses* Kleid sein, und nicht nur *dieser* Spielraum, der durch die mögliche Auswahl der Produkte sich *freier* Markt nennt, dessen Todeszonen wir uns zaghaft genähert haben.

Wir sind also hinreichend gewarnt davor, unter der Verpackung ein reines Produkt zu vermuten. Das äußerst komplexe Zusammenspiel von Kastration, Frustration und Privation, wie es Lacan in *La relation d'objet*[2]

---

1 Slavoj ŽIŽEK, Denn sie wissen nicht, was sie tun. Genießen als ein politischer Faktor, Wien 1994, 15. Verweisen wir, was die Herrscherfiguren, ihre Körper und Insignien betrifft auch noch auf Slavoj ŽIŽEK, Grimassen des Realen, 126: „Es geht also nicht einfach um die Spaltung zwischen der empirischen Person des Königs und seiner symbolischen Funktion. Der springende Punkt ist vielmehr, daß diese symbolische Funktion *den Körper des Königs verdoppelt*, indem sie eine Spaltung einführt zwischen dem sichtbaren, materiellen, vergänglichen Körper und einem anderen Körper, der aus einer besonderen, immateriellen Substanz gemacht ist.“ LACAN nennt dieses befremdliche Ding das Objekt a, ein sublimer, flüchtiger Körper, reiner Schein ohne Substanz. Die Kleider, Festkleider, Trachten, Uniformen, Kutten, Hüllen, was wären sie nun anderes als Insignien von Gespenstern. Wie aber ist es bestellt um die Insignien der Opfer dieser Gespenster. Sind sie, psychoanalytisch betrachtet, nunmehr degradiert zu Affekten der Schrecken der Herrschaft?

2 Jacques LACAN, La relation d'objet. Le séminaire livre IV, Paris 1994. Vgl. besonders das Schema auf Seite 269. Wir können hier nur aus einiger – aber alles andere als sicherer Entfernung – eine lacansche Begriffslawine lostreten: „Die Privation ist das Bezugs-

darlegt, zeigt deutlich die Vorgängigkeit der symbolischen Ordnung, in die wir und das, was wir unsere Objekte nennen, hineingestellt sind, nicht ohne gleich festzuhalten, daß es sich um einen metaphorischen Raum und Ort – Raum und Ort der Metapher handelt, der die Objektbegriffe der Denktraditionen distribuiert, klassifiziert und konserviert (dem auch die Begriffe, da es nach Lacan keine Metasprache gibt, von Raum und Zeit angehören). Das reine Produkt wäre das Ding an sich der Solidaritätsbewegung, denn auf dem Gebiet des Imaginären wäre es kein Problem, sie, die Produkte, die Lebens-Mittel, gerecht zu verteilen. Will man aber den Amplituden der Oszillation der Ware zwischen Gebrauchs- und Tauschwert, diesem gespenstischen Ausverkauf, der auch die sogenannten edlen Werte der Kunst und der Philosophie kontaminiert, einigermaßen Rechnung tragen, dann muß man, wie Slavoj Žižek es tut, Derridas Gespensterbuch neben einige Lacansche Texte[3] legen.

In seinem jüngst erschienenen Buch über Marx brachte Jacques Derrida den Terminus ‚*spectre*' ins Spiel, um die flüchtige Pseudo-Materialität zu bezeichnen, die die klassische ontologische Oppositionen wie Realität und Illusion etc. subvertiert. Und vielleicht ist hier die Stelle, an der nach der letzten Zufluchtsstätte der Ideologie, nach dem präideologischen Kern, der formalen Matrix, auf die sich verschiedene ideologische Formationen aufpfropfen, gesucht werden muß – und zwar in der Tatsache, daß es keine Realität ohne *spectre* gibt, daß der Kreislauf der Realität nur durch ein spukhaftes Supplement geschlossen werden kann. Warum also gibt es keine Realität ohne *spectre*? Lacan gibt auf diese Frage eine präzise Antwort: die Realität (oder was wir als diese erfahren) ist nicht das ‚Ding an sich', sondern etwas, das immer schon symbolisiert, konstituiert und strukturiert ist durch einen symbolischen Mechanismus – wobei das Problem darin besteht, daß die Symbolisierung letztlich immer scheitert, daß es ihr nie gelingt, das Reale völlig ‚abzudecken', daß sie stets von einer ungetilgten, uneingelösten symbolischen Schuld begleitet wird. *Dieses Reale (der Teil der Realität, der unsymbolisiert bleibt) kehrt in Gestalt der spukhaften Erscheinungen wieder.* Folglich darf ‚*spectre*' nicht mit ‚symbolischer Fiktion' verwechselt werden, das heißt mit der Tatsache, daß die Realität selbst die Struktur einer Fiktion hat, in der sie symbolisch (oder wie einige Soziologen sagen ‚gesellschaftlich') konstruiert ist; die Termini ‚*spectre*' und ‚(symbolische) Fiktion' sind in ihrer Inkompatibilität voneinander

---

zentrum, das wir benötigen. . . . Die Privation ist im Realen, vollständig außerhalb des Subjekts. Damit das Subjekt die Privation wahrnimmt, muß es das Reale symbolisieren. Wie kommt das Subjekt dazu, es zu symbolisieren? Wie führt die Frustration die symbolische Ordnung ein? Das ist die Frage, die wir stellen werden, und wir werden sehen, daß das Subjekt weder isoliert noch unabhängig ist, und daß es nicht es ist, das die symbolische Ordnung einführt."

3 Was die lange Geschichte Derridas mit Lacan betrifft, gibt am besten DERRIDAS *Pour l'amour de Lacan* wider (In: Résistances, Paris 1996.).

abhängig (sie sind ‚komplementär' im Sinn der Quantenmechanik). Um es einfach zu sagen: die Realität ist nie direkt ‚sie selbst', sie stellt sich immer über ihre unvollständig-verfehlte Symbolisierung dar, und die spukhaften Erscheinungen erscheinen gerade in der Kluft, die die Realität für immer vom Realen trennt und kraft der die Realität den Charakter einer (symbolischen) Fiktion hat. Das *spectre* verleiht dem, was der (symbolisch konstituierten) Realität entkommt, einen Körper. Der vorideologische ‚Kern' der Ideologie besteht daher *in der spukhaften Erscheinung, die das Loch in der Realität auffüllt.* Dies ist es auch, was alle Anstrengungen, eine klare Trennungslinie zwischen ‚wahrer' Realität und Illusion zu ziehen (oder die Illusion aus der Realität abzuleiten), aus ihren Betrachtungen ausklammert: Wenn die ‚Realität' (oder was wir als diese erfahren) sich bilden soll, muß etwas aus ihr verworfen werden, das heißt: ‚Realität' wie auch Wahrheit sind *per definitionem* nie ‚ganz'. *Was das spectre verbirgt, ist nicht die Realität selbst, sondern ihr ‚Ur-Verdrängtes', das unrepräsentierbare X, auf dessen ‚Verdrängung' die Realität selbst sich stützt.*[4]

Die symbolische Fiktion und der Spuk (Žižek nennt sie Phantasma 1 und Phantasma 2) regulieren nicht nur den Totalitarismus, sondern auch dessen Ökonomie. Auf der einen Seite steht das Phantasma als Glückseligkeit, als Traum vom störungsfreien Zustand, außerhalb des Zugriffs menschlicher Verdorbenheit, auf der anderen die organisierte (Kann sie das sein, als geplante Mißgunst innerhalb einer vielleicht unvermeidlichen Mißstimmung, ohne zugleich selbst – innerhalb ihrer – paranoid zu sein?) Paranoia, „all jene Dinge, die mich am anderen ‚irritieren', die mich bedrängenden Bilder, was er wohl in meiner Abwesenheit tut, wie er mich betrügt und gegen mich intrigiert, wie er mich verleugnet und in Genüssen schwelgt, deren Intensität meine Vorstellungskraft übersteigt . . ."[5] Verspricht man die Glückseligkeit, so ist der Spuk nicht fern. Der harmonischen Volksgemeinschaft der Nazis folgt die paranoische Besessenheit von einer jüdischen Verschwörung. So würde sich der Neoliberalismus unserer Tage als Antifaschismus bezeichnen, der diese durch den Konsum vermittelte Glückseligkeit verheißt, die sich die, dem globalen Dorfstandard entsprechenden Etiketten des Wohlstands teuer erkaufen müssen. Dieser Art Fetisch[6] produziert die Werbung (Vielleicht würde sie Lacan

---

4 Slavoj ŽIŽEK, Die Metastasen des Genießens. Sechs erotisch-politische Versuche, Wien 1996, 180 f.

5 Ebenda, 185.

6 Slavoj ŽIŽEK (Denn sie wissen nicht was sie tun. Genießen als ein politischer Faktor, Wien 1994.) ordnet im Anschluß an LACAN und MANNONI dem Fetischismus drei Formen der Autorität zu. 1. Die traditionelle Autorität: „Jede Autorität, insofern sie symbolisch ist – und jede intersubjektive Autorität *ist* eine symbolische, letzten Endes auf die Macht des Signifikanten, nicht auf die unmittelbare Ausübung von Gewalt,

poubellicité genannt haben?), deren Spukgestalten in Elendsviertel hausen, in unserer paranoischen Angst vor der Armut als faul, primitiv, glücklich, unverdorben und hilfsbedürftig dargestellt werden.

Phantasma 1 und Phantasma 2 sind vielleicht nicht nur, wie Žižek meint, die Vorder- und Rückseite ein und derselben Medaille, sondern auch die beiden Stricke eines double-bind, wo es nicht möglich ist, einen Knoten aufzulösen, ohne den anderen in dieser „stricture“ noch fester zu machen. Obwohl er nicht aufgelöst werden kann, ist er, so Derrida, durchaus nicht immer pathogen, wie Bateson[7] meint, sondern ist nicht pathologischer als

---

gegründet – impliziert einen gewissen Überschuß an Vertrauen, ein gewisses ‚wenn Er davon wüßte (von den Verbrechen, die in seinem Namen ausgeführt werden, von den Ungerechtigkeiten, die wir zu erleiden haben), würde Er die Dinge unverzüglich in Ordnung bringen‘, das, aufgrund einer strukturellen Notwendigkeit, eine reine Möglichkeit bleiben muß. Vielleicht setzt einen dieses Paradox in den Stand, *Ökonomie* als solche zu erklären: Wir besitzen Macht, wir sind ‚an der Macht‘, nur wenn wir sie nicht gänzlich verwenden, insofern wir sie in Reserve behalten, als eine Drohung – kurz, insofern wir sie *ökonomisieren.*“ (262 f.)

2. Die manipulative Autorität: „Man weiß, daß die Autorität eine Fiktion ist, aber dennoch reguliert diese Fiktion unser tatsächliches, reales Verhalten; wir regulieren die soziale Realität, *als ob* die Fiktion real wäre. Aber der Zyniker – der nur an das Reale des Genießens glaubt – bewahrt einen äußeren Abstand zur symbolischen Fiktion, er akzeptiert nicht wirklich ihre symbolische Wirksamkeit, er benützt sie als Manipulationsmittel.“ (264)

3. Der dritte Modus, der Fetischismus *strictu sensu*, wäre die Matrix der *totalitären Autorität*: Es geht nicht länger darum, den anderen (‚die Durchschnittsmenschen‘) manipulativ zu täuschen. Vielmehr sind wir selbst jene, die – obgleich ‚wir ganz genau wissen‘, daß wir wie alle anderen Menschen sind – sich zur selben Zeit als ‚Menschen von besonderem Schlag, aus besonderem Material geformt‘ betrachten – als Individuen, die am Fetisch der Objekt-Partei, unmittelbare Verkörperung des Willens der Geschichte, partizipieren.“ (266)

Wenn ‚die‘ Partei keine Dissidenten mehr hätte, wäre sie im Ernstfall gezwungen, selbst für deren Nachschub zu sorgen. „Der Kreis totalitärer Ideologie ist folglich niemals geschlossen – die totalitäre Ideologie enthält notwendigerweise, was Edgar Allen Poe ihren ‚Dämon des Bösen‘ nennen würde, der sie zwingt, die Wahrheit über sich zu bekennen.“ (266)

Bleibt zu hoffen, daß die Gespenster offene Ohren haben, daß sich die sinngetränkten Schallwellen irgendwo in ihnen verfangen.

7 Vgl. Gregory BATESON, Ökologie des Geistes, Frankfurt am Main 1985. Im Jahre 1969 sieht sich BATESON aber veranlaßt, diese weitverbreitete Meinung zu korrigieren: „Die *double bind*-Theorie behauptet, daß die Bestimmung oder Ätiologie schizophrener Symptome und verwandter Verhaltensmuster, wie Humor, Kunst, Dichtung usw., eine Erfahrungskomponente enthält. Vor allem unterscheidet die Theorie nicht zwischen diesen Unterarten. In ihrem Rahmen gibt es nichts, was bestimmen könnte, ob

alle pathetischen Figuren des Todes. Er löst sich nicht auf, was bleibt, ist ihn zu erdulden. Sind die Leiden, die er verursacht unersetzlich jedem einzelnen zugewiesen, ist er auch niemals einer und allgemeiner, sondern die unendlich teilbare Dissemination von Knoten des Leidens, so gäbe es ohne ihn und ohne seine Aporien nur mehr Programme und Kausalitäten, nicht einmal Fatalitäten, und keine Entscheidung könnte jemals gefällt werden. Keine Verantwortung würde wahrgenommen, kein Ereignis einen Ort.[8]

Vorhaltungen

Wir kehren zu unserer – falls ein Brief seinen Empfänger nicht immer erreichen sollte, eine Postwurfsendung tut dies bestimmt – Broschüre zurück. Der erste Teil der Rechnung ist aufgegangen, wir halten eine Drucksorte (Wir sind dem Erlagschein sozusagen erlegen.) in den Händen, die folgendes zeigt: Eine Frau in einem roten Kostüm für alle mittelfeierlichen und halboffiziellen Anlässe, es könnte auch die Arbeitskleidung für jemanden sein, die (jemand ist niemals weiblich) nicht mit harter Hände Arbeit ihr täglich Brot verdient, die mit ihren gepflegten Händen ein Bild vor ihr Gesicht hält, das es zur Gänze bedeckt. Man weiß nicht, ob sie arm oder reich ist, eine detektivische Abduktion würde jedoch sofort anhand der beiden Ringe – ein Ehering und ein Verlobungsring in schlichter Auffälligkeit, nicht das gewöhnliche Gelbgold und auch nicht ohne Stein – einigen Wohlstand vermuten. Eine Herrenarmbanduhr soll vielleicht auf männliche Entschlossenheit, Pünktlichkeit und Verlässlichkeit hinweisen. Die Art und Weise, wie das Bild gehalten wird ist spielerisch und zeigt keinen Krampf, keinen Ekel, kein Zeichen, das die Vermutung nahe legen könnte, man/frau wolle sich dahinter verstecken. So hält man ein Blatt, ein Buch, eine Zeitung in den Händen, und da nicht anzunehmen ist, daß dieses kopflose Model der Barmherzigkeit extrem kurzsichtig ist, haben wir es mit einer Demonstration nicht des Bildes, sondern der Komposition der Bilder zu tun. Was sie aber derart vor ihr Gesicht hält, ist die Photographie eines schwarzen Kindes. Es ist kein, wie man hierzulande herablassend (aber nicht immer bösartig) sagt, Negerbaby, das einfach

---

ein gegebenes Individuum ein Clown, ein Dichter, ein Schizophrener oder irgendeine Kombination aus diesen werden wird." (354)

8 Jacques DERRIDA, Résistances, 51 f.

süß wäre, in durchdringlicher Weise positiven Rassismus mit Fürsorgeimpulsen verbindend aus dem fernen Afrika uns um Hilfe riefe. Ein ungefähr zehn Jahre altes Kind blickt uns anstelle dieser Frau ins traute Heim. Wahrscheinlich ist es dieser Kontrast, dieses Übereinanderprallen der Bilder, das unsere Routine verstört hat und unsere Betrachtung auslöst, der durch einen moralischen Appell übertitelt wird, der da heißt: „Meine Spende lebt." Ohne Ausrufungszeichen, jedoch durch Anführungszeichen vom Bild getrennt wie eine Sprechblase. Und am rechten unteren Rand das Markenzeichen der Organisation, gestützt, unterstrichen von einem kleinen dünnen Satz: Ohne Ihre Hilfe sind wir hilflos. Links daneben *die* Botschaft: Jede noch so kleine Spende kann Leben retten und einem Flüchtling wieder Zukunft schenken.

Nichts an dieser Montage ist dem Zufall überlassen, ohne zu wissen, wie groß der Beraterstab gewesen ist, der dieses Konterfei auf dem Gewissen hat. Die Vermutung ist berechtigt, daß wir es mit einem Aufruf aus dem kirchlichen Bereich zu tun haben.

Was soll dieser Satz bedeuten: Meine Spende lebt? Wer ist der Lebensspender, wenn nicht Gott selbst, der Herr über Leben und Tod. Eine gewisse Christologie gestattet es sicherlich, im Namen Jesu seine Mitmenschen dazu aufzufordern, Gutes zu tun:

> Denn ich war hungrig, und ihr habt mir zu essen gegeben; ich war durstig, und ihr habt mir zu trinken gegeben; ich war fremd und obdachlos, und ihr habt mich aufgenommen; ich war nackt, und ihr habt mir Kleidung gegeben; ich war krank, und ihr habt mich besucht; ich war im Gefängnis, und ihr seid zu mir gekommen. Dann werden ihm die Gerechten antworten: Herr, wann haben wir dich hungrig gesehen und dir zu essen gegeben, oder durstig und dir zu trinken gegeben? Und wann haben wir dich fremd und obdachlos gesehen und aufgenommen, oder nackt und dir Kleidung gegeben? Und wann haben wir dich krank oder im Gefängnis gesehen und sind zu dir gekommen? Darauf wird der König ihnen antworten: Amen ich sage euch: Was ihr für einen meiner geringsten Brüder getan habt, das habt ihr mir getan. (Mt 25, 35–41)

Niemand käme auf die Idee, die Notwendigkeit und Dringlichkeit dieser Aufforderung zu bestreiten, sie ist das zentrale Thema der christlichen Soziallehre und die teilweise aus ihr – aus lateinamerikanischer und afrikanischer Perspektive – hervorgegangenen Theologie der Befreiung. Der Mensch als Mitarbeiter der Schöpfung[9] hat „gewisser-maßen" Anteil

9 Auch hier zitieren wir den *Katechismus der katholischen Kirche*, weil er in gebotener

am Erlösungswerk Christi und nimmt so das Kreuz der Freiheit auf sich. Soweit geht die Broschüre allerdings nicht, die präsumtiven Spender, die Kirche und ihre caritativen Gesellschaften – sich selbst – explizit zur Umkehr aufzufordern:

Der Mensch, der als Abbild Gottes geschaffen wurde, ist dazu bestimmt, die Erde zu beherrschen. Er findet nur zu seiner Verwirklichung, indem er die Natur umgestaltet und damit in Beziehung tritt zu den anderen Menschen. Nur so gelangt der Mensch zum vollen Bewußtsein seiner selbst und entdeckt, daß er schöpferische Freiheit ist, die sich mittels der Arbeit selbst erobert. Jedoch macht eine Situation der Ausbeutung und Ungerechtigkeit, die Armut mit sich bringt, aus der Arbeit etwas Sklavisches und Entmenschlichendes. . . . Unterdrückung des Armen ist ein Attentat auf Gott selbst. (276 f.) Nur wenn die Kirche die Armut als solche zurückweist und arm wird, um gegen sie zu protestieren, wird sie in der Lage sein, das zu predigen, was ihr eigen ist, ‚geistige Armut' nämlich, d. h. die Offenheit von Mensch und Geschichte gegenüber der von Gott verheißenen Zukunft.[10]

Längst schon haben die meisten von uns resigniert, darauf verzichtet, von sich selbst, von der Kirche, von einer Partei diese Umkehr (diese ist paradoxerweise immer parteiisch) zu erwarten, zumindest in absehbarer Zeit, ja schlimmer noch, es ist nicht nur die Passivität, derer man sich bezichtigt, es sind die bis zum Überdruß *vergeblich* dekonstruierten, demaskierten Gewaltzusammenhänge, in die wir verstrickt sind. Der Ausweg, der uns angeboten wird, ist der, sich freizukaufen mit der selbstwerterhöhenden Botschaft, daß nur ein kleiner finanzieller Beitrag genüge, um soviel Gutes zu bewirken, ja sogar ein Leben zu retten, was nicht schwerfällt, angesichts der kaum vorstellbaren Lohn- und Währungsunterschiede, wenn der Photoapparat, der uns am Hals baumelt, den Gegenwert eines ganzen Jahresgehalts eines Landarbeiters in der Karibik ausmacht. Eine außerordentliche Dissymetrie tut sich hier auf, die gar nicht der

---

Kürze *die* offizielle Lehrmeinung zum besten gibt: „Die *menschliche Arbeit* ist das unmittelbare Werk der nach dem Bilde Gottes geschaffenen Menschen. Diese sind dazu berufen, miteinander das Schöpfungswerk fortzusetzen, indem sie über die Erde herrschen. Die Arbeit ist somit eine Pflicht: ‚Wer nicht arbeitet, soll auch nicht essen' (2 Thess 3,10). Die Arbeit ehrt die Gaben des Schöpfers und die empfangenen Talente. Sie kann auch erlösend sein. Indem der Mensch in Vereinigung mit Jesus, dem Handwerker von Nazareth und dem Gekreuzigten von Golgotha, die Mühen der Arbeit auf sich nimmt, arbeitet er gewissermaßen mit dem Sohn Gottes an dessen Erlösungswerk mit. Er erweist sich als Jünger Christi, indem er bei der Tätigkeit, die er auszuführen hat, Tag für Tag sein Kreuz auf sich nimmt." (Artikel 2427)

10 Gustavo GUTIERREZ, Theologie der Befreiung, München 1986.

schweren Geschütze des Arsenals der hervorragendsten Denker unseres Jahrhunderts bedürfte, dazu kommt noch, daß die Versuchung allzugroß ist, die Überraschung der Gabe, die den ökonomischen Kreislauf durchbricht, als philosophische Probehandlung und Schutzgeste zu lesen.

Es heißt aber nicht bloß „Jede noch so kleine Spende kann Leben retten . . .“ sondern in balky letters: „Meine Spende lebt“. Wie kann eine Spende leben; und ohne daß man sich der freien Assoziation oder der Überinterpretation hingibt, gerät man zum Schluß, daß es auch eine tote Spende geben muß, ein sinnloses Opfer, was uns dazu anhält, einen zentralen Opfertext, sozusagen ein Hochgebet, aus dem Derridaschen Oeuvre zu Rate zu ziehen.[11] Soll es gar heißen, wer nicht Leben spendet muß sterben, und zwar nicht den Tod, dem wir alle entgegengehen oder entschlossen vorlaufen, sondern den Tod der Tode, den geistlichen Tod der radikalen Gottesferne und nicht den Tod der Tode als Anfangs- und Endpunkt des christlichen Erlösungsgeschehens. Diese Differenz im Tode, tödliche Differenz (?), dieser Aufschub, wäre genau das, was die theologische Tradition als das Fegefeuer bezeichnet, wo sich in perfektes Opferkalkül die Gnade drängt, an der wir Menschen mildtätig mitwirken müssen. Die Hölle als Ort des endlosen Genießens – in lacanianisch subvertierter Dialektik – ist nicht ferne. So setzt auch das Matthäusevangelium fort:

> Dann wird er sich auch an die auf der linken Seite wenden und zu ihnen sagen: Weg von mir, ihr Verfluchten, in das ewige Feuer, das für den Teufel und seine Engel bestimmt ist! Denn ich war hungrig, und ihr habt mir nichts zu essen gegeben. . . . Dann werden auch sie antworten: Herr, wann haben wir dich hungrig oder durstig oder obdachlos oder nackt oder krank oder im Gefängnis gesehen und haben dir nicht geholfen? Darauf wird er ihnen antworten: Amen, ich sage euch: Was ihr für einen dieser Geringsten nicht getan habt, das habt ihr auch mir nicht getan. Und sie werden weggehen und die ewige Strafe erhalten, die Gerechten aber das ewige Leben. (Mt 25, 41–46.)

Diese Höllenfahrt kostet uns vielfach nur ein müdes Lächeln, so wie mittelalterliche Folterinstrumente uns nur deshalb interessieren, weil sie längst durch zeitgemäßere Geräte ersetzt wurden. Nicht so sehr die Angst vor dem Gericht[12], sondern eher noch ein den Narzißmus – in all seiner

---

11 Gemeint ist: Jacques DERRIDA, Den Tod geben, in: Anselm HAVERKAMP (Hg.), Gewalt und Gerechtigkeit. DERRIDA-BENJAMIN, Frankfurt am Main 1994.

12 Diese beschwört (herauf) mit aller Vehemenz im Dienste der Revolution Enrique

Ambivalenz – steigerndes gutes Gefühl, etwas Gutes getan zu haben, macht den Grundton dieser Botschaft aus. Die Teilhabe am Erlösungswerk ist aber nur ein isolierbares Faktum der Heilsgeschichte, eben einer Ökonomie, die sich durch die Arithmetik nicht beirren läßt, wird doch die Minimalbedingung erfüllt, daß wenigstens *ein* Leben durch unsere Gnadenmittlerschaft fortgeführt werden darf. Und um wieviel mehr Leben und Gnade könnte erwirkt werden durch geschickte Steuerung genau an dem Punkt, wo sich die Ökonomie des Himmels mit der irdischen überkreuzt. Dem ewigen Verderben entgeht nur der Heilige, der Amtsbruder durch die Partizipation an der Hauptesgnade (Wie wäre es sonst innerhalb der Amtstheologie erklärbar, daß einige ihrer Träger eine Umkehr der Kirche sogar verhindern? Eine Trennung von Amt und Person als Minimalvariante der beiden Naturen Christi?) und der seinen Obulus leistende Durchschnittschrist.

Mit welchen Mitteln, mit welchen Rechten sind aber diejenigen versehen, denen diese Opfergabe nicht zu Hilfe eilt? Der Artikel 31 von *Populorum Progressio* hält 1967 am Vorabend der Protestbewegungen der 68er Jahre folgendes fest:

Trotzdem: Jede Revolution – ausgenommen im Fall der eindeutigen und lange dauernden Gewaltherrschaft, die die Grundrechte der Person schwer verletzt und dem Gemeinwohl des

---

DUSSEL, ein Befreiungstheologe, der sich eines längst durch die Exegese entschärft geglaubten Begriffsinstrumentariums bedient: „Wir haben lediglich eine konkrete Ebene der Sünde dargestellt, die Struktur und den Mechanismus der Sünde auf Weltebene, das Herrschaftsverhältnis des Fürsten *dieser* Welt als Konkurrenz zwischen Nationen mit Gesamtkapitalien, zwischen Ländern, die in der internationalen Arbeitsteilung verschiedene Plätze einnehmen (so müßte man präzis die Weise bezeichnen, wie die Sünde die einen zu Herrschenden und die anderen zu Beherrschten macht). Die theologische Gemeinschaftsethik muß die Dinge beim Namen nennen. In dieser Hinsicht wurde noch wenig oder gar nicht prophetisch gesprochen, und darum gibt es kein ethisches Urteil über die Strukturen unserer götzendienerischen Welt, die ungestraft – und oft genug auch ruhigen christlichen Gewissens – mit dem Leben von Millionen von Menschen spielt. Das Abziehen von Reichtum aus den unterentwickelten Ländern der Peripherie mit ihrem schwachen, abhängigen Kapitalismus ist ein Menschenopfer an den ‚Götzen Kapital', den unsichtbaren, dämonischen Menschenfresser. Niemand sieht ihn, spürt ihn, kennt ihn, klagt ihn an. Viele Christen betreiben selbst die Bereicherung der Bestie, und in ihrer sonntäglichen Liturgie glauben sie, den Gott der Armen Israels, des armen Jesus von Nazaret zu verehren, aber in Wirklichkeit beten sie nur weiter ihren Wochen‚gott' an, der schon von Montag bis Freitag über ihren Fabriken, Feldern und Wohnvierteln thronte, die da wachsen und wachsen dank dem ‚Mehr-Leben' des Armen, des von neuem gekreuzigten Christus." (Enrique DUSSEL, Ethik der Gemeinschaft. Die Befreiung in der Geschichte, Düsseldorf 1988, 148f.)

Landes ernsten Schaden zufügt – zeugt neues Unrecht, bringt neue Störungen des Gleichgewichts mit sich, ruft neue Zerrüttung hervor. Man kann das Übel, das existiert, nicht mit einem noch größeren Übel vertreiben.[13]

Es ist dies die Tradition des „bellum justum", deren Argumentation konsequenterweise die Möglichkeit eines gerechten Verteidigungskrieges einräumen muß, die aber auch dieser Tage für die Billigung der Todesstrafe[14] angewandt wird. Das lange Warten auf die Wiederkunft Christi – daß sie überhaupt von einer größeren Anzahl von Menschen erwartet wurde ist alles andere als wahrscheinlich[15] – rief alsbald die Besonnenen auf den Plan, die

13 Texte zur katholischen Soziallehre. Die sozialen Rundschreiben der Päpste und andere kirchliche Dokumente, Köln 1975, 447.

14 Katechismus, Artikel 2266: „Der Schutz des Gemeinwohls der Gesellschaft erfordert, daß der Angreifer außerstande gesetzt wird zu schaden. Aus diesem Grund hat die überlieferte Lehre der Kirche die Rechtmäßigkeit des Rechtes und der Pflicht der gesetzmäßigen öffentlichen Gewalt anerkannt, der Schwere des Verbrechens angemessene Strafen zu verhängen, ohne in schwerwiegenden Fällen die Todesstrafe auszuschließen. Aus analogen Gründen haben die Verantwortungsträger das Recht, diejenigen, die das Gemeinwesen, für das sie verantwortlich sind, angreifen, mit Waffengewalt abzuwehren." Mit dieser Argumentation handelt man sich auch eine grundsätzliche, juristische Akzeptanz des Kreuzestodes Jesu ein, die als ihre einzige Ausnahme den *christlichen* Antisemitismus auslöst. (Die Tatsache, daß Jesus einer römischen Tortur zum Opfer gefallen ist, ändert an dieser Struktur nicht allzuviel, da man sich ja, wie zum Teil die Evangelisten, die staatliche Ordnung, besser oder schlechter gesagt, die herrschende Ordnung, nicht zum Feind machen will.) Die zweite Ausnahme, die aber als solche nicht zugelassen wird, wären die kirchlichen Würdenträger als Angreifer und Zerstörer des Gemeinwesens, die sämtlich (?) einer prinzipiell anderen Jurisdiktion anheimfallen sollen.

15 Hans BLUMENBERG, Säkularisierung und Selbstbehauptung, 54: „Die Tendenz der Aufarbeitung jener eschatologischen Enttäuschung ging also nicht nur auf die Erklärung der Verzögerung, auf den Gewinn einer neuen Unbestimmtheit, sondern auf die Verlegung der Heilsereignisse in die Vergangenheit und auf den aus ihr entstandenen, nur noch ‚inneren' Besitz an Gewißheit. Die Zukunft bringt nicht mehr das radikal Neue, die sieghaft hereinbrechende Überwindung des Unheils; sie wird vielmehr zum Spielraum der kunstvollen Umformungen und spekulativen Ausflüchte, mit denen die überlieferten Zeugnisse der Naherwartung dem unvermuteten Fortbestand von Welt und Zeit angepaßt werden mußten. Die eschatologische Zukunft war nicht nur unbestimmt geworden, sondern hatte auch die Beziehung zu den der erlösten Menschheit schon übereigneten Heilsgüter verloren. Danach konnte die eschatologische Grundstimmung der christlichen Epoche nicht mehr die Hoffnung auf die Ereignisse des Endes sein, sondern nur die Furcht vor Gericht und Weltzerfall. Hatte die Urgemeinde noch nach dem Kommen ihres Herrn gerufen, so bittet die Kirche alsbald *pro mora finis*, um Aufschub des Endes. Der Geschichtsbegriff, der sich in dieser Grundstimmung allenfalls heraus-

kunstvoll ein Gleichgewicht von Schrecken und Hoffnung errichteten, von Trost und Wiedergutmachung der Entbehrungen des Tals der Tränen, von Hoffnung auf ein nahes Ende einerseits, von Angst und Schrecken des Gerichts des zürnenden Gottes andererseits. Ihr könnt das Ende erbitten, aber seid ihr auch gerüstet für die Stunde der Entscheidung? Nicht nur daß dieser Vorgang es ermöglichte, das Christentum den politischen Verhältnissen anzupassen (Auch dort, wo die Kirche verfolgt wird, geht sie eines Tages als authentische Märtyrerkirche gestärkt hervor, wo es auch vom Martyrium gänzlich verschonte Zeugen geben wird, die nicht müde werden, sich auf deren Erbe zu berufen.), viele seiner Amtsträger wurden so zu „klugen" Verwaltern des Zornes Gottes. (Sozusagen Mitarbeiter des Zorns und nicht zornige Mitarbeiter wie Thomas Münzer.) Aber welche Koalitionen bietet sie wem an, wenn sie – durch rhetorische Beigaben versüßt, verharmlost – im Europa unseres Jahrhunderts die Todesstrafe gutheißt?

Die lebende Spende jedoch ist rein und bleibt unangetastet von allen Widersprüchen des Waltens der Gewalt, von aller Philopolemologie, von der Derrida in seinen *Politiques de l'amitié*[16] spricht, von allen Kriegen, vom Klassen kampf und dessen Ursachen. (So ist der Streit darüber, ob die Befreiungstheologie ein marxistisches Instrument sei oder nicht, längst nicht abgeschlossen.)[17] Sie ist ein Sakrament, reine Ökonomie. In diesem Sinne

---

bilden konnte, ist der einer Gnadenfrist, nicht einer in die Zukunft gerichteten und dort Erfüllung suchenden Erwartung."

16 Jacques DERRIDA, Politiques de l'amitié suivi de L'oreille de Heidegger, Paris 1994.

17 Besonders aufschlußreich ist hier: Johann Baptist METZ (Hg.), Die Theologie der Befreiung: Hoffnung oder Gefahr für die Kirche, Düsseldorf 1986. METZ meint folgendes: „Die nachidealistische Theologie, zu der die Befreiungstheologie gehört, sucht sich zentralen Herausforderungen des Marxismus zu stellen, ohne sich ihm zu unterwerfen. Sie ist nicht dadurch politisch, daß sie die Religion einer fremden politischen Ideologie ausliefert, sondern dadurch, daß sie in der Religion die gefährliche Erinnerung an den messianischen Gott buchstabiert. . . . Die sog. marxistische Herausforderung ist zwar schon über hundert Jahre alt, aber ich möchte doch behaupten, daß sie in der (katholischen) systematischen Theologie bisher nicht ernsthaft angenommen wurde. Entweder man hat sich mit der vertrauten theologischen Arbeitsteilung beholfen: Der Marxismus wurde in der kirchlichen Soziallehre behandelt, als Grundlagenproblem der Theologie, als Herausforderung an den Logos der Theologie selbst kam er nicht in Sicht. Oder aber man praktizierte kirchlich-theologisch das, was ich die Strategie eines geistigen Gefrierschlafs nennen möchte: den Versuch, die Herausforderungen durch Vereisung der eigenen Positionen zu ‚überstehen', um jene dann nach dem Auftauen als veraltet hinzustellen; doch die Probleme bleiben, und wie die Gespenster suchen sie die

ist sie vielleicht die radikale Gottesferne, von der Psychoanalytiker behaupten können, sie sei die Reaktionsbildung auf die narzißtisch gefärbte Omnipräsenz. Die Selbstbeschränkung Gottes – als Voraussetzung der menschlichen Mitarbeit an der, in der Schöpfung, an der Erlösung –, die Drohung ihrer Zurücknahme und zugleich auch das Hoffen darauf, löst diese Flut von Ebenbildern, von Photographien aus, die im Namen Gottes schützen, sich vor dem schützen, was manchmal in seinem Namen geschieht. Wenn er, der alles weiß, es nur wüßte, was in seinem Namen alles geschieht. (Es lohnte die Mühe, sich die verschiedenen betrieblichen Organisationsformen dieser Kollaboration mit dem Heil näher zu betrachten, dieser Friedensfabrik, die die Sinnüberschüsse kapitalisiert.) Wo es aber um Menschenleben geht, und sei es wie gesagt nur eines, ist alles erlaubt, zumal doch niemand zu Schaden kommt. Die Mitarbeit am Heilswerk Gottes jedoch ist, was die lebende Spende sterblich macht, auch Teilhabe an seinem Schrecken.

Frieden vor Krieg

Lévinas möge recht haben, wenn er sagt: „Der Krieg setzt den Frieden voraus, die vorgängige und nicht-allergische Gegenwart des Anderen, er bezeichnet nicht das erste Ereignis der Begegnung.“[18] Die Spende *gibt sich aus* als Reparaturbeitrag an der zerstörten Welt, als mögliche Antwort

---

Träume der Theologie und der Kirche heim.“ (149)

Als Nachweis ein kurzer Abschnitt aus *Libertatis nuntius*: „Im Falle des Marxismus, wie man ihn in der Befreiungstheologie zu gebrauchen beansprucht, drängt sich eine vorgängige Kritik um so mehr auf, als das Denken von Marx eine Weltanschauung darstellt, in der zahlreiche Daten der Beobachtung und der beschreibenden Analyse in eine philosophisch-ideologische Struktur integriert sind, die bestimmt, welche Bedeutung und relative Wichtigkeit man diesen Daten zumißt. Die ideologischen *Apriori* werden bei der Lektüre der sozialen Wirklichkeit vorausgesetzt. So wird es unmöglich, die heterogenen Elemente auseinanderzuhalten, die dieses erkenntnistheoretisch hybride Gemisch bilden. Man glaubt, nur das aufzugreifen, was sich als Analyse darbietet, und wird dabei verleitet, gleichzeitig die Ideologie anzunehmen. Deshalb geschieht es nicht selten, daß unter dem, was viele ‚Befreiungstheologen‘ marxistischen Autoren entleihen, die ideologischen Aspekte überwiegen.“ (173) Die Soziallehre wird nicht müde, ihren Weg als sogenannten dritten zwischen Kapitalismus und Sozialismus zu preisen. Ob er – was die vatikanische Kirchenpolitik in Lateinamerika großteils anlangt – mehr ist als ein schmaler Gehweg, der die Autobahn der unbarmherzigen Ausbeutung säumt, für einige Unerschrockene?

18 Emmanuel LEVINAS, Totalité et infini, Paris 1992, 218.

auf den vorgängigen Frieden. Alle Vermittlungsversuche, textuelle, kontextuelle Konstruktionen, Verschmelzungen der Horizonte jedoch müssen scheitern in ihrem Versuch, diesem Inzwischen, dieser Differenz gerecht zu werden, die sich zwischen dieser Frage und dieser Antwort breitmacht. Dieses Inzwischen, ist es nicht das ungestörte Scheitern der Ökonomie, die Verwaltung der Konkursmassen – und das Entsetzen der Hoffnung, das Scheitern des Opfers Abrahams, eines Augenblicks, dessen Einmaligkeit keine Imitatio zuläßt, kein frommes Beispiel? Oder zwingt dieses Scheitern des Opfers gerade *in die* Wiederholung, und, was noch schrecklicher wäre, *in der* Wiederholung – gemäß der Freudschen Ökonomie des Todestriebes, wo wir den Genitiv mit Derrida als doppelten lesen können, wo auch die Hoffnung begründet ist, daß man sich das Opfer, dieses Opfer ersparen kann[19] – als Gründungsakt der Gewalt, wie Girard behaupten würde.[20] Wären wir so gezwungen, eine Ökonomie zu postulieren, die ein exaktes Maß – nach dem Ermessen der Opferpriester der Wallstreet und anderswo – an Grausamkeit und Unrecht kennt, das es hier bei uns zu konsumieren gilt, um die „armen, unterentwickelten Völker" in Ruhe zu lassen?

Die Absurdität ist durch keine Heils- oder Unheilsökonomie aufzuheben, andererseits aber auch impliziert im Mangel an glaubwürdigen Alternativen zu dem, was Boff als einer der herausragendsten Befreiungstheologen über Solidarität, Leiden und Sinnfindung festhält:

> Das Kreuz kann und darf nicht zu einem Grundprinzip des Verstehens erhoben werden. Das Kreuz ist der Tod aller Systeme, denn es läßt sich in kein System integrieren. Es sprengt alle Zusammenhänge. Es ist Symbol einer totalen Verneinung. Es ist Sünde und Ablehnung Gottes. Daher ist es auch das Ergebnis einer Freiheit. . . . Das Kreuz ist das Ergebnis der Ablehnung des Reiches. Als Sünde ist es vollkommen absurd. Es besitzt keine Intelligibilität, entzieht sich also jedem Verstehen. Es kann daher kein Schritt, kein Glied in einem logischen und kohärenten System sein. Es zersprengt, bricht jedes System, weil es

19 Vgl. Jacques DERRIDA, Den Tod geben, 427.

20 Vgl. René GIRARD, La violence et le sacré, Paris 1972, 481: „Après avoir émergé du sacré plus complètement que les autres sociétés, au point d' oublier' la violence fondatrice, de la perdre entièrement de vue, nous allons la retrouver; la violence *essentielle* revient sur nous de façon spectaculaire, non seulement sur le plan de l'histoire mais sur le plan du savoir. C'est pourquoi cette crise nous convie, pour la première fois, à violer le tabou que ni Héraclite ni Euripide en fin de compte n'ont violé, à rendre pleinement manifeste, dans une lumière parfaitement rationnelle, le rôle de la violence dans les sociétés humaines."

mit Gott, dem absoluten Logos gebrochen hat. Aber mag das Kreuz auch absurd sein, noch absurder ist es, daß Gott dieses Kreuz auf sich genommen hat: Dies ist die entscheidende Tatsache, die neue grundlegende Wirklichkeit. Denn ist das Kreuz auch absurd, es setzt Gott keine Grenzen. Gott ist so groß, so über jede mögliche Verneinung und Leugnung erhaben, daß er auch das Absurde auf sich nehmen kann. Nicht um dies Absurde zu divinisieren oder zu verewigen, sondern um die Weite, die Größe und die Tiefe seiner Herrlichkeit zu offenbaren, die jeden menschlichen *logos* und jede aus dem Herzen des Menschen hervorgehende Finsternis übersteigt. Gott nimmt aus Liebe zu den Gekreuzigten, in Solidarität mit denen, die ihr Kreuz tragen müssen, das Kreuz auf sich.[21]

Hier scheinen sich verschiedene Ökonomien zu überkreuzen. Die Spende des Lebens – in welcher Beziehung steht sie zum Kreuz? Meint sie doch, daß jedes Kreuz ein Kreuz zu viel ist, wo auch das eine uneingestandenermaßen nicht imstande ist, den Kreuzen vorher und nachher einen Sinn zu verleihen.[22] Denn endlich wird Leben gerettet, und es werden mehrere werden, und nicht nur Christen lassen sich dazu motivieren, sondern Menschen aus allen weltanschauenden Lagern können vereint diesen ersten Schritt gemeinsam tun.

---

21 Leonardo BOFF, Jesus Christus, der Befreier, Freiburg im Breisgau 1986, 344.

22 Das Kreuz ist selbstverständlich kein Supplément einer Struktur, das ihm ein Zentrum verleiht, und Theologen werden nicht müde auf die Faktizität des Kreuzestodes hinzuweisen. (Eine Faktizität, die sofort in das „Zentrum" dieser Problematik führt, denn welcher Sinn ist hier gemeint, wenn konsequenterweise behauptet wird, daß jeder Kreuzestod jedes historisch gesehen Unbekannten dieselbe Theodizeeproblematik aufwirft und dann die Besonderheit des Todes Christi hinzugefügt wird. Wo dann drittens dieses Heils-/Unheilsgeschehen diese Unbekannten aus der Anonymität, der Sinnlosigkeit und willkürlichen Grausamkeit herausholt. Darin kann man sicherlich eine Verlegenheit christlicher Historiker herauslesen, die sich allerdings nicht nur auf die „Geschichte Jesu" beschränkt sondern auch die Zeitlichkeit selbst, das Miteinbeziehen der „vorchristlichen" Christen und ihren Aufenthaltsort betrifft.) Was die christliche Kultur anlangt, ist der Kreuzestod dennoch zugleich Bruch und Konstitutionselement dieser Struktur. (So z.B. die paulinische Theologie: Mit Christus werden wir sterben, mit Christus auferstehen.) Die Aporien des Todes und der Intersubjektivität werden hier deutlich spürbar. Die LACANSCHE Kurzformel für diese (halbe, ökonomische) Wahrheit lautet: „Es ist wahr, daß die Historiole des Christus sich darstellt nicht als das Unternehmen, die Menschen zu retten, sondern als das, Gott zu retten. Anzuerkennen ist, daß für den, der dieses Unternehmen auf sich genommen hat, Christus nämlich, daß er den Preis dafür gezahlt hat, das ist das Mindeste, was man sagen kann." (Jacques LACAN, Encore. Seminar Buch XX, Weinheim-Berlin 1986, 117.) Diesen unmöglichen Preis nennt vielleicht DERRIDA: „Was ich in einer Struktur nie begreifen kann, ist das, wodurch sie nicht geschlossen ist." (Die Schrift und die Differenz, 245.)

Sie, die Spende, ist die einfache Antwort auf komplexe Fragen, ein invertiertes Opfergeschehen[23], wo an die Stelle des einen Opfers, eines Sündenbocks[24], exemplarisch ein Menschenkind, ein Christkind tritt, das medial – zumindest in Österreich – Licht ins gespenstische Dunkel bringt, das einen günstigen Preis für sein Leben bezahlte, den einer schlichten Photographie.[25] Diejenigen, die bis zum Wahnsinn an der, an ihrer, in ihrer Wahrheit leiden, und die Menschen in ihrer nächsten Umgebung mitleiden lassen – das ist Mitleid im eigentlichen Sinn, das Eigene als anenteignetes des double bind – trifft das Los des Opfers in ebenso unerklärlicher Weise[26] wie

---

23 Ein Opfergeschehen, das zwischen Selektion und Elektion stattfindet.

24 René GIRARDS Sündenbocktheorie bietet sich auch als eine „dekonstruktive" (die er in Anführungszeichen setzt, als Apostroph an DERRIDA) Methode an: „A tort ou à raison, la théorie de la victime émissaire prétend découvrir l'événement qui constitue l'objet direct ou indirect de toute herméneutique rituelle et culturelle. Cette théorie prétend expliquer de part en part, ‚déconstruire' toutes ces herméneutiques. La thèse de la victime nécessaire ne constitue donc pas une nouvelle herméneutique. Le fait qu'elle ne soit accessible qu'à travers les textes ne permet pas de la juger comme telle. Cette thèse n'a plus aucun caractère théologique ou métaphysique, dans tous les sens que peut donner à ces termes la critique contemporaine. Elle répond à toutes les exigences d'une hypothèse scientifique, contrairement aux thèses psychologiques et sociologiques qui se veulent positives mais qui laissent dans l'ombre tout ce que les théologies et les métaphysiques ont toujours laissé dans l'ombre, n'étant en fin de compte que des succédanés invertis de celles-ci." (474) Wie auch bei DERRIDA spielt der double bind eine wesentliche Rolle im Opfergeschehen, er ist vielleicht das banalste Phänomen, aber auch das Fundament der Beziehung zwischen Menschen, und somit nicht auf einige pathologische Fälle reduzierbar. (219) Sein Verhängnis ist deshalb jedoch nicht minder ein tragisches. Erst mit dem Rückzug der Götter geht es uns besser, die Verbindung zwischen der Gemeinschaft und dem Heiligen lockert sich, eine vollständige Trennung wäre jedoch ebenso verhängnisvoll wie eine totale Fusion (so beides wirklich denkbar wäre). Ist die Trennung zu groß, führt sie unweigerlich zu einer fatalen Wiederkehr des (grausamen) Heiligen aber auch zum Vergessen dessen, was das Heilige imstande war, die Menschen zu lehren: wie sie sich voreinander schützen können. Und das, was HEIDEGGER die ontologische Differenz nennt, ähnelt in vielem der Beziehung, die die Gemeinschaft zum Heiligen aufrechterhält. So erweist sich GIRARD als kluger Ökonom, wenn er, in Anbetracht der Abwesenheit der nackten Wahrheit, zu einer optimalen Distanz rät. (399)

25 Was die Photographie, den Tod, die Gespenster, den Referenten betrifft, siehe: Jacques DERRIDA, Les morts de Roland Barthes, in: Psyche, 280.

26 In welcher Beziehung stehen die Auswahl des Opfers und die lebensrettende Auswahl der Auswahl der Opfer, sagen wir einmal unserer unmenschlichen, lebensvernichtenden

diejenigen, deren Leben von den weißen Göttern gerettet wird, einer Göttergesellschaft, deren Mitgliedsbeitrag durch einen kleinen Erlagschein, der fein säuberlich mit einem scharfen Messer, auch ein Geniestreich, von dem Beipackzettel getrennt, eingehoben wird. In aller Freiheit, versteht sich.[27]

Mit welchem Maß das Unzeitgemäße messen. Ist sie, die Spende des

---

ökonomischen Strukturen? Untersteht sie denselben Kriterien, die René GIRARD in *La violence et le sacré* für die Wahl der Opfer geltend macht, dieser grausamen Vermittlung? „La pensée rituelle ne se contente pas de chercher parmi les êtres vivants les catégories les moins inaptes à fournir des victimes réelles; elle intervient de diverses façons pour rendre ces victimes plus conformes à l'idée qu'elle se fait de la victime originelle, et pour accroître, du même coup, leur efficacité sur le plan de l'action cathartique. Nous désignons comme *préparation sacrifielle* tout ce qui relève de ce genre d'intervention. C'est dire que cette expression a ici un sens plus large que le sens habituel; la ‚préparation sacrificielle' ne se limite pas toujours aux actions rituelles qui précèdent immédiatement l'immolation. La victime doit appartenir à la fois au-dedans et au-dehors. Comme il n'y a pas de catégorie parfaitement intermédiaire entre le dedans et le dehors, toute créature dont on envisage le sacrifice manquera toujours jusqu'à un certain point de l'une ou l'autre des qualités con tradictoires qui sont requises d'elle; elle sera toujours déficiente, soit sur le plan de l'extériorité, soit sur le plan de l'intériorité, jamais sur les deux plans à la fois. Le but visé est toujours le même: rendre la victime pleinement sacrifiable. La préparation sacrificielle au sens large va donc se présenter sous deux formes très différentes; la première cherchera à rendre la victime plus étrangère, c'est-à-dire à imprégner de sacré une victime trop intégrée à la communauté, la seconde, au contraire s'efforcera d'intégrer davantage une victime qui est trop étrangère." (406) Die Gnade, was soll die Lebensspende sonst sein, ist ein Präsent der Macht. Die Ent-fernung des Opfers, Vermittlung von „Negerkind" und Kadaver. Das ist auch ein Los (Für die Tauben unter den Hellhörigen: die Lotterie der Wohlfahrt und der Appell an die Verantwortung, einmal ihre kostenlose Variante auszuschöpfen, nicht zuletzt aber auch etwas Schicksalhaftes . . .) der Demokratie. Die linke Hand würgt, die rechte spendet, so die schreckliche Variante einer organischen Logik, Organisation.

27 Sie geben HEGEL recht, ohne ihn zu gelesen haben: „Die religiöse Gemeine, insofern sie zuerst die Substanz des absoluten Geistes ist, ist das rohe Bewußtsein, das ein um so barbarischeres und härteres Dasein hat, je tiefer sein innerer Geist ist, und sein dumpfes Selbst eine um so härtere Arbeit mit seinem Wesen, dem ihm fremden Inhalte seines Bewußtseins. Erst nachdem es die Hoffnung aufgegeben, auf eine äußerliche, d. h. fremde Weise das Fremdsein aufzuheben, wendet es sich, weil die aufgehobene fremde Weise die Rückkehr ins Selbstbewußtsein ist, an sich selbst, an seine eigene Welt und Gegenwart, entdeckt sie als sein Eigentum und hat somit den ersten Schritt getan, aus der *Intellektualwelt* herabzusteigen oder vielmehr deren abstraktes Element mit dem wirklichen Selbst zu begeistern." (Georg Wilhelm Friedrich HEGEL, Phänomenologie des Geistes, Frankfurt am Main 1973, 586.)

Lebens, eine Gabe, ein Opfer? Geschichte des Opfers, Opfer der Geschichte? Im strengen Sinn – er riecht streng, wie der Volksmund sagt, nach Grausamkeit – ist sie weder das eine noch das andere. Eine Gabe ist sie schon aufgrund des einfachen Sachverhaltes nicht, da hier die linke Hand sehr wohl weiß, was die rechte tut. Ein rechtes Almosen, eine rechte Ökonomie wäre im Sinne Jesu wohl jene:

Sie setzt stets ein Kalkül voraus, das über jedes Kalkül, über die Totalität des Kalkulierbaren als endliche Totalität des Selben hinauszuführen beansprucht. Es gibt eine Ökonomie, die den Verzicht auf den kalkulierbaren Lohn, den Verzicht auf die Ware oder den Handel, auf die Ökonomie im Sinne der meß- und symmetrisierbaren Bezahlung miteinschließt. Im durch diese Ökonomie des Maßlosen eröffneten Raum beruft sich eine neue Lehre der Gabe oder des Almosens auf ein *Zurückgeben (rendre)*, auf einen Ertrag (*rendement*), wenn man so sagen kann, ja sogar auf eine Rentabilität, gewiß, doch eine, die für Geschöpfe nicht kalkulierbar und der Bewertung des *Vaters, insofern er ins Verborgene sieht*, überlassen ist. Seit dem 6.Kapitel desselben Evangeliums [Mt] erweist sich das Thema der Gerechtigkeit wenn nicht als vermerkt oder bemerkt, zumindest aber aufgerufen, genannt als das, was billigerweise praktiziert werden muß, auch ohne vermerkt oder bemerkt zu werden. Man muß gerecht sein, ohne sich bemerkbar zu machen. Zu wollen, daß man bemerkt wird, heißt, Anerkennung und eine Bezahlung durch einen kalkulierbaren Lohn, einen *Dank* oder gar Belohnung zu wollen. Doch man muß im Gegenteil geben, zum Beispiel das Almosen, ohne zu wissen, oder wenigstens so, daß man mit der einen Hand gibt, ohne daß die andere Hand es weiß, das heißt ohne daß sie es zu wissen gibt, ohne daß sie es den Menschen gegenüber zu wissen gibt; man muß im Verborgenen geben, ohne auf eine Anerkennung, eine Belohnung, einen Lohn zu setzen. Sogar ohne es *sich* wissen zu lassen. Die Trennung zwischen der Rechten und der Linken bricht zudem das Paar, die Parität oder die Paarung, die Symmetrie und die Homogenität zwischen den beiden Ökonomien. Sie führt in Wahrheit das Opfer ein. Doch ein unendliches Kalkül übernimmt die Ablösung des endlichen Kalküls, auf das verzichtet wird: Gott der Vater, der ins Verborgene sieht, wird ihn dir zurückgeben, vergelten, diesen Lohn, und unendlich größer.[28]

Derridas Verdacht, daß es sich um ein und dieselbe Ökonomie handelt, drückt sich sogar noch drastischer aus, in einem Geniestreich, der Hegel, Kierkegaard gleichermaßen trifft und uns wieder einmal ratlos – vielleicht ein heilsamer, nicht leicht auszuhaltender Entzug des, sagen wir es mit Lacan, sujet supposé savoir, auch Gottes – zurückläßt, der sich *ausgibt* als Dualismus (zwischen) seiner (?) Gabe und der heillosen, losen Ökonomie, dessen Simulakrum er nicht *einmal* ist.

Gott ist der Name der Möglichkeit für mich, ein Verborgenes, ein Geheimnis zu wahren, das im Inneren sichtbar ist, aber nicht im Äußeren. Sobald es diese Struktur eines Bewußtseins, eines

---

28 Jacques DERRIDA, Den Tod geben, 432 f.

Mit-Sich-Seins, eines Sprechens, das heißt einer Hervorbringung unsichtbaren Sinns gibt, sobald ich *dank dem unsichtbaren Sprechen als solchem*, einen Zeugen in mir habe, den die anderen nicht sehen, und der folglich *zugleich anders ist als ich und mir innerlich näher als ich selbst*, sobald ich eine geheime Beziehung mit mir bewahren und nicht alles sagen kann, sobald es ein Geheimnis und einen geheimen Zeugen in mir gibt, gibt es das, was ich Gott nenne, (gibt es) was ich Gott in mir nenne, (gibt es, daß) ich mich Gott nenne, ein Satz, der schwer von ‚Gott nennt mich, ruft mich' zu unterscheiden ist, denn unter dieser Bedingung rufe ich mich oder werde ich gerufen im Geheimen/im Vertrauen (*en secret*). Gott ist in mir, er ist absolutes ‚ich', er ist diese Struktur der unsichtbaren Innerlichkeit, die man im Kierkegaardschen Sinne die Subjektivität nennt. Und er offenbart sich, er zeigt sein Sich-Nicht-Offenbaren, wenn in der Struktur des Lebendigen oder des Existierenden im Verlauf der phylo- und ontogenetischen Geschichte die im übrigen differenzierte, komplexe, plurale und überdeterminierte Möglichkeit des Geheimnisses auftaucht: der Wunsch und die Macht, absolut unsichtbar zu machen und in sich einen Zeugen dieser Unsichtbarkeit zu konstituieren. Das ist die Geschichte Gottes und des Namen Gottes als Geschichte des Geheimnisses, die zugleich eine verborgene, geheime Geschichte und eine Geschichte ohne Geheimnis ist. Diese Geschichte ist auch eine Ökonomie. Eine andere Ökonomie? Vielleicht dieselbe in ihrem Simulakrum, eine Ökonomie, zweideutig genug, um die Nicht-Ökonomie scheinbar miteinzubeziehen.[29]

An welchen Fäden dieses double-bind rührt jenes Bild mit dieser Metapher der lebenden Spende, die nur in diesem Sturz der Bilder sich zu erkennen gibt und einen Film vorführt, dessen Eintrittsgeld am Ende kassiert wird. Einstweilen genügt es, die andere Hälfte des Papiers auf die Bank zu tragen. (Vielleicht findet sich in Nag Hammadi noch ein bisher unentdeckter Text, wo in eschatologischen Phantasien beim Jüngsten Gericht dem Richter – als Erinnerung an die Zeit, da er sich dem Gesetz gebeugt hat – noch die Frage gestattet ist, ob es uns hier unten gefallen hat.) Eine unendliche Serie, wenn man die Geschlechterdifferenz berücksichtigt eine halbe Unendlichkeit, von Identifizierungen (Hier spielt es keine Rolle, ob man die Identifizierung als aktive, so wie man Verbrecher oder Erlöser – es ist das Phantombild, das kriminell ist und erlöst – identifiziert, als passive oder als reflexive begreift.) bietet sich an: abstraktes Menschsein gestützt von mannigfaltigen Einschreibversuchen in die phallische Ordnung, vorbildhafte Humanitas, eine Totenmaske, ein gut drapierter nordeuropäischer Frauenleichnam, eine Schaufensterpuppe, die in Zeiten wohl oder übel gelungenen Aggiornamentos gleichzeitig Werbung für perfekten Klebstoff macht, die Gattin eines Präsidenten, eine wohltätige Prinzessin, oder die Kopflosigkeit als Kontrast zur kühlen Berechnung, für kühne Theologen gar die Gottesmutter mit Insignien der Barmherzigkeit „gerade unserer" Zeit.

29 Ebenda, 434 f.

Wir haben das Bild so sehr vergrößert, daß wir nur mehr Licht- und Schattenpunkte wahrnehmen, die wir nach unserem Gutdünken neu ordnen. So taucht plötzlich Sarah auf, die das Bild Isaaks vor sich her trägt, ihres Sohnes, den ihr Gott zweimal geschenkt hat. Gott hat sich (nun?) „einmal" für das Leben entschieden, entscheide auch du dich. Das afrikanische Kind ist nicht unser Kind, aber Abraham ist auch nicht Herr Abraham.

Die Lektüre, die Interpretation, die Tradition des Opfers von Isaak sind selbst blutige und holocaustische Opferstätten. Das Opfer des Isaak währt alle Tage fort. Maschinen, die ohne zu zählen den Tod geben, beliefern einen Krieg ohne Front. Die Front verläuft nicht zwischen Verantwortung und Unverantwortlichkeit, sondern zwischen verschiedenen Aneignungen desselben Opfers, verschiedenen Ordnungen von Verantwortung auch, verschiedenen weiteren Ordnungen: dem Religiösen und dem Ethischen, dem Religiösen und dem Ethisch-Politischen, dem Theologischen und dem Politischen, dem Theologisch-Politischen, dem Theokratischen und dem Ethisch-Politischen etc., dem Geheimen und dem Öffentlichen, dem Profanen und Sakralen, dem Singulären und dem Generischen, dem Menschlichen und dem Nicht-Menschlichen. Der Opferkrieg treibt nicht nur zwischen den sogenannten Religionen des Buches und den abrahamitischen Nationen, die sich ausdrücklich auf das Opfer von Isaak, von Abraham oder von Ibrahim zurückführen, die Wut hervor, sondern auch zwischen ihnen und dem Rest der hungrigen Welt, der ungeheuren Mehrheit der Menschen, und das selbst, wenn man nur die Lebenden nimmt und nicht all die anderen, die Toten oder Nicht-Lebenden, die Toten oder die, deren Geburt noch bevorsteht, die nicht zum Volk von Abraham oder von Ibrahim gehören, all jene anderen, denen die Namen Abraham oder Ibrahim niemals etwas gesagt haben, weil sie auf nichts antworten oder nichts entsprechen.[30]

Wie anders denn als Opfer das Opfer begreifen[31], das zu seinem Gegenüber nicht den Täter hat, sondern den Anderen.[32] Doch Derridas Zynismus,

---

30 Jacques DERRIDA, Den Tod geben, 397.

31 Im Deutschen fällt es leicht, *victime* und *sacrifice* gemeinsam anklingen zu lassen. Die konsequent durchgehaltene Anachronie vereint und trennt kultisches Opfer, das Opfern anderer, des Selbst, des Selbst als anderes, des anderen als Selbst, die Substitution, das Unterordnen unter eine Teleologie, das Sich-Fügen, die Verbrechensopfer, den Opfergroschen, die Überschüsse und Mängel der Mittel der Vermittlung.

32 Slavoj I EK, Grimassen des Realen. Jacques Lacan oder die Monstrosität des Aktes, Köln 1993, 55 f.: „Was also wird von dem faszinierenden Schauspiel des Opfers verdeckt? Lacan bezieht das Opfer auf das *Begehren des Anderen*, auf das enigmatische *Che vuoi*, ‚Was ist es, was der Andere von mir will?': In seiner grundlegendsten Form ist das Opfer das ‚Geschenk der Aussöhnung' mit dem Anderen, dazu bestimmt, sein Begehren zu befrieden. Das Opfer verbirgt den Abgrund des Begehrens des Anderen; präziser, es verbirgt den Mangel am Anderen, seine Inkonsistenz und ‚Inexistenz', die in diesem Begehren durchsickert. *Das Opfer bildet die Garantie dafür, daß ‚der Andere existiert'*, daß es einen Anderen *gibt*, der durch das Opfer besänftigt werden kann. Der

verzweifelter und verzweifelnder Messianismus, warnt uns davor, die Vorstube des Gesetzes als Sakristei einer ökumenischen Kirche der Verantwortung und des Kadavergehorsams einzurichten:

Ich kann dem einen (oder dem Einen), das heißt dem Anderen nur antworten, indem ich den anderen opfere. Ich bin verantwortlich gegenüber dem einen (das heißt dem Anderen), indem ich gegenüber allen anderen, gegenüber der Allgemeinheit des Ethischen oder des Politischen meine Verantwortung versäume. Und ich werde dieses Opfer niemals rechtfertigen können, ich werde, was es betrifft, stets schweigen müssen. Ob ich will oder nicht, ich werde niemals rechtfertigen können, daß ich den einen (einen anderen) dem anderen vorziehe oder opfere. Ich werde, was dies betrifft, stets im geheimen, ans Geheimnis gebunden sein, weil es dazu nichts zu sagen gibt. Was mich an Einzigartigkeiten bindet, mehr an diesen oder diese als an jenen oder jene, kann letzten Endes nicht gerechtfertigt werden (das ist das hyper-ethische Opfer Abrahams), genausowenig wie das unendliche Opfer gerechtfertigt werden kann, das ich so jeden Augenblick erbringe. Diese Einzigartigkeiten sind andere, eine ganz andere Form von Andersheit: eine andere Person oder andere Personen, aber genauso auch Orte, Tiere, Sprachen. Wie könnten Sie es je rechtfertigen, alle Katzen der Welt für die Katze opfern zu wollen, die Sie bei sich zu Hause alle Tage über Jahre hinweg ernähren, während andere Katzen in jedem Augenblick an Hunger sterben? Und auch andere Menschen? . . . Es gibt keine Sprache, keine Vernunft, keine Allgemeinheit oder Vermittlung, um diese letzte Verantwortung zu rechtfertigen, die uns zum absoluten Opfer führt. Zum absoluten Opfer, das nicht das Opfer der Unverantwortlichkeit auf dem Altar der Verantwortung ist, sondern das Opfer der am stärksten gebietenden Pflicht (was mich an den Anderen als Einzigartigkeit im allgemeinen bindet) zugunsten einer anderen absolut gebietenden Pflicht, die uns an jeden anderen bindet.[33]

Bevor uns der Wahn der Glaubensritterschaft[34] ereilt, wollen wir uns viel leicht doch lieber ergeben und bezahlen, eine heilige Pflicht erfüllen, uns an das Gesicht erinnern, das uns so freundlich anblickt (obwohl es nur einen Fetisch anlächelt – und wir den Vorhalt einer Spende ohne Namen, gleich einer notwendig falschen Münze), wenn wir, stellvertretend für unsere domestizierten Raubtiere, einen Streifzug machen durch die Katzenfuttergalerien unserer Konsumtempel.

Trick mit dem Opfer besteht also in dem, was Theoretiker des Sprechakts eine ‚pragmatische Voraussetzung' nennen würden: *Durch den Akt des Opfers setzen wir die Existenz seines Adressaten (voraus).* Wenn darum der Akt sein erklärtes Ziel nicht erreicht, läßt sich auch der Fehlschlag noch innerhalb der Opferlogik erklären, nämlich als *unser* Unvermögen, den Anderen zu beschwichtigen."

33 Ebenda, 397 f.

34 So man sich auch nicht als tragischer Held eignet. Vgl. Sören KIERKEGAARD, Furcht und Zittern, Reinbek bei Hamburg 1969, 72–75.

Bibliographie

Nicolas ABRAHAM, Maria TOROK, L'écorce et le noyau, Paris 1987.
Aurelius AUGUSTINUS, Confessiones, München 1966.

Georges BATAILLE, Théorie de la religion, Paris 1973.
Gregory BATESON, Ökologie des Geistes, Frankfurt am Main 1985.
Gregory BATESON u.a., Schizophrenie und Familie, Frankfurt am Main 1984.
Geoffrey BENNINGTON, Derridabase, in: Jacques Derrida. Ein Porträt von Geoffrey BENNINGTON und Jacques DERRIDA, Frankfurt am Main 1994.
Rudolf BERNET, Die ungegenwärtige Gegenwart. Anwesenheit und Abwesenheit in Husserls Analyse des Zeitbewußtseins, in: Phänomenologische Forschungen 14, München 1983.
Bruno BETTELHEIM, Erziehung zum Überleben, München 1982.
Rudolf BINDING (Übers.), Die Blümlein des heiligen Franziskus von Assisi. Aus dem Italienischen nach der Ausgabe der Tipografia Metastasio (Assisi 1910), Frankfurt am Main 1973.
Leonardo BOFF, Jesus Christus, der Befreier, Freiburg im Breisgau 1986.
Leonardo BOFF, Zärtlichkeit und Kraft. Franz von Assisi mit den Augen der Armen gesehen, Düsseldorf 1983.
Ernst BLOCH, Das Prinzip Hoffnung, Frankfurt am Main 1977.
Ernst BLOCH, Thomas Münzer als Theologe der Revolution, Frankfurt am Main 1985.
Hans BLUMENBERG, Säkularisierung und Selbstbehauptung, Frankfurt am Main 1983.
Heinrich BÖLL, Doktor Murkes gesammeltes Schweigen, Köln 1996.
Bertolt BRECHT, Leben des Galilei, in: Band 3 der Gesammelten Werke in 20 Bänden, Frankfurt am Main 1990.

Albert CAMUS, Kleine Prosa, Paris 1955.
Albert CAMUS, Der Mensch in der Revolte, Reinbek bei Hamburg 1969.
Albert CAMUS, La Peste, Paris 1947.
Ernesto CARDENAL, Das Evangelium der Bauern von Solentiname 1, Gütersloh 1980.

Gilles DELEUZE, Cinéma 1. L'image-mouvement, Paris 1983, 186.
Gilles DELEUZE, Differenz und Wiederholung, München 1992.
Gilles DELEUZE, Il a été mon maître, in: Arts 978, 1964, 8 f. Zit. nach Julia KRISTEVA, Sens et non-sens de la révolte, Paris 1996,
Gilles DELEUZE, Was ist ein Dispositiv, in: François EWALD, Bernhard WALDENFELS (Hg.), Spiele der Wahrheit. Michel FOUCAULTS Denken, Frankfurt am Main 1991.

Gilles DELEUZE, Félix GUATTARI, Capitalisme et schizophrénie. L'Anti-Oedipe, Paris 1972.
Mariano DELGADO, Gott in Lateinamerika. Texte aus fünf Jahrhunderten, Düsseldorf 1991.
Jacques DERRIDA, Apories, Paris 1996.
Jacques DERRIDA, L'autre cap, Paris 1991.
Jacques DERRIDA, Cogito und Geschichte des Wahnsinns, in: Die Schrift und die Differenz, Frankfurt am Main 1985.
Jacques DERRIDA, Comment ne pas parler, in: Psyché. Inventions de l'autre, Paris 1987.
Jacques DERRIDA, De l'esprit. Heidegger et la question, Paris 1987.
Jacques DERRIDA, Die différance, in: Postmoderne und Dekonstruktion, hg. von Peter ENGELMANN, Stuttgart 1990.
Jacques DERRIDA, Dissemination, Wien 1995.
Jacques DERRIDA, D'un ton apocalyptique adopté naguère en philosophie, Paris 1983.
Jacques DERRIDA, Envoi, in: Psyché. Inventions de l'autre, Paris 1987.
Jacques DERRIDA, „Etre juste avec Freud", in: Résistances de la psychanalyse, Paris 1996.
Jacques DERRIDA, Le facteur de la vérité, in: La carte postale, Paris 1980.
Jacques DERRIDA, Falschgeld. Zeit geben I, München 1993.
Jacques DERRIDA, Fors, in: Nicolas ABRAHAM, Maria TOROK (TÖRÖK), Cryptonomie. Le verbier de l'homme aux loups, Paris 1976.
Jacques DERRIDA, Freud und der Schauplatz der Schrift, in: Die Schrift und die Differenz, Frankfurt am Main 1985.
Jacques DERRIDA, Gesetzeskraft. Der „mystische Grund der Autorität", Frankfurt am Main 1991.
Jacques DERRIDA, Geschlecht, Wien 1988.
Jacques DERRIDA, Gestade, Wien 1994.
Jacques DERRIDA, Grammatologie, Frankfurt am Main 1983.
Jacques DERRIDA, Le mal d'archive, Paris 1995.
Jacques DERRIDA, Marx' Gespenster, Frankfurt am Main 1995.
Jacques DERRIDA, Mémoires. Pour Paul de Man, Wien 1988.
Jacques DERRIDA, Le monolinguisme de l'autre ou la prothèse de l'origine, Paris 1996.
Jacques DERRIDA, Les morts de Roland Barthes, in: Psychè. Inventions de l'autre, Paris 1987.
Jacques DERRIDA, Mythologie blanche, in: Marges de la philosophie, Paris 1972.
Jacques DERRIDA, No apocalypse, not now, in: Psyché. Inventions de l'autre, Paris 1987.
Jacques DERRIDA, L'oreille de Heidegger (Geschlecht IV), in: Jacques DERRIDA, Politiques de l'amitié, Paris 1994.
Jacques DERRIDA, Ousia et grammè, in: Marges de la philosophie, Paris 1972.
Jacques DERRIDA, Passions, Paris 1993.
Jacques DERRIDA, Points de suspension, Paris 1992.
Jacques DERRIDAS, Pour l'amour de Lacan, in: Résistances de la psychanalyse, Paris 1996.
Jacques DERRIDA, Préjugés. Vor dem Gesetz, Wien 1992.
Jacques DERRIDA, La religion. Séminaire de Capri sous la direction de Jacques DERRIDA et Gianni VATTIMO, Paris 1996.
Jacques DERRIDA, Le retrait de métaphore, in: Psyche. Inventions de l'autre, Paris 1987.
Jacques DERRIDA, Sauf le nom, Paris 1993.

Jacques DERRIDA, Die Signatur aushöhlen. Eine Theorie des Parasiten, in: Foreign Body, 3, 1994.
Jacques DERRIDA, Spéculer sur „Freud“, in: La carte postale, Paris 1980.
Jacques DERRIDA, Die Stimme und das Phänomen, Frankfurt am Main 1978.
Jacques DERRIDA, Die Struktur, das Zeichen und das Spiel im Diskurs der Wissenschaften vom Menschen, in: Die Schrift und die Differenz, Frankfurt am Main 1985.
Jacques DERRIDA, Den Tod geben, in: Anselm HAVERKAMP (Hg.), Gewalt und Gerechtigkeit. DERRIDA-BENJAMIN, Frankfurt am Main 1994.
Jacques DERRIDA, Von der beschränkten zur allgemeinen Ökonomie. Ein rückhaltloser Hegelianismus, in: Die Schrift und die Differenz, Frankfurt am Main 1985.
Jacques DERRIDA, Wie nicht sprechen. Verneinungen, Wien 1989.
Jacques DERRIDA, Zirkumfession, in: Jacques Derrida. Ein Portrait von Geoffrey BENNINGTON und Jacques DERRIDA, Frankfurt am Main 1994.
Hans Peter DUERR, Ni Dieu – ni mètre, Frankfurt am Main 1985.
Enrique DUSSEL, Ethik der Gemeinschaft. Die Befreiung in der Geschichte, Düsseldorf 1988.

Umberto ECO, Auf dem Weg zu einem Neuen Mittelalter, in: Über Gott und die Welt, München 1987.
Umberto ECO, Der Name der Rose, München 1982.
Umberto ECO, Einführung in die Semiotik, München 1972.
Umberto ECO, Die Grenzen der Interpretation, München-Wien 1992.
Erik H. ERIKSON, Identität und Lebenszyklus, Frankfurt am Main 1973.

Eugen FINK, Existenz und Coexistenz, Würzburg, 1987.
Eugen FINK, Die Gewalt des Menschen, Frankfurt 1974.
Eugen FINK, Grundphänomene des menschlichen Daseins, Freiburg-München 1979.
Eugen FINK, Hegel, Frankfurt am Main 1977.
Eugen FINK, Metaphysik und Tod, Stuttgart-Berlin-Köln-Mainz 1969.
Eugen FINK, Welt und Endlichkeit, Würzburg 1990.
I Fioretti di San Francesco. Laudi e preghiere, Torriana 1991.
Michel FOUCAULT, Histoire de la folie à l'âge classique, Paris 1972.
Michel FOUCAULT, Die Ordnung des Diskurses, Frankfurt am Main 1991.
Michel FOUCAULT, Sexualität und Wahrheit III. Die Sorge um sich, Frankfurt am Main 1986.
Michel FOUCAULT, Theatrum philosophicum, in: Gilles DELEUZE, Michel FOUCAULT, Der Faden ist gerissen, Berlin 1977.
Michel FOUCAULT, Überwachen und Strafen, Frankfurt 1976.
Michel FOUCAULT, Wahnsinn und Gesellschaft. Eine Geschichte des Wahns im Zeitalter der Vernunft, Frankfurt am Main 1979.
Michel FOUCAULT, Wahrheit und Macht, in: Dispositive der Macht. Michel Foucault. Über Sexualität, Wissen und Wahrheit, Berlin 1978.
Sigmund FREUD, Briefe an Wilhelm Fließ, Frankfurt am Main 1986.
Sigmund FREUD, Dostojewski und die Vatertötung, in: Band 10 der Studienausgabe, Frankfurt am Main 1982.

Sigmund FREUD, Entwurf einer Psychologie, in: Gesammelte Werke. Nachtragsband, Frankfurt am Main 1991.
Sigmund FREUD, Das Ich und das Es, in: Band 3 der Studienausgabe, Frankfurt am Main 1982.
Sigmund FREUD, Massenpsychologie und Ich-Analyse, in: Band 9 der Studienausgabe, Frankfurt am Main 1982.
Sigmund FREUD, Totem und Tabu, in: Band 9 der Studienausgabe, Frankfurt 1982.
Sigmund FREUD, Trauer und Melancholie, in: Band 3 der Studienausgabe, Frankfurt am Main 1982.
Sigmund FREUD, Über eine Weltanschauung, in: Band 1 der Studienausgabe, Frankfurt am Main 1982.
Sigmund FREUD, Das Unbehagen in der Kultur, in: Band 9 der Studienausgabe, Frankfurt am Main 1982.
Sigmund FREUD, Der Witz und seine Beziehung zum Unbewußten, Frankfurt am Main 1979.
Sigmund FREUD, Zeitgemäßes über Krieg und Tod, in: Band 9 der Studienausgabe, Frankfurt am Main 1982.
Sigmund FREUD, Zur Einführung des Narzißmus, in: Band 3 der Studienausgabe, Frankfurt am Main 1982.

René GIRARD, La violence et le sacré, Paris 1972.
Herbert GRUNDMANN, Religiöse Bewegungen im Mittelalter, Darmstadt 1977.
Gustavo GUTIERREZ, Theologie der Befreiung, München 1986.

Gerhard J. HAMMERSCHMIED, Väter. Sonne. Kapital. Philosophische Variationen über Armut, Herrschaft und Entwicklung, Wien 1996.
Anselm HAVERKAMP, Kritik der Gewalt und die Möglichkeit von Gerechtigkeit: Benjamin in Deconstruction. In: Anselm HAVERKAMP (Hg.), Gewalt und Gerechtigkeit. Derrida - Benjamin, Frankfurt am Main 1994.
Georg Wilhelm Friedrich HEGEL, Phänomenologie des Geistes, Frankfurt am Main 1973.
Martin HEIDEGGER, Die Grundbegriffe der Metaphysik, Frankfurt am Main 1992.
Martin HEIDEGGER, Sein und Zeit, Tübingen 1967.
Martin HEIDEGGER, Spruch des Anaximander, in: Holzwege, Frankfurt am Main 1994.
Martin HEIDEGGER, Der Ursprung des Kunstwerks, in: Holzwege, Frankfurt am Main 1994.
Adolf HOLL, Der letzte Christ, Stuttgart 1979.
Jochen HÖRISCH, Dekonstruktion des Geldes. Die Unvermeidbarkeit des Sekundären, in: Michael WETZEL, Jean-Michel RABATE (Hg.), Ethik der Gabe. Denken nach Jacques DERRIDA, Berlin 1993.
Max HORKHEIMER, Theodor W. ADORNO, Dialektik der Aufklärung. Philosophische Fragmente, Frankfurt am Main 1988.
Edmund HUSSERL, Ideen zu einer reinen Phänomenologie (Ideen I), Tübingen 1980.
Edmund HUSSERL, Zur Phänomenologie des inneren Zeitbewußtseins, Haag 1966 (= Band X der Husserliana).
Jean HYPPOLITE, Figures de la pensée philosophique. Commentaire parlé sur la *Vernei nung* de Freud, Paris, 1991.

Franz KAFKA, Kleine Fabel, in: Sämtliche Erzählungen, Frankfurt am Main 1996.
Franz KAFKA, In der Strafkolonie, in: Sämtliche Erzählungen, Frankfurt am Main 1981.
Franz KAFKA, Das Urteil, in: Die Erzählungen, Frankfurt am Main 1996.
KATECHISMUS der Katholischen Kirche, München 1993.
Immanuel KANT, Kritik der praktischen Vernunft, Stuttgart 1973.
Immanuel KANT, Die Religion innerhalb der Grenzen der bloßen Vernunft, Stuttgart 1974.
Sören KIERKEGAARD, Furcht und Zittern, Reinbek bei Hamburg 1969.
Julia KRISTEVA, Fremde sind wir uns selbst, Frankfurt am Main 1990.

Jacques LACAN, Le désir et ses interprétations. Le séminaire Livre VI.
Jacques LACAN, D'un Autre à l'autre. Le Séminaire Livre XVI.
Jacques LACAN, Ecrits, Paris 1966.
Jacques LACAN, Encore. Seminar Buch XX, Weinheim-Berlin 1986.
Jacques LACAN, L'envers de la psychanalyse. Le séminaire Livre XVII, Paris 1991.
Jacques LACAN, L'éthique de la psychanalyse. Le séminaire Livre VII, Paris 1986.
Jacques LACAN, Les Psychoses. Le séminaire Livre III, Paris 1981.
Jacques LACAN, Les quatre concepts fondamentaux de la psychanalyse. Le séminaire Livre XI, Paris 1973.
Jacques LACAN, La relation d'objet. Le séminaire Livre IV, Paris 1994.
Jacques LACAN, R.S.I. Le séminaire Livre XXII, in: *Ornicar ?* 2-5, Paris 1975.
Jean LAPLANCHE, Leben und Tod in der Psychoanalyse, Olten 1974.
Jacques LE GOFF, Die Geburt des Fegefeuers, Darmstadt 1981.
Jacques LE GOFF, Wucherzins und Höllenqualen, Stuttgart 1988.
Emmanuel LEVINAS, La mort et le temps, Paris 1991.
Emmanuel LEVINAS, Totalité et infini, Paris 1992.
Claude LEVI-STRAUSS, Anthropologie structurale, Paris 1958.
Claude LEVI-STRAUSS, Rasse und Geschichte, in: Strukturale Anthropologie II, Frankfurt am Main 1992.
Claude LEVI-STRAUSS, Les structures élémentaires de la parenté, Paris 1949.
Claude LEVI-STRAUSS, Das wilde Denken, Frankfurt am Main 1968.

Gabriel MARCEL, Le Mystère de l'Etre II. Foi et Réalité, Paris 1964.
Gabriel MARCEL, Positions et approches concrètes du mystère ontologique, in: Gabriel Marcel interrogé par Pierre Boutang, Paris 1977.
Odo MARQUARD, Der angeklagte und der entlastete Mensch, in: Abschied vom Prinzipiellen, Stuttgart 1987.
Marcel MAUSS, Soziologie und Anthropologie, Frankfurt 1989.
Vidaluz MENESES, En el nuevo país, in: Unter dem Flammenbaum. Gedichte aus Nicaragua, Wien 1986.
Johann Baptist METZ (Hg.), Die Theologie der Befreiung: Hoffnung oder Gefahr für die Kirche, Düsseldorf 1986.

Michèle NAJLIS, Cantos de Ifigenia, Klagenfurt 1997.

Horst Eberhard RICHTER, Der Gotteskomplex, Reinbek bei Hamburg 1982.

Paul RICOEUR, Die „Erbsünde“ – Eine Bedeutungsstudie, in: Hermeneutik und Psychoana lyse (= Der Konflikt der Interpretationen II), München 1974.
Paul RICOEUR, Die Interpretation, Frankfurt am Main 1974.
Paul RICOEUR, La métaphore vive, Paris 1975.
Paul RICOEUR, La symbolique du mal (= Philosophie de la volonté: Finitude et culpabilité II), Paris 1960.
César RODRIGUEZ RABANAL, Elend und Gewalt, Frankfurt am Main 1995.

Jean-Paul SARTRE, Bei geschlossenen Türen, Reinbek bei Hamburg 1997.
Jean-Paul SARTRE, L'Etre et le Néant, Paris 1943.
Jean-Paul SARTRE, Porträts und Perspektiven, Reinbek bei Hamburg 1971.
Jean-Paul SARTRE, Das Spiel ist aus, Reinbek bei Hamburg 1997.
Eduard SCHWEIZER, Der Brief an die Kolosser, Zürich-Einsiedeln-Köln 1976.
Helm STIERLIN, Delegation und Familie, Frankfurt am Main 1982.

TEXTE zur katholischen Soziallehre. Die sozialen Rundschreiben der Päpste und andere-kirchliche Dokumente, Köln 1975.
Olivier TODD, Albert CAMUS. Une vie, Paris 1996.
Tzvetan TODOROV, La conquête de l'Amérique. La question de l'autre, Paris 1982.

Slavoj ŽIŽEK, Denn sie wissen nicht was sie tun. Genießen als ein politischer Faktor, Wien 1994.
Slavoj ŽIŽEK, Grimassen des Realen. Jacques Lacan oder die Monstrosität des Aktes, Köln 1993.
Slavoj ŽIŽEK, Die Metastasen des Genießens. Sechs erotisch-politische Versuche, Wien 1996.
Slavoj ŽIŽEK, Tout ce que vous avez toujours voulu savoir sur Lacan sans jamais oser le demander à Hitchcock, Paris 1988.

Passagen Philosophie

Das postmoderne Wissen
Ein Bericht
Von Jean-François Lyotard
Hg. von Peter Engelmann
Edition Passagen Band 7

Postmoderne für Kinder
Briefe aus den Jahren 1982–1985
Von Jean-François Lyotard
Hg. von Peter Engelmann
Edition Passagen Band 13

Ethik und Unendliches
Gespräche mit Philippe Nemo
Von Emmanuel Lévinas
Hg. von Peter Engelmann
Edition Passagen Band 11

Widerstreit und Harmonie
Trentiner Vorlesungen
Von Paul Feyerabend
Hg. von Peter Engelmann
Passagen Philsophie

Welt in Stücken
Kultur und Politik am Ende
des 20. Jahrhunderts
Von Clifford Geertz
Passagen Philosophie

Melancholie der Kunst
Von Sarah Kofman
Hg. von Peter Engelmann
Edition Passagen Band 9

Das Unbehagen im Subjekt
Von Slavoj Žižek
Hg. von Peter Engelmann
Passagen Philosophie

Die Freimaurer und ihr Menschenbild
Über die Philosophie der Freimaurer
Von Giuliano Di Bernardo
Passagen Philosophie

Leib Maschine Bild
Körperdiskurse der Moderne
und Postmoderne
Hg. von Elisabeth List,
Erwin Fiala
Passagen Philosophie

Apophatik und Politik
Zu einer Dekonstruktion
des Rhetorischen bei
Jacques Derrida
Von Gerhard Blechinger
Passagen Philosophie

Reihe Klagenfurter Beiträge zur Philosophie und Kulturwissenschaft im Passagen Verlag

Hg. von Helmut Stockhammer
und Christof Šubik

Alchmie, Postmoderne und der arme Hölderlin
Drei Studien zur philosophischen Hermeneutik
Von Artur R. Boelderl
Passagen Philosphie

Väter-Sonne-Kapital
Philosophische Variationen über Herrschaft und Entwicklung zur Philosophie und Kulturwissenschaft
Von Gerhard J. Hammerschmid
Passagen Philosophie

Der Riß der Geschlechter
MaDonna. Der Diskurs. Die Hysterie. Und Hölderlin
Von Daniela F. Mayr
Passagen Philosophie

Jacques Derrida im Passagen Verlag

Hg. von Peter Engelmann

Auslassungspunkte
Gespräche
Aus dem Französischen von
Karin Schreiner und Dirk Weissmann
Passagen Philosophie

Die Wahrheit in der Malerei
Aus dem Französischen von
Michael Wetzel
Passagen Philosophie

Dissemination
Aus dem Französischen von
Hans-Dieter Gondek
Passagen Philosophie

Gestade
Aus dem Französischen von Monika
Buchgeister und Hans-Walter Schmidt
Passagen Philosophie

Recht auf Einsicht
Photographien von
Marie-Françoise Plissart
Aus dem Französischen von
Michael Wetzel
Edition Passagen Band 1

Apokalypse
Von einem neuerdings erhobenen
apokalyptischen Ton in der
Philosophie
No Apokalypse, not now
Aus dem Französischen von
Michael Wetzel
Edition Passagen Band 3

Positionen
Gespräche mit Henri Ronse, Julia
Kristeva, Jean Louis Houdebine,
Guy Scarpetta
Aus dem Französischen von
Dorothea Schmidt
Edition Passagen Band 8

Schibboleth
Für Paul Celan
Aus dem Französischen von
Wolfgang Sebastian Baur
Edition Passagen Band 12

Mémoires
Für Paul de Man
Aus dem Französischen von
Hans-Dieter Gondek
Edition Passagen Band 18

Wie Meeresrauschen auf dem Grund einer Muschel
Paul de Mans Krieg. Mémoires II
Aus dem Französischen von
Elisabeth Weber
Edition Passagen Band 20

Geschlecht (Heidegger)
Sexuelle Differenz,
ontologische Differenz
Heideggers Hand (Geschlecht II)
Aus dem Französischen von
Hans-Dieter Gondek
Edition Passagen Band 22

Wie nicht sprechen
Verneinungen
Aus dem Französischen von
Hans-Dieter Gondek
Edition Passagen Band 29

Chōra
Aus dem Französischen von
Hans-Dieter Gondek
Edition Passagen Band 32